浙教办函 [2019]365 号文，达利女装学院被立项为浙江省高等学校省级产教融合示范基地（第二批人才培养类示范基地）

教职成函 2019[14] 号文，杭州职业技术学院被立项为中国特色高水平高职学校和专业建设计划建设单位，达利女装学院服装设计与工艺专业群被立项为"双高"建设专业群

产教融合视域下
高职教学管理理论与实践研究

王培松　著

吉林科学技术出版社

图书在版编目（CIP）数据

产教融合视域下高职教学管理理论与实践研究 / 王培松著. —长春：吉林科学技术出版社，2021.5
ISBN 978-7-5578-8174-0

Ⅰ. ①产… Ⅱ. ①王… Ⅲ. ①高等职业教育–教学管理–产学合作理–研究理–中国 Ⅳ. ①G718.5

中国版本图书馆CIP数据核字(2021)第102458号

产教融合视域下高职教学管理理论与实践研究

著　王培松
出 版 人　宛　霞
责任编辑　石　焱
封面设计　优盛文化
制　　版　优盛文化
幅面尺寸　170mm×240mm　1/16
字　　数　296千字
页　　数　264
印　　张　16.5
印　　数　1–200册
版　　次　2021年5月第1版
印　　次　2021年5月第1次印刷

出　　版　吉林科学技术出版社
发　　行　吉林科学技术出版社
地　　址　长春市净月区福祉大路5788号
邮　　编　130118
发行部电话/传真　0431-81629529　81629530　81629531
　　　　　　　　　81629532　81629533　81629534
储运部电话　0431-86059116
编辑部电话　0431-81629518
印　　刷　定州启航印刷有限公司

书　　号　ISBN 978-7-5578-8174-0
定　　价　85.00元

简　介

　　本书属于高职教学管理方面的著作，由产教融合理论、高职教学管理理论、产教融合视域下高职教学管理理论、产教融合与高职教学管理一体化、产教融合视域下国外高职教学管理模式与启示、产教融合视域下高职教学管理实践、产教融合视域下高职教学管理创新等部分组成。全书以产教融合视域下高职教学管理为研究对象，分析了产教融合对高职教学管理模式的影响，同时也介绍了产教融合视域下国外的高职教学管理模式，兼具理论研究与实践创新应用研究，对高职教学改革、高职教学人才培养与高职教学管理人员具有一定的学习与参考价值。

前　言

　　产教融合是我国职业教育在办学过程中顺应社会发展需求而提出的一种人才培养模式。产教融合是在校企合作的基础上融教育教学、技术研发、生产劳动、技能提升、经营管理等于一体的行为，其本质是以对接区域产业发展为先导，以培养学生知识与技能为基础，强化实践教育，开展校企协同育人，是校企双向互动与整合的过程，具有较高的交融性和稳定性。产教融合是教育与产业的深度融合，表现在职业院校根据本校所设专业开办相应的专业产业，从而使教学与产业密切地结合，相互支持，相互促进，使院校成为集人才培养、科技服务和科学研究于一体的产业性实体，是一种院校与企业浑然一体的办学模式。它是学校为了提高人才培养的质量从而与企业进行的深度合作。

　　我国的高等职业教育规模占高等教育的一半以上，因此发展应用技术类型职业高校，培养更高层次的职业人才至关重要。本书通过高职院校产教融合的方式对现代高职教学管理提供理论与实践依据。高职院校产教融合最根本的目的是通过高职教育形式的创新，对教学资源进行整合，进而提高高职院校教学质量，以提升高职学生的实践能力，促使其能够更好地走向今后的技能岗位，以满足社会的需求。与此同时，产教融合对企业也是极为有利的，不仅能够加快企业革新技术的速度，还能够在一定程度上提升其生产效率，进而促进企业不断向前发展。产教融合是实现和谐发展的有效途径，尤其是对高职院校而言，产教融合极好地体现了其经济价值、教育价值和社会价值的有机统一。

　　在产教融合视域下，论述高职教学管理是现代社会发展的科学性体现，本书将产教融合与高职教学管理进行一体化研究，是为了使职业院校、行业企业共同合作进行技能人才培养，共同进行技术研发，共同肩负起社会责任，使职业院校、行业企业成为利益共同体和发展共同体。

　　时代在进步，科技在发展，高职教学管理也必须与时俱进、不断改革。本书对世界发达国家的产教融合模式进行了详细阐述，并进行中外对比，借鉴发达国家职业教育取得的成功经验，再根据国外产教融合的教育模式进行本土化建设，以提升我国高职教学管理的水平。深化产教融合、加强校企合作可以使高职院校和行业、企业更加深入地认识产教融合，并科学有效地对其进行运用，以实现高职院校、企业、社会的共同发展、共同进步。

笔者根据自身多年的实践研究经验，结合相关专家学者的观点，在本书理论与实践部分中提出了许多客观及建设性的意见，以期能对相关学科的研究者及从业人员具有学习和参考的实用价值。本书的撰写耗费了很多的时间和精力，笔者感谢撰写本书这些时日以来大家的帮助和支持。在撰写本书的过程中，笔者参考了一些专家、学者的研究成果和著作，在此表示衷心的谢意。由于时间仓促，水平有限，不足和缺陷之处在所难免，恳切希望广大读者、专家批评指正。

目 录

第一章　何为产教融合

第一节　产教融合的定义及本质

一、产教融合的定义

产教融合是我国职业教育在办学过程中顺应社会发展需求而提出的一种人才培养模式。产教融合中的"产"和"教"可以理解为动词，分别代表生产和教育，意为将生产活动和教育活动融为一体；同时，"产"和"教"也可以理解为名词，分别代表产业和教育，意为将社会产业和教育事业有机结合，即产业界和教育界的融合。从字面上来看，"产"不单指企业，还指带动社会经济提升的、相对独立的相关单位从事的生产活动；"教"不单指学校，还指教育相关部门以及各级各类学校的教育教学属性，在这里主要指职业教育所从事以培养人才为目的的所有活动；"产教"不仅包括企业与学校教育的结合，还涵盖生产过程与教学活动的融合；"融合"指原本不同的事物相互重组并成一种不同于旧事物属性的新事物。

所谓产教融合，从职业教育角度出发，是将学校教育与企业生产有机联系起来，校企双方通过合作，实现共同育人、共享资源、共同发展，理论教学与生产实践交替进行，学校企业一体化的办学模式。学校不再是实施教育的单一场所，企业也因此成为人才培养的主体之一。这样一种校企协同育人、学做融合的办学模式既是职业教育发展的内在要求，又是行业企业发展的客观需要。

产教融合的提出打破了企业与学校的隔阂，培养人才不再是企业的一种负担，而是一种责任。不同于校企合作的责权分配制度，在产教融合当中，双方以人才培养为目标共同从事所有的教育教学活动。产教融合的职责是教育要与地方产业协同发展；企业与学校整合双方资源为培养人才所用；双方达到深层次的紧密合作。作为职业教育办学的重要形式，各有关部门与职业院校在探索校企合作深化产教融合的实践道路上进行了许多有益尝试，如教育部办公厅主持开展现代学徒制的试点、人力资源和社会保障部联合财政部开展新型学徒制试点、由政校行企等主体组织创办的各类职教集团实施集团化办学以及校企合作共同创建各色各样的"订单班"等，始终围绕校企合作这一主线，寻求理论教学和生产实践的有机融合。也正是这种工学结合、理实一体的教学模式保证了职业教育人才培养的规格与质量，并推动了职业教育不断向内涵式发展转变。

目前，国内认为产教融合就是校企合作。[①] 从中国知网的检索结果看，2010 年之前的关于产教融合（产教结合）的研究多数把产教结合和校企合作作为可替换的近义概念。

"产教融合"有宏观和微观两层意义：第一层是宏观层面的产业与教育的互动融合；第二层是微观层面的生产活动与教育教学活动的对接融合。

国家文件中对产教融合的解释比较强调（第一层）宏观层面的教育发展与产业升级之间的衔接。例如，《国务院关于加快发展现代职业教育的决定》对"产教融合"的要求为："同步规划职业教育与经济社会发展，协调推进人力资源开发与技术进步，推动教育教学改革与产业转型升级衔接配套。"

宏观层面的产教融合被认为是产业系统与职业教育系统紧密融合的一种人才培养模式。笼统来讲，产教融合是产业系统与教育系统相互融合而形成的有机整体；具体来讲，产教融合是教育部门（主要是院校）与产业部门（行业、企业）在社会范围内，充分依托各自的优势资源和优势，以互信和合约为基础，以服务经济转型和满足需求为出发点，以协同育人为核心，以合作共赢为动力，以校企合作为主线，以项目合作、技术转移以及共同开发为载体，以文化共融为支撑的产业、教育内部及之间各要素的优化组合和高度融合，各参与主体相互配合的一种经济教育活动方式。相比于微观层面的产教融合，宏观层面的产教融合认知水平提升了一个新的高度，产业系统除了涵盖企业外，还包括行业部门及其一切生产活动，教育系统则包括学校、教育部门、协会、科技部门与科研学术机构等。

---

① 孔宝根.企业科技指导员制度：深化职业教育产教融合的新路径[J].教育发展研究，2015, 35(3): 59-64.

微观层面的产教融合是育人过程中生产与教学的融合。微观层面的产教融合包括两个方面：一是教育教学过程与生产工作过程的融合，是育人方式上的融合；二是教育教学内容与生产技术技能的融合，是育人内容上的融合，是一种从微观层面上的企业生产活动与学校教学活动相对接融合的人才培养模式。

此外，国家文件中也侧重于从宏观层面对产教融合做出解析。《中共中央关于全面深化改革若干重大问题的决定》中首次提及"产教融合"替代了之前"产教结合"的提法，产教融合在不同文件中被赋予了新的内涵。比如，于2015年7月印发的《教育部关于深化职业教育教学改革全面提高人才培养质量的若干意见》（教职成〔2015〕6号）文件将产教融合理解为理念、机制、途径，提出产教融合的目的是提高教育质量和办学活力，要求在职业教育教学工作的各个层面贯彻产教融合理念。《现代职业教育体系建设规划2014—2020年)》（教发〔2014〕6号）将产教融合解释为"专业设置与产业需求、课程内容与职业标准、教学过程与生产过程对接，实现职业教育与技术进步和生产方式变革以及社会公共服务相适应，促进经济提质增效升级"。可见，国家文件对产教融合的定义反映了产业升级转型和职业教育内涵式发展进程中"产业"与"教育"水乳相融、互为因果的逻辑必然。

产教融合从宏观到微观主要包括三个层面：

一是产业与教育的融合，产业为高等职业教育提供物质支撑，高等职业教育为产业发展提供智力支持，实现了产业要素与教育要素的协同配合。

二是企业与学校的融合，校企合作是产教融合的落脚点，企业与学校之间资源互通，优势互补，利益共享。

三是生产与教学的融合，企业的生产实践与学校的课堂教学相融合，实现了教学内容与岗位能力对接，生产过程与教学过程对接。

三个层面，层层深入，环环相融。综合来看，坚持产教融合与校企合作是深化高等职业教育体制机制改革的重要举措，是高等职业教育发展的必由之路。产教融合是教师队伍建设的重要载体，也是现代高等职业教育改革的制度创新，它实现了产业链和教育链的有机融合，产业与教育依托相互的资源和优势，以服务社会经济发展为宗旨，以校企合作为载体，协同发展，协作育人。

产教融合是由职业教育的自身特点及技能型人才培养的需求决定的，产教融合根据职业教育与产业企业合作从微观到宏观的发展进程以及不同形式的融合模式可以进行纵向分层。

产教融合的纵向分层是从微观到宏观层面上的分层。我国政府关于职业教育产教融合的探索始终都在进行，工学结合、校企合作、产教融合三个概念之间存在纵向深入的关系。工学结合的表现形式是半工半读或工读交替，即课堂教学与生产实践的结合以及理论知识与岗位能力的结合。课堂的理论教学内容能第一时间和企业的生产实践相结合，反过来，生产实践对课堂理论知识进行检验和验证；校企合作是工学结合的上位概念，也即产教融合的中观层次概念，它是人才培养的具体操作和实践模式层面的概念，是产教融合的落脚点；产教融合是校企合作的上位概念，是国家职业教育体系和国家产业体系在宏观上的合作，是教育与产业深度合作的产物。

产教融合要形成职业教育与产业一体化的发展格局，做到职业教育是融合到产业之中的职业教育，产业是紧密依靠职业教育发展的产业，教育为产业提供优秀技能人才和智力支撑，产业反哺职业教育，为职业教育提供财力支持。产教融合是国家大系统结构优化的要求，即国家公司论，国家和公司在结构上具有相似性，国家的政府部门类似企业的行政部门、国家的产业类似企业的业务部门、国家的教育培训部门类似企业的人力资源部门。企业的人力资源部门存在的目的就是为企业的业务部门提供人才和培养人才，使企业从整体上效率最高。国家亦然，其教育部门和产业行业的融合也是自然的、理所应当的；这种融合可以使国家系统中人力资源效率最大化，是国家结构优化的必然。

二、产教融合的本质

产教融合本质上是一种跨界融合，高校和企业将各自的一部分资源拿出来进行合作共用，以达到资源互补、发展共赢的目的。一般而言，高校想借助企业的资源，在人才培养（对学生）、科学研究（对教师）和服务社会（对学校）等方面快速提升，从而提高人才培养质量和就业质量、提升师资队伍教学能力和科研能力、提高服务经济社会的能力。

产教融合的根本是实现共赢，真正的校企融合一定是基于共赢。能否帮助企业发展和为企业带来价值，是高校进行校企融合能否成功的关键所在。深度融合是会发生"化学反应"的。校企首先是进行资源细分；其次是资源重组（你中有我、我中有你、不分彼此）；最后是融合创新。这就要求高校和企业在顶层设计上进行合作。

产教融合并不是单指校企合作、产学合作。产教融合强调的是产业与教育两个"界"的对接融合，是两类具有高度互补性的资源集成整合而成的利益发展共同体，与传统意义上的校企合作、产学合作相比更加注重一体化。其标准在于学科专业建设是否代表着产业最新的技术水平，培养模式是否能够培养适应产业发展需要的人才，办学体制与学校管理是否有利于上述目标的实现。而校企合作则是学校单方为实现人才培养目标寻求企业联合办学的一种途径，双方缺少对人才培养的共同认识，缺少合作基点的校企合作是单向的松散组合关系，会导致合作层面较浅、合作范围有限等问题。产教融合传递"协同育人"这一新的发展理念和导向，同时也是产业转型升级与培养经济发展新动能的时代要求，行业企业在人才培养中不应停留在配合和支持的从属地位，而应处于主体地位，与学校共同肩负培养高素质技能型人才的重要责任，与学校共筑经济社会更好发展的统一愿景。

新时代背景下产教融合的本质意义是推动职业教育改革全面创新、全面深化。产教融合已经成为职业教育改革发展的重大方略之一，职业教育改革从本质上回答了在新时代背景下如何贯彻教育方针的问题，也是职业教育内涵式发展的初心，只有遵循初心，才能科学地、系统地解决职业教育在改革中所遇到的问题。因此，职业教育必须坚持深化产教融合，推动职业教育与区域经济同步协调发展，瞄准社会经济的发展方向，从而确定学校的发展战略。

通过深化产教融合改革，明确产教融合本质，可以充分调动企业参与人才培养的积极性。通过方案的制定、专业建设等，不断吸引优势企业与职业院校共建、共享实验实训基地，开展实验培训；吸引企业、行业等社会力量参与办学，把握经济社会需求，构建"产、学、研"三位一体的产教融合教学技术平台，强化和参与社会服务，提升企业、行业在职业院校的参与度，最终解决在办学过程中理论脱离实际、科技与人才脱离的问题。

产教融合要求产业发展与职业教育专业内涵建设深度融合《国家中长

期教育改革和发展规划纲要（2010—2020 年）》明确提出："政府切实履行发展职业教育的职责，把教育纳入经济社会发展和产业发展规划，促使职业教育规模、专业设置与经济社会发展需求相适应。"要求职业院校办学以市场经济为主导，专业设置与区域经济和产业发展对接，这是职业院校服务于地方经济发展的本质属性，这样人才培养效率和就业率才能提高。经济转型和产业结构的调整催生了产业的发展和变革，产业转型发展要求专业设置与产业发展相适应。要深化产教融合，改变职业院校专业设置的滞后性，实现专业结构与区域产业结构的动态融合。一方面，要充分了解经济发展和产业转型升级的总体布局，科学估计区域经济发展和产业升级的基本趋势，准确合理地规划专业设置；另一方面，产业有升级换代，也必然有淘汰退出，这是一个动态更新的过程，因此职业院校的专业建设要随其动态调整，不断强化专业建设与产业行业的联系，通过专业群的动态调整和专业结构优化，进一步提高专业建设的水平和质量，增强职业教育的社会吸引力和核心竞争力。

产业资源与职业教育资源的深度融合以及企业资源与职业院校的资源整合可实现双方优势资源重新规整，统筹师资、实训基地等资源分配和使用，形成人才链、教育链和创新链的有效衔接。加快产业资源与职业教育资源的融合，共建学校和企业一体化联盟的教学集团，推动学校和企业之间的合作与共享，需要设备资源、师资资源、技术资源共享，为学生提供实习平台，促进职业院校和企业之间优势互补。从师资资源角度分析，教师不仅可以在课堂上扮演理论教学者，还能够在企业实践教学中扮演技术教学的角色。这就要求教师水平必须随之提高，并且教学内容必须联系实际，使校企之间的交流有助于提高教师的教学水平和教学质量。

校企之间人才交流与合作有助于全面提高师资力量。从技术服务角度而言，企业一方面可以通过学校的技术优势进行技术创新，提高经营效率和生产效率，推动科研向企业生产转化；另一方面，学校可以通过企业的技术研究，借助技术成果与研究项目，让学生了解目前行业与专业领域的技术动态，为以后职业发展打下基础。

从设备角度而言，产教融合本质当中的物质资源主要包括学校教学场地、实验实训基地、教学设施等，以及企业的生产场地、生产设备、培训基地和培训设施等。学校的物资资源对接企业的生产需求，共建共管共享科研基地、实验实训中心、学生创新基地、员工培训、技术技能鉴定等，节约投资，相得益彰。产教融合本质上对于学生、学校、产业和社会来说是一个多方共赢的机制，尤其是对于学生来说，既能够提升专业能力又能够为以后立足社会提供保障。传统的职业院校虽然给学生提供了实习的条件和场所，但是各种条件的限制导致实习缺乏针对性和激励性。产教融合中有大量的实习、实践机会，而且这种实践是经过专门设计的，具有针对性，传统的职业院校学生实践的一个很大弊端就是缺乏针对性，其所学与所用之间无法实现无缝对接，而产教融合能够弥补传统实践存在的缺点。产教融合的学生实践就是让学生把课堂所学到的知识应用到实践之中，这就需要课程设计上存在一定的对应性。

产教融合本质上会涉及每一门课程，从专业培养目标入手，学校与企业在充分合作的基础上共同制定培养目标以及课程标准。产教融合本质上所涉及的骨干课程均应是理论与实践高度结合，这就可以让学生带着问题学知识，并且在实践中解决问题，形成一个遇到问题、解决问题的良性循环。通过产教融合培养出来的学生在动手能力和解决问题的能力方面具有更强的优势，他们可以更加灵活地对问题进行分析并且选择合理的方式进行解决。这种人才培养模式的改变能够帮助学生树立正确的世界观、价值观、人生观，有助于培养更多能够为建设社会主义服务的优秀人才。不仅如此，产教融合还会激发出学生创造、创新的愿望和热情，激励他们在实践中不断探索、不断创新，而培养这种创新意识、创新能力、创新人才正是我们职业教育的办学方向。

产教融合的本质决定了不应仅仅让企业参与其中，有条件的学校也可以自己创办企业，以学生为主体进行发展；学生在整个过程中可以取得一定的报酬，这客观上不仅为学生工读结合、勤工俭学创造了条件，还能够解决贫困学生的学费和生活费问题，为精准扶贫提供支持和保障。产教融合的本质能够在更大层面上为助推地方经济发展提供专门的服务，因为我国的职业院校多为地方性的，其最主要的作用就是服务地方经济发展。

我国当前的职业教育是以就业为导向的教育，在社会主义市场经济制度之下主要以培养技能型人才为主要目标，技能型人才的特点非常明显，培养的是生产、建设、管理和服务第一线需要的高技能人才。这类人才具有鲜明的职业性、技能性、实用性等岗位特点，简单地说就是工作在第一线，懂技术、会操作、能管理的技术员。产教融合的培养思路也正是在上述背景之下产生的。

产教融合的重要参与对象是企业，在融合的过程中要格外注重对企业需求的满足。只有充分调动了企业的积极性和资源，才能实现产教融合效果的最大化。据调研显示，当前进行产教融合的企业多数为生产制造型企业，这对学校提出了新的要求，学校也应针对企业所需的产品与技术进行开发，以实现学校培养人才、研发产品和技术服务的三大功能。要使企业需求与学校教学无缝衔接，与技术发展方向相符，就必须依靠和吸收企业技术骨干、学者专家参与培养目标的研讨、教学计划的制订。

产教融合的发展实际上经历了一段时间的摸索，学校和企业在探索中寻求最佳的解决途径。在产教融合中，学校和企业始终坚持"双赢"原则，实施责任共担，这就形成了一种具有约束力的制度保证。一些比较主流的做法就是引入社会上管理和技术较为先进的企业进行产品生产，在生产过程中引入教学内容，让教师学到技术，让学生加入生产，让生产产生效益，使学校和企业共同发展，共生共荣。我们应该深化产教融合发展的内涵认知，实行"产教融合、校企一体"的办学模式，该模式是当前职业学校开辟的一条新的发展之路，但这只是刚刚起步，而且由于各个学校的实际情况不同，各专业的特点不同，因此具体做法也不尽相同。但我们只要坚定思想，坚持探索，认真把握好市场信息，依靠科技进步深化产教融合，产教融合就一定能走上健康发展的道路。产教融合的基础是"产"，即必须以真实的产品生产为前提，只有在这样的基础和氛围中进行专业实践教学，才能让学生学到真本领，教师教出真水平。这样的"产"不能是单纯的工厂生产，必须与教学紧密结合，其目的是为了"教"，在产教融合比较成熟的情况下，再逐步向"产、学、研"发展。只要学校真正形成了"产、学、研"的能力，职业学校适应了市场的需要，形成发展能力就落到了实处，做强做优也就有了基础。产教融合的本质思路逐渐清晰，实现路径就愈加明了，前景也就更加美好。

高职院校走产教融合道路的本质是高等教育转型发展的必然，产教融合是经济转型对人才转型的要求，深化产教融合是解决企业人才需求与高校人才供给脱节问题的有效途径。产教融合不能简化为全真实训、顶岗实习，产教融合强调的是学习与工作、学做人与学做事、专业能力与通用能力的融合统一。而传统意义上的全真实训只是作为一种辅助教学工具出现，虽有利于学生熟练掌握技能，但是无法让学生体会到真实工作环境的复杂性和进入工作岗位后得到用人单位的认可与肯定，会使学生的职业生涯发展受限。顶岗实习虽能让学生接触基层工作实际，但却是让学生以廉价的劳动力从事着重复性的简单工作，缺少专业技术人员的指导，学生难以实现职业技能与素养的提升。

产教融合是以真实的生产或服务效果为依据，企业和学校共同成为育人的主体。一方面，学校推行基于企业真实环境的人才培养模式，将行业动态、企业文化融入学校专业课程教学之中，改变传统重理论轻操作、重知识轻能力的思维模式影响，使人才培养更具有市场性和前瞻性。另一方面，企业也要注重自身社会责任发展，虽然企业以营利为根本目的，但其财富来源于社会，企业应将现有的生产科研设施转变为人才培养的重要途径，吸收优秀人才成为企业的骨干力量，实现企业营利的功利性与学校育人的公益性相结合。产教融合的实质是产教协同育人，以社会需求为导向，用最先进的产业技术水平培育适应新时代经济社会发展需要的人才，让学生在真实的工作实践中实现个体学习和工作、知识与技能的融合统一，也能有效解决人才教育供给与产业需求匹配性不强的结构性矛盾。

产教融合不能等同于单体互动、双向合作，产教融合强调的是多元主体下利益相关者的协同融合，有别于传统意义上学校与企业之间的单体互动、双向合作，是企业、教育、政府、行业协会"四位一体"的协同创新。长期以来，不同主体限于各自工作的目标和职责，更易形成利益壁垒而难以形成协同育人的合力。实施产教融合就是通过科学有效的运行机制实现各主体联动协同发展，只有实现角色定位的转变才能发挥好各自职能。政府的角色定位应从产教融合的"主导者"逐步向"引导者"和"推动者"转变，从实施产教融合的"运动员"向"裁判员"转变，政府依法为主体互惠共赢机制提供制度支持，建立评价机制和激发各方的积极性，通过舆论宣传营造产教融合的良好环境。企业和教育作为产教融合的主体，应在人才培养、科技创新等方面深度融合，实现产业发展方向与教育专业建设的协调发展。行业协会作为产教融合供需双方信息沟通的重要平台，不仅需要开展诸如人才需求预测、校企合作对接、教育教学指导、职业技能鉴定等服务，还承担着制订行业标准、推动行业技术开发、促进行业有序稳定发展的责任。只有明确产教融合实施各方的权责边界，构建协同融合发展的格局，开展多类型、深层次、高效能的稳固合作，才能促进人才培养质量的提高和行业企业的健康发展。

第二节　产教融合的发展与实施

一、产教融合的发展

自改革开放以来，我国职业教育有了长足发展，在国家对职业教育产教融合、校企合作的大力倡导下，大部分职业院校的实训条件有了很大改善。从纵向看，当前我国的职业教育与产业企业的相互结合与融通已经处在宏观层面——产教融合级别，追求的是职业教育和企业一体化发展、互利共赢、携手并进的全面合作目标；从横向分类来看，我国产教融合采取的具体模式是国家引导、职业院校自主选择，博采众家之长，各种产教融合模式在我国职业院校中都有体现。

从 20 世纪 80 年代以来，教育政策研究逐渐成为国内学者研究的一个新领域。与此同时，职业教育在国家政策的出台与指引下得到了快速平稳的发展。通过对相关研究文献和政策文件的梳理，可以将我国产教融合的政策演变大致划分为三个阶段：2007 年以前是萌芽阶段；2007—2014 年是缓慢发展阶段；2014 年至今是快速发展阶段。

2013 年 11 月，我国在政策文件中首次提及"产教融合"，《中共中央关于全面深化改革若干重大问题的决定》指出，要"加快现代职业教育体系建设，深化产教融合、校企合作，培养高素质劳动者和技能型人才"。至此，我国在宏观政策上确立了"产教融合"的职业教育发展方针，推动产教融合进入了新的发展阶段。职业教育政策中以产教融合政策为主题的研究始于 21 世纪，这与后期国家开始高度重视职业教育发展以及相继出台的各项政策密不可分。2014 年以前，我国研究者通常用"产教结合"来表达这一概念，甚至在"产教融合"这一词出现之后的很长一段时间里，我国学者仍将产教融合与产教结合作为相同的概念进行研究。自 2014 年起，国家对产教融合给予了前所未有的重视，产教融合进入快速发展阶段。2014 年

5月，《国务院关于加快发展现代职业教育的决定》指出，现代职业教育要遵循"产教融合、特色办学"基本原则，"研究制定促进校企合作办学有关法规和激励政策，深化产教融合"；2017年12月，《国务院办公厅关于深化产教融合的若干意见》提出："深化产教融合，促进教育链、人才链与产业链、创新链有机衔接，是当前推进人力资源供给侧结构性改革的迫切要求，对新形势下全面提高教育质量、扩大就业创业、推进经济转型升级、培育经济发展新动能具有重要意义。"2019年2月，国务院发布的《国家职业教育改革实施方案》再次明确提出"促进产教融合校企'双元'育人"的职业教育发展方针。

总体来看，产教融合与产教结合具有很大的相似性，其区别主要体现在"结合"与"融合"两个词汇的区别。相比较来说，"结合"一词在对象上更偏向单纯的"产""教"两者间的互动，在过程上更偏向"产""教"两者的独立性，在结果上更偏向"产""教"两者的结合体；而"融合"一词的表述更为具体明确，在对象上除"产""教"两者之外，还需要考虑政府、资源等系统的融合，在过程上既强调保持"产"与"教"两者的独立性，又强调两者的融合共生、彼此依存，在结果上更侧重于通过两者的共生达到大于个体简单结合的整体效应和辐射效应。

为解决当前产教融合中企业积极性不高的问题，国家政策对产教融合的总体要求、建设目标等提出了方向性建议，并通过奖励、补助、表彰、减免税等措施充分调动企业发挥产教融合的主体地位，实现人才"供给—需求"单向链条转向"供给—需求—供给"闭环反馈。

产教融合是在特定的经济社会发展时期对教育与产业企业关系的阐述，产教融合的提出不但是对已有认知的升华，而且更是在新的历史条件下对产教关系内涵的新认知。产教融合是从整个经济社会的发展需求出发，全方位追求产业与教育的融合，通过协同育人解决职业教育人才供给与产业需求结构性矛盾，实现教育链与产业链、人才链与创新链的对接。认识是行动的先导和动力，改变传统认知发展对于深化产教融合发展具有重要意义。

近年来，深化产教融合作为促进人才培养供给侧和产业需求侧结构全方位融合的一项重要举措，越来越受到国家相关部门和地方性职业院校的重视，已相继出台了多项政策为落实产教融合提供法制保障。而政策的执行作为政策过程的关键环节，可以确保政策目标的实现和检验政策成效。研究产教融合政策的执行，检验政策落实成效，直接实际具体地解决现实政策存在的问题，为地方区域性其他职业教育政策的制订与执行提供理论支撑和参考依据，有助于完善职业教育发展的理论体系，拓宽职业教育政策学的研究视野，加深职业教育政策学的研究深度，促进职业教育健康可持续发展。政府出台的各项政策有利于提高产教融合执行力度与效度，创新职业院校人才培养模式，提高学校的办学水平、学生的就业竞争力和职业院校人才培养质量，满足学生全面发展的需求和使其达到企业用人条件，为地方职业教育更好切中企业发展脉搏提供重要实践意义，为深化职业教育改革、统筹协调多方主体作用、共同推进培养大批高素质创新技术技能型人才提供有力的支撑。

二、产教融合的实施

产教融合坚持"双赢"原则，实施责任共担，根据现有条件和管理状况，比较有可能性的办法如下：引入社会上管理和技术较为先进的企业，利用该校的设备，进行产品生产，在生产过程中引入教学内容，校企共同制订产教融合的实施性教学生产计划，使校企双赢。

具体实施办法是以学校现有的专业实习工厂和主要机加工设备为载体，吸引企业加盟，学校出厂房、出设备；企业带工人、带产品，双方结合，进行产品生产、人才培养。在生产中结合教学需要，让教师和学生参与生产，在生产中学习技术，最终实现产教融合的目的。企业安排生产工人、技术人员、管理人员作为兼职教学人员，根据产教融合教学计划，在生产中进行教学工作。学校安排有关教师跟班参加生产兼指导、辅导学生学习生产技术。在校企合作前，双方可进行考察选择。学校可考察企业的产品生产、法人代表（或出资人情况）、注册资金、设备情况、管理情况等；同时，学校应向企业提供必需的资料和考察情况。

（一）产教融合实施过程中的难点

在实施产教融合的过程中有以下难点：第一，企业的生产与学生实训之间存在矛盾；第二，学生的人数与设备数量之间存在矛盾。妥善解决好这两个矛盾是保证企业加工好产品、学生训练时间充足的关键。产教融合实施过程中会遇到的问题还表现在以下几个方面。

1.学校（或教育）和企业（或生产）真正融合的格局尚未确立

良好的产教融合依赖国家教育方针政策、高校人才培养方案、地方经济产业制度等，任何一方热情缺失，产教都不可能真正融合。当下大部分产教融合仅仅是校企合作的扩大化，还未能上升到企业和学校的融合、生产和教育的融合层面。在学校和企业间缺乏起全局统筹、总体规划和组织协调作用的机构，缺乏政策引导和鼓励措施，企业和学校融合的积极性和参与度未能提高。学校与企业、教育与生产、教学评价与职业标准等各要素尚未真正融合。

2.校企协同育人的培养模式尚未形成

目前，我国产品质量风险等使企业不敢融合；学校教师或学生参与研发、设计的产品的知识产权归属容易引起法律纠纷和利用纷争，导致企业不愿融合；企业在专业建设、学科建设、人才培养方案制定等方面缺少话语权，企业给出的建设意见难以在高校教学中实现等问题导致企业无法有效地跟高校融合。企业未能成为产教融合的重要主体，协同育人的培养模式尚未形成。

3.支撑产教融合的管理制度尚未形成

"产"与"教"的融合打破了传统的教学模式：从物理场地上看，学生不仅在校园上课，还会到企业参加实践锻炼、技能提升，学习地点由单一的校园拓展为"校园＋企业"，教学场地突破了原有的边界；从学习内容上看，学生要学习的不仅是理论知识，还包括实际产品的研发、设计、生产和管理等；从人际关系上看，学生不仅要处理传统意义上的校园人际关系，还要学会处理与企业师傅、企业管理者之间的人际关系；从经费管理上看，产教融合使学校的办学经费与企业的运维资金产生部分融合。这些超越和突破给学校和企业均带来了新的管理问题，因此急需一种新的管理制度来有效管理产教融合下的学生、学校和企业。

4.产教融合的评价体系尚未形成

在产教融合背景下，企业拿出资源、腾出空间、安排人力对高校学生进行培养，企业贡献不再是仅靠利润来体现，其中有一部分已经转移到人才培养上，学校和企业不再彼此独立，无论是对学校还是企业，评价维度、参考指标都应该发生变化，传统的评价体系不再适用。产教融合是一种新的人才培养模式，需要新的评价体系。产教融合层次低、关系松散，企业几乎不能在融合过程中获得人力资本效益和经济利益，这些问题导致企业不想融合；与此同时，企业难以承受学生生产实践时的安全风险。深化产教融合关键是"真融"与"真合"，产教融合是生产和教育的融合，是两种不同工作的融合。产教融合要求产业界和教育界融合，是两个不同行业领域的合作。这种跨界融合往往需要政府职能部门的政策引导和财政支持，需要企业与学校主动融合。

（二）产教融合实施过程中难点的解决办法

政府部门要制定政策措施，促进产教融合格局形成。高等学校要积极拓展思路，主动推进产教融合。各类企业要立足经济效益，兼顾社会责任，积极参与产教融合的关键还是要"解放思想"，要不断深化人才培养模式改革、课程改革，要创新课程体系，要在实践中不断完善育人体系。

在政策和制度方面上，产教融合实施要加强顶层设计保障，使企业参与产教融合有章可循。首先，政府应明确立法，着力解决职业教育产教融合制度构架短板问题，促进相关主体的主动参与和深度参与，彻底扭转产教融合过程中职业院校积极主动、企业被动躲闪的不利局面。其次，政府应设立职业教育产教融合国家基金，用于支持产教融合等技能人才培养，基金一半来自政府公益拨款，另一半通过立法要求各企业以税收的形式上缴一定数量的技能人才培养经费。基金主要用于对积极参与产教融合活动的职业院校进行奖励，对支持产教融合的企业进行基金拨款补助。再次，对积极参与产教融合的企业进行政策倾斜，实行税收减免、土地使用费用优惠等。最后，对参与产教融合的企业设立准入制度，对其生产规模、经营情况、技术水平、人员配比、培训设施等进行综合评估，达到要求后才允许其参与职业教育产教融合活动，享受职业教育国家基金补助及政策优惠；同时，这一制度要有退出机制，定期对企业参与产教融合活动的效果进行评估，严令评估不合格的企业限期整改或直接退出，以此调动企业参与产教融合的积极性。

学校需要转换思路，创新产教融合的模式。在这里首先我们要提到一个概念，即在本书中会说到的"双师型"教师。目前，对于什么是"双师型"教师还没有达成共识。关于"双师型"教师的各种说法层出不穷，如"双证书说""双职称说""叠加说""双素质说""双能力说"。"双证书说"认为具有教师系列职称的同时获得行业技术、技能等级证书，也就是具有教师资格证和职业技能证的教师就是"双师型"教师。"双职称说"认为"双师型"教师即教师在获得教师系列职称外，还有技术专业系列职称。这两种观点都从形式上指出了何谓"双师型"教师。但是"双师"并不等于"双证"，"双师型"教师也不是教师和工程师（技师）的简单叠加。"双素质（能力）说"则指出，"双师型"教师需具备两方面的素质和能力：一是具有较高的文化和专业理论水平，有较强的教学、教研能力和素质；二是具有熟练的专业实践技能和实践教学能力，能指导学生进行实践操作。此观点打破了单纯从证书和职称角度对"双师型"教师的机械界定，体现了"双师"能力与素质的整体特性和整体效用，是对"双师型"教师内涵的强调；其缺点是没有提出可操作性的量化考核标准。"叠加说"（双师＝双证＋双能）指出："双证"是"双师型"教师的形式或外延，而"双能"是"双师型"教师的内容或内涵，两者相辅相成，缺一不可。这种说法从某种程度上弥补了前面几种观点的缺点，但却仅仅是形式和内涵的简单叠加。总结以上几种观点，"双师型"教师应包含两层含义：双师素质和双师结构。从双师素质来讲，"双师型"教师是"以教育与行业素质为基本内涵，以教师职称与行业技术职称为外在特征，集教师素质、行业素质于一身的具有较高的文化和专业理论水平、熟练的专业实践技能及实践教学能力的高素质的教育工作者"。本书其他章节还会提到"双师型"教师，因此这里对于"双师型"教师的定义就不再详细介绍了。

创新"双师型"师资培养机制可以为产教融合提供师资保证面对"双师型"教师入口不畅的问题，要打破传统的人才引进机制，不但要提供优厚的待遇吸引企业优秀技能人才到职业院校工作，而且要进行事业单位编制改革，促进人才流动。在我国，以产教融合培养"双师型"职教师资已经具备了一定的理论基础、现实基础、政策基础和关联基础，这四大基础也为构建产教融合培养"双师型"职教师资的机制提供了理论支撑、政策依据和工作基础。实现"双师型"师资队伍建设，提高教师的实践能力，必须以"教育与生产劳动相结合"为理论指导，采取校企合作培训的模式。在职教师在学校教学就相当于"教"的内容，而进企业参加实践应当是"劳"的内容。在"教劳结合"思想的指导下，教师必须在工作之余经常到企业参加实践学习，此举既有利于教师学习企业生产过程中所采用的新知识、新工艺、新技能和新方法，及时了解工艺流程与生产组织管理的变化趋势以及行业的发展动向，又能使他们熟悉一线工作岗位的从业标准、操作规范、以及生产管理制度等详细内容。然后教师可以将在企业所学、所得再应用到教学实践中去，从而提升教学质量，培养企业所需要的技能性人才。这种模式必须以合作的形式来实现，即真正贯彻产教融合指导思想。

职业院校也要重视教师下企业实践学习的要求，按时派遣教师进行实践，对教师到企业实践的形式也要进行创新，随时进行派遣，使其参与企业的设计研发等科研公关工作，尽快提升教师的工程实践能力，为产教融合提供师资保证。在学生时代的中学阶段，应该普及中学阶段职业生涯教育，改善产教融合的培养效果。我国应该在中学阶段开设职业生涯规划课程，让学生对职业教育有一个客观公正的认识，及早对自己未来的就业方向有所认识。

建立公正、严格的第三方评价机构，保证产教融合的实施效果。我国亟需对职业资格证书考试制度进行改革，不能单纯地以职业资格证书来认定人才，应该引入行业协会作为第三方评价机构，加强第三方评价机构的效力，促进行业的健康发展。

近几年，我国也有关于产教融合各方面具体的实施方案。经国务院同意，国家发展改革委、教育部等6部门印发《国家产教融合建设试点实施方案》。该文件指出，深化产教融合，促进教育链、人才链与产业链、创新链有机衔接，是推动教育优先发展、人才引领发展、产业创新发展、经济高质量发展相互贯通、相互协同、相互促进的战略性举措。开展国家产教融合建设试点，要坚持以习近平新时代中国特色社会主义思想为指导，全面贯彻党的十九大和十九届二中、三中全会精神，深入贯彻全国教育大会精神，坚持新发展理念，坚持发展是第一要务、人才是第一资源、创新是第一动力，把深化产教融合改革作为推进人力人才资源供给侧结构性改革的战略性任务，以制度创新为目标、平台建设为抓手，推动建立城市为节点、行业为支点、企业为重点的改革推进机制，促进教育和产业体系人才、智力、技术、资本、管理等资源要素集聚融合、优势互补，打造支撑高质量发展的新引擎。

该文明确指出国家产教融合建设试点坚持统筹部署、协调推进，优化布局、区域协作，问题导向、改革先行，有序推进、力求实效，通过5年左右的努力，试点布局50个左右产教融合型城市，在试点城市及其所在省域内打造一批区域特色鲜明的产教融合型行业，在全国建设培育 1 万家以上的产教融合型企业，建立产教融合型企业制度和组合式激励政策体系。要充分发挥城市承载、行业聚合、企业主体的作用，重点在完善发展规划和资源布局、推进人才培养改革、降低制度性交易成本、创新重大平台载体建设、探索发展体制机制创新等方面先行先试。有条件的地方要以新发展理念规划建设产教融合园区，健全以企业为重要主导、高校为重要支撑、产业关键核心技术攻关为中心任务的高等教育产教融合创新机制。

第三节 产教融合的路径与策略

一、产教融合的路径

（一）产教融合模块化课程路径

产教融合路径实施可以通过举例来说明，我们以模拟加工数控编程教学为例。将数控专业主干课程的学习划分为四个模块，分四个阶段实施。第一个模块是数控机床基本结构、工作原理；第二个模块是数控编程，学习编程的基本方法，并通过专用模拟软件验证程序合理性；第三个模块是模拟加工，通过在教学型数控机床上的训练，掌握数控机床的操作方法；第四个模块是顶岗实习，学生在独立加工产品之前，先在师傅的指导下进行生产，然后逐步过渡到独立操作。每个阶段的学习完成之后都有严格的考核，合格者才能进入下一阶段的学习，要确保每个人、每个环节都必须过关。

设立好产教融合科学合理的课程体系后，我们还应该加强学生规范意识、质量意识的培养，职业学校学生的整体素质不尽如人意，尤其表现在行为习惯上。为此，一方面要加强思想教育，从学生入学开始就强化常规行为习惯的培养；另一方面，要制定严格的实习规范及奖惩考核细则，将学生的行为规范要求同成绩学分考核结合起来。通过典型的事例来教育学生树立质量意识。比如，一位学生在加工零件后，没有按照只能测量一次尺寸的规定，仅多测量了一次就导致了产品报废，损失达 5 000 多元。同时，要求企业加强员工管理，为学生树立榜样，接受教育。比如，可以引用曾有一位工人因进车间时含着一支烟就被罚了 200 元的例子,让在场的学生受到教育。

(二)产教融合人才培养路径

产教融合人才培养路径选择上应以"专业与产业对接、学校与企业对接、课程内容与职业标准对接、教学过程与生产过程对接"为目标。马庆发认为高职院校产教融合对人才培养模式的关注点应注重"职业导向"进而趋向"需求导向",他提出我国现行的产教融合人才培养模式大多沿袭校企合作人才培养模式。徐国庆注重高职院校课程的设置,他强调课程设置应从人才培养的职业性出发,实践是焦点,注重产教融合。周劲松等认为产教融合的关键点在于产品与教育对接、制造与教学对接。罗汝珍则认为高职院校的产教融合路线具有多重复合型功能,兼具市场需求与主体需求导向、多方参与管理及产业化等特征。张建峰则从具体教学环节分析产教融合,认为应通过调动企业积极性,使其主动参与实践教学环节,依托专业开办产业等。[①]

产教融合在人才培养路径选择中更加注重主体间互动的程度和深度,侧重点在过程。产教融合更加深层次地体现出人才培养与社会需求的紧密性。"融合"更加符合时代发展的趋势,反映出主体间更加亲密的关系,有合二为一的感觉。在合作的过程中,产教不再是配合的关系,而是共同承担育人义务的"家庭"关系。从广度、深度、力度方面分析,产教融合触及的层次更"广",校企双方合作的程度更"深",产教融合落到实处的强度更"有力"。

(三)产教融合制度合理化路径

公平的技能使用制度是职业教育产教融合不可或缺的制度,没有良好的技能使用环境与保障技能人才发展的制度,高技能形成模式就不可能实现。

1. 建立工资协商制度

工资协商制度不仅可以为雇主提供雇佣保护,还能为学徒和技能工人提供就业保护。就企业的雇佣保护来说,工资协商制度意味着同行业之间某种水平的技能工人的工资相差无几,使企业不能通过高工资挖走其他企

---

① 王艳,陈巧妍.产教融合背景下高职院校管理队伍建设问题研究 [J].文山学院学报,2015, 28(4): 78-80, 84.

业辛苦培养起来的技能人才。工资协商制度还规定，学徒必须为企业服务到一定的年限，并且经过技能资格认证后方可离开，提前离开便得不到技能资格证书，自身在就业市场中就处于不利地位。这不仅保障了企业投资培训的成本收益，还保障了技能形成的质量。从技能人才的就业保障来说，工资协商制度保障了技能人才的工资待遇，使其处于一种公平的劳动力市场竞争中，能够有较好的就业前景。因此，国家应建立和广泛发展工资协商制度。

2. 建立技能人才成长制度

在职前培养阶段，技能人才的成长需要普职融通制度。普职融通制度就是普通教育与职业教育融合的贯通教育制度。联合国教育、科学及文化组织的《国际教育标准分类法（2011）》将教育分成了9个等级、2种类型，其中0～5级为普通教育和职业教育，6～8级为学术教育和专业教育，各级各类教育之间以课程为基础并且互通。我国可以借鉴联合国教育、科学及文化组织对教育的分类，制定以课程为基础的普职融通的教育制度，保障职业教育的学生和普通教育的学生能够依据自身兴趣和条件在两者之间自由转换，自由发展，同时使职业教育不再是"断头教育"，保障学生的发展权益。

3. 技能人才的职称晋升制度

技能人才的职称晋升制度是产教融合实施的有效路径。尽管近几年高技能人才的工资有所提高，但技术工人的整体发展环境、工资待遇、社会地位等仍然不乐观。提高职业教育的吸引力、保障职业教育产教融合的长久发展，需要制定技能人才的职称晋升制度，实现技能人才的职称晋升与其他类型人才的职称晋升基本对等。例如，技能人才的最高职称的社会地位、工资、待遇、福利与教授、工程师、研究员等职称的社会地位、工资、待遇、福利等基本对等。

4. 建立和完善社会合作制度

社会合作制度是技能形成模式的基本制度之一，在我国，政府、企业、工会、行业协会四者的力量并不均衡，建议培养和发展多元的社会合作力量，形成多元协商的社会合作制度。在多元协商的社会合作制度中，政府、企业、工会和行业协会形成一个"三棱椎体"，四者是"三棱椎体"的四个顶点，如图1-1所示。只有四者责任共担、协同合作才能形成一个稳定的

"三棱锥",其中,行业协会、企业、工会作用发挥的大小决定着协同合作关系的"三棱锥"底盘的大小,而政府的立法、决策及生产制度等决定着"三棱锥"的高度及发展方向。要维持"三棱锥"的稳定、和谐,四者缺一不可。

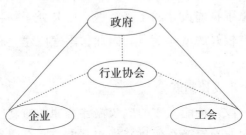

图 1-1　多元协商的社会合作制度

　　谈到产教融合路径中的合理化制度,就必须要了解如何促进职业教育产教融合基本制度间的匹配,制度匹配意味着制度变迁最终必须实现制度结构的整体变迁。如果只对个别具体制度进行改革,而不对其关联的其他制度安排和相应的制度环境进行改革,新制度将因缺乏相应的互补性制度的配套改革而处于失衡状态。在我国,不仅要改变和完善技能供应体系、增加技能投资,还要改革技能资格认证制度、技能使用制度、社会合作制度,使职业教育产教融合的基本制度构成能够相互协调、相互匹配、同步发展。由于我国多年来的职业教育改革没有意识到匹配制度的建设和改革问题,诸多改革成效不显著。因此,国家应在建立职业教育产教融合基本制度的过程中充分重视并提高基本制度之间的匹配性与协调性,尤其应重视技能资格认证制度、技能使用制度的改革,实现职业教育产教融合制度的整体发展与完善。

(四)产教融合多元化路径

　　除以上介绍的路径外,要实现产教融合的路径还有很多,我们称之为产教融合多元化路径。实施产教融合多元化的路径,推进多元化合作、深化产教融合发展是地方职业高校提升集聚效应的必然选择,是促进地方高职院校提升就业率,保障社会人才需求,提升高职院校自身教学水平,扩宽产教融合路径强有力的保障。

　　当前,我国地方高职院校服务地方社会经济发展的能力还存在一定不足,需要以推进多元合作、深化产教融合发展为原则,积极主动与国内外名校、科研院所、行业企业展开合作，实现资源共享，快速提升办学水平。高职院校应走推进多元合作、深化产教融合发展的创新之路，以供地方应用型高校转型发展参考借鉴。推进多元合作、深化产教融合发展的实践探索，积极与"名校大所"合作，提升多元合作、深化产教融合发展战略高度。

具体路径一是设立"卓越工程师教育培养计划"试点专业，通过实施校企"五个共同"合作模式培养学生，即校企共同制定培养目标、共同建设课程体系、共同实施培养过程、共同组建双师队伍、共同评价培养质量。路径二是与政府、行业企业共建共管二级学院理事会。产教融合路径三是抽调精干人员成立知识产业园，协同政府推进公共培训平台、科技创新平台和技术服务平台等三大平台建设，以取得良好的经济和社会效益，促进学校服务经济转型升级，提升办学水平。制定年度工作指标，完善多元合作、深化产教融合发展战略指标，创新产教融合的多元化路径。

通过以上路径能够实现产教融合完美统一，通过标度设定与绩效考核能够全面调动二级办学主体多元合作和产教融合的积极性，切实提升高职院校应用型人才培养的实力和水平，达到教学管理与教育实践的统一。多元化路径具体应从以下几种机制建立入手。

1. 建立权责清晰良性长效的产教融合运行机制

产教融合作为推动职业教育发展的内在需要，在国家或地方相应政策的号召与鼓励以及政府、企业、学校与社会的合力促进之下，职业院校人才培养无论在数量还是在质量上都有所突破，并一定程度上推动了职业教育体系的构建。但纵观目前产教融合各参与主体合作深度，许多合作依然仅仅停留在表面上的浅层次融合，部门参与主体，尤其是企业参与职业教育的积极性不高、信息沟通不畅，彼此合作处于相对独立状态。以上问题是目前我国产教融合政策有效执行的主要障碍。阻碍产教融合政策执行的因素是多方面的，但我国目前尚未建立完善的良性长效的产教融合运行机制是重要原因。运行机制的缺乏导致各执行主体在执行产教融合政策的动态过程中出现资源要素得不到合理配置、分工权责不明晰以及彼此联系松散等现实问题，最终导致管理效能发挥低下，整体上影响了产教融合政策的执行效果。因此，加强产教融合运行机制的研究对于提高职业教育的办学效益与促进我国完善的现代职业教育体系构建具有重要的意义。

在产教融合运行机制的构建过程中，具体可以从营造具有法律效力的制度保障环境入手。要实现产教融合人才培养目标，离不开产教融合政策强有力的支撑，良好的制度环境是产教融合赖以生存与发展的前提与基础，只有建立具有法律效力的政策制度体系，营造良好的产教融合制度保障环境，才能使产教融合各项工作的开展有法可依，进一步激励学校与企业双方积极主动寻求合作。

2.加强产教融合政策制度保障机制

尽管国家层面已颁布了引领产教融合发展的相关制度，但不同地区在经济发展水平、产业发展特色的差异性决定了地方政府在职业教育与经济社会的发展过程中必须发挥引导作用，规划产教融合的发展趋势，统筹产教融合发展的具体目标任务。为此，地方政府要依据并遵守《中华人民共和国职业教育法》《中华人民共和国劳动法》与《中华人民共和国就业促进法》的基本原则，立足于地方发展的实际，为企业和学校开展产教融合出台纲领性规划政策文件，同时根据国家政策中的重要任务与突破性创新领域，从经济、政策、行政等多个角度，为企业和学校等执行主体创新性出台相应具备具体操作性的配套措施或条例并加以落实。地方政府在法律上要明确行业企业举办或参与职业教育的责任、义务和政策保障，依法落实企业重要主体地位，为依法开展产教融合提供法制保障。此外，职业院校与企业也要加强政策研究，校企双方通过利用制定政策的自主权，根据合作意愿和合作项目的需要，围绕协同育人的人才培养目标，创新深化产教融合的具体举措，制定包括章程、协议、规定、实施办法等在内的具有约束效力的规范成员行为的规范性文件，提高对政策执行的规范性。

3.加强产教融合经费保障机制

《建设产教融合型企业实施办法（试行）》（发改社会〔2019〕590号）提出给予"金融＋财政＋土地＋信用"的组合式激励方式，并按规定落实相关税收政策等鼓励性政策，激发企业投资兴办职业教育的积极性。《国务院办公厅关于深化产教融合的若干意见》（国发〔2017〕95号）提出要完善政策支持体系，加强财税用地和金融支持政策协同，各级财政、税务部门要把深化产教融合作为落实结构性减税政策，推进降成本、补短板的重要举措，为产教融合政策的有效执行提供财政经费保障，进一步激发社会各方面投入职业教育的热情。根据地区发展实际，改革职业教育财政经费拨款的方式，实施职业教育财政投入的绩效评估、监督、问责和公告制度。对于积极参与产教融合的企业实施财政结构性税收优惠政策，鼓励金融机构为合作企业提供信贷业务。只有有效经费保障配套措施成功落实，才能实现校企双方互动、互信与互赢的合作结果，也才能真正实现各参与者对职业教育办学的慈善目的。

二、产教融合策略

2014 年，《国务院关于加快发展现代职业教育的决定》发布，全面加快了现代职业教育的发展。该文件明确表示，加快现代职业教育体系建设，逐渐深化校企合作、产教融合，有助于培育数以亿计的高素质人才和技术技能人才。该文件的颁布表明国家大力支持产教融合的发展，在制定和实施产教融合的促进政策方面，国家做出了一定的努力。虽然现有的法律、法规和政策已经在一些方面显示了国家支持产教融合的态度，但是地方政府暂未公布相关优惠政策、执行文件和法律法规，也未发布相关税收、资本等方面的支持，因此我国的产教融合还具有一定的自发性和民间性。

保障产教融合实施可以从以下几个方面的策略入手：

第一，企业、高校、行业协会代表的非高等职业学校参与校企合作、产教融合的责任和义务不是很明显，参与产教融合的企业、高校、行业协会各自的权利缺乏必要的监管和法律和法规的约束，多方的利益未得到充分保护。所以，应该调动这些主体的积极性，保证高职学校积极参与到产教融合的过程中。

第二，政府可以颁布奖惩机制，不设定具体标准，目的是对产教融合进行监督检查，进一步合理地设计各种各样的奖励和惩罚措施。由政府出面建立荣誉奖项，当地实施校企合作效果较好的高校、企业、研究机构、社区、个人、行业组织可以获得一定的赞誉和资金奖励。这些有关产教融合的策略一旦实施并且广泛适用，不但会使职业学院的学生受益颇丰，而且学校自身以及企业都将受益匪浅。

第三，有关学生权益方面的策略。对到企业实习的学生给予相关的报酬、补贴，以及在实习过程中遇到人身伤害如何处理，都应设有明确的规定。这样可以确保调动学生们的积极性，最终收到的效果也会更明显。

第四，政府自发建立独立的部门用于支持产教融合方面。产教融合法规的制定可以明确参与主体的法律责任和权利。目前，中国制定并出台了若干有关产教融合方面的政策，这些政策的健全、完善都有助于促进学校与企业间的融合，对产教融合起到了关键性的作用。在高校与企业开展产教融合的过程中，大部分的合作和方案不能单单依靠口头协议，需要建立正式的合同协议。此类协议同样具有法律效力，出现问题后，可以做到有法可循，依法执行。

有关产教融合组织保障层面上的策略，产教融合能否持续、深入开展，促进政府、高校、行业间良好沟通，构建专门的产教融合协调机构是核心。政府需要建立一个长效的组织保障体系，以对产教融合的各利益主体进行审批、监督。由于目前我国政府还没有建立专门的协调机构来负责高校产教融合方面的设计、审批、考核、监督、评价，因此项目本身缺乏内在动力，企业主管单位、行业部门、财政部门、劳动部门等部门也因利益分配的问题得不到大力的支持，没有组织的协调作用，难以形成长效的组织保护机制。为了加强彼此间的协调，保障产教融合组织运行的有效性，应建立从中央到地方各级政府部门间、高校与企业行业间的多层次协调机构，明确赋予产教融合协调机构的职责和权限，加大产教融合的组织保障能力。

在产教融合评价体系层面，产教融合和学校教学工作相同，若要保持持续健康发展，必须构建科学合理的评价体系。应用型本科高校需要在政府的指引下，与企业、高校、行业机构共同建立360度评估系统，按照合作的效果来找出差距，总结教训，进而制定更合理的合作方案。政府、高校、社会以及合作中的各大主体应严格地对合作效果进行考察和评价。产教融合的内涵和外延要求培养人才的产教融合的水平与管理水平。同时，要考虑企业产生的利益、企业合作产生的成本、专业技术人员的培养数量等。只有借助有效的、可操作性的评价体系，才能检验产教融合的有效性以及正确性。产教融合评价体系不仅能直接体现企业所培养的实践型人力资源能否达到企业的人才定位，还能体现能否帮助企业获得最大的利益以及能否为区域经济发展发挥最大的作用。

产教融合评价体系应建立高校产教融合专家评估机构，其职责是在产教融合的项目中，关注各主体之间的进展和评估，对其谨慎调查，谨防合作各方进行欺诈和欺骗。另外，可以建立高校产教融合的协商和仲裁制度，其任务是结合系统和管理手段，帮助解决高校与企业在合作中存在的矛盾，增加合作的稳固性，促进产教融合合作各方积极完善产教融合评价体系，鼓励生产，逐步开发以市场为导向的研发活动。项目验收、科技奖励、职称评审结果的检验应注意创新、创意和技术水平，注重成果的适用性和社会主义市场经济产业化发展前景。产教融合法规的制定是助推国家、地方颁布产教融合政策的有力途径，企业、高校之间能否保持深度合作依赖于一国法规的要求。产教融合法规可以使产教融合的政策更加具体、明确、可行，可以使产教融合中所需的人力、资金、设施及运行得到根本的保障。政府高度重视，产教融合法规积极支持，学校在教学、科研、管理和社会服务方面开展校企合作，学生、老师、学校、政府等主体分别通过各自的方式、方法支持和参与校企合作，从而形成良好的校企合作、产教融合的社会氛围，这样的产教融合策略才算是有效的、联系实际的优秀策略。

除此之外，我们还可以实行培养模式改革措施来提升产教融合策略，具体产教融合策略有"引企入教""引企入研""引企入践""引企入评"。"引企入教"即吸纳优秀企业参与高校人才培养过程，推进面向企业的教育教学供给侧改革。支持并吸引企业深度参与高校教育教学改革，广泛参与学生课程设置、教材开发和实习实训等环节；鼓励引进行业人才，开设研究生课程，将行业标准和技能带入课堂，丰富课堂内容，实现课堂内外的真正结合；聘请校外专家为兼职教授，定期开设专业讲座，通过"大师面对面"和学术沙龙等形式为学生提供与业内高端人才近距离交流学习的机会。

"引企入研"即积极引导和支持企业参与协同科技创新，加快基础研究成果向产业技术转化。根据2018年夏季学期北京交通大学土木建筑工程学院毕业生论文选题来源数据统计，9.3%的硕士论文和26%的博士论文来源于企事业单位委托的课题项目，所占比例居各类选题来源第二位。学生论文选题来源在很大程度上反映出行业发展趋势是高校科研支撑的重要力量。高校应转变办学理念，真正做到开放培养人才，以适应我国经济结构优化和产业结构升级带来的人才需求变化，积极寻求校外科研资源，通过校企合作搭建合作平台，实现资源共享。"引企入研"产教融合策略一方面有利于在研究生教育经费方面获得国家和企业的支持，另一方面有利于促进研究课题与产业发展亟需解决的问题实现有机结合。此外，"引企入研"有利于促进科研成果向生产力转化，从而刺激经济，实现产教融合的深度发展。

"引企入践"即组织学生参与企业的生产，将实习实训环节与行业生产相结合。实践是检验真理的唯一标准，学校人才培养是直接面向社会的，只有真正让学生深入生产一线，才能促使其学以致用。"引企入践"是适应学生培养方案的必然要求，有利于实现资源统筹、协同育人。通过产、学、研、用的人才培养模式，联合培养基地构筑产教融合的框架体系，真正实现学有所用、学有所验、学有所成。

"引企入评"即将学生就业情况与人才培养质量评价挂钩，以服务产业需求为目标调整人才培养模式。产教融合理念最核心的部分是人才培养的供给侧需要满足产业需求侧，即人才的培养需要以产业行业为导向，根据国家需求和社会发展调整招生方向和培养特色。"引企入评"的培养方式要求建立畅通的校企沟通机制，及时准确地了解行业需求，通过开展企业定制班、骨干培训班等培养企业所需人才；建立有效的合作机制，通过定期回访等形式了解用人单位对毕业生的满意度；充分发挥教师教学指导作用，在学生毕业等环节增加校外导师的衡量指标，将行业标准融入培养过程中，从而真正实现产教深度融合。

产教融合作为推动职业教育改革，促进职业院校人才培养供给与产业发展对人才需求之间的供需平衡以实现人口红利向人才红利转变的重要途径，必须要加强对其的执行力度。因此，基于不同执行主体的职责，要构建完整明确的产教融合执行制度体系，以提高政策执行的制度性与规范性。

（一）构建完善动态的产教融合执行的统筹规划制度

明确合理的产教融合统筹规划制度的制定有利于缓解合作上的矛盾冲突，维护参与组织的稳定性，促进产教融合各参与要素的合理分配及其机制的正常运转。产教融合鲜明的社会环境依赖性要求为产教融合政策的有效执行构建完善的动态性产教融合统筹规划制度体系。国家作为产教融合机制构建的主导者与引领者，要统筹职业教育与经济社会的协调发展，协调职业教育部门与其他相关部门的关系，紧跟时代发展的步伐，根据社会发展的变革，就产教融合的财政保障、师资建设、评估监督、引导扶持、法律责任等多方面，不断建立并完善相关规章制度，规划我国产教融合的系统制度框架。为此，在构建的过程中，务必要提升法律条文的明确性及可操作性，进一步规范和明确产教融合的基本制度体系，确立产教融合参与主体的资格、条件、权责义务及退出机制等具体问题规定。随着经济社会的转型及产业结构的不断优化升级，在政策的制定过程中，要坚持动态性原则，立足产教融合观，进一步扩大参与主体及其资格范围。同时，为了保证执行的规范性，要在法律中明确违法的责任后果与责任承担方式，提高法律的效力。

（二）建立以市场化思维为导向的人才培养制度体系

新时代国家以及地方相关产教融合政策的颁发都表明高校已经成为深化产教融合改革的主阵地，且政策变动的重点从更多强调职业院校内部要进行改革转变为强调以就业为导向进行校企结合的人才培养方式的改革。因此，作为实施产教融合主阵地的高职院校，在执行产教融合政策的过程中，要遵循以市场化为导向的原则，根据市场经济的动态发展，基于职业教育需求高弹性的特征以及开放的劳动力就业制度，采取主动开拓与适应市场的态度，建立以市场化思维为导向的人才培养制度体系。产业转型升级的加快以及技术更新换代引发了劳动者就业结构的改变，提高了劳动者的职业流动率。因此，高职院校要适应区域产业经济高速发展，并在其中求得生存和发展，关键是要找准产业优化升级和人才培养之间的结合点，要通过"专业"这个中心枢纽直接为产业转型升级服务，要围绕区域产业结构和社会职业结构的变化来合理设置、调整专业，为此要根据人才规格需求变化以及针对企业岗位群结构而不是以单个职业为基础来确定专业设置和培养目标。

在开展课程专业学习方面，要与合作企业深入合作，签订横向项目技术服务协议，把企业产品引入课堂教学，让学生以真实产品为载体，掌握工作岗位的实战技能。同时，允许学生同时学习多个专业，根据学生发展需求，开发设立多种模块课程，允许并鼓励学生跨专业选择课程，使学生在校期间掌握多方面职业技能。在人才培养模式上，本着"全面合作、优势互补、平等协商、资源共享、共同发展"的原则，遵循"产教融合、校企合作、工学交替、知行合一"的跨界特征，探索创新以现代学徒制、订单式培养、工学交替与技能精英等为主的人才培养模式，并发挥学生的主观能动性，引导学生建立校企合作学生联盟，积极鼓励学生参与企业实践，允许学生以企业的工作经历置换课程学分，鼓励学生以职前教育主体的身份在实践过程中寻求符合自身的对接岗位。

此外，劳动力人才市场的人才需求信息变幻莫测，在执行产教融合政策的过程中，在充分了解劳动力市场对人才需求信息的基础上，职业院校要与企业或人才市场之间形成紧密有机的联系，职业院校与企业或人才市场应定期就人力资源的供需情况进行对接与沟通，进行职业、工作与任务的分析，对人才需求进行深入了解。为此，要充分利用人才市场提供的资源，根据劳动力市场反馈的人才需求信息，建立校园动态性的人才供求信息网络，让学生及时有效把握劳动力人才市场就业环境状况。

第四节　产教融合的实践模式与探索

一、产教融合的实践模式

教育部高等教育司和中国高教学会产学研合作教育分会联合主编的《高等职业教育产学研结合操作指南》对我国现行的人才培养模式进行了总结。国内现行的人才培养模式大概有 12 种，目前，我国高等职业教育产教融合模式较为经典的分类共有 9 种。其中，以"订单式""2+1"和"学工交替"3种人才培养模式最为常见，由于具体模式之间没有形成严格的体系，9 种人才培养模式还存在相互重叠的部分。

走产教融合的道路，要注重实践教育，只有学校和企业共同培养，才能彻底改革传统院校办学的缺点，才能契合实际地为社会经济发展培养相匹配的人才。在课程设置中，应以"夹心课程"为主，即"学习—实习—学习"的课程设置。为更好地落实实践课程的教学效果，福特斯建议实操课程尽可能在企业进行，确保学生感同身受。

近年来，在党和国家的高度重视下，职业教育体制机制不断创新，职业教育校企合作呈现出令人欣喜的变化和发展。但整体来说，我国校企合作的水平还远不能满足经济社会转型、产业结构升级与调整对职业教育的要求。进一步推进校企合作深入发展，需要立足全局，加强顶层设计，以体制机制创新为突破口，引领校企合作走向深入。

"产学研"是目前有助于高职院校实现产教融合、校企合作育人的一种较为理想的模式，这种模式在高职院校中的应用较为广泛。其目标是将学生培养成实践操作能力强、具有较高职业素质能力和核心竞争力的人才。学校和企业共同商定人才培养方案，以企业需求来确定教学目标。此种培养模式能够结合学校与企业双方的资源，优势互补地为学生提供教学场地与教学资源，使企业能够参与整个培养环节。

"产学研"要求高职院校在专业设置、课程安排、教学内容等环节都要符合企业的需求。也就是说，在这种模式下培养的人才是企业所需要的，不存在企业和人才供需不对接的情况。这种模式要求企业为学生提供实际场地，模拟工作环境，从而使学生的课堂理论知识与实践技能有机结合，提高理论知识转化为实际生产力的水平。

"订单式"人才培养模式是校企积极合作，共同研究并制定人才培养方案的模式。在这种模式下，学生和企业签订用人合同，在技术、师资、实践产地等方面进行合作，校企双方共同招生并对其进行培养，最终毕业生能够直接到该企业就业。这种人才培养模式建立在学校和企业相互信任的基础上，校企双方的合作具有自愿性，只要企业愿意与学校合作育人，那么这种模式就能够促进学校对人才培养的积极性。

"订单式"培养模式能够和用人单位，也就是企业的需求对接，以企业需求为培养导向，从而提高高职院校毕业生的就业率，此种模式得到了社会和学校的广泛认可。但目前在我国高职院校用"订单式"培养人才的过程中，校企双方的地位很不平衡，学校对企业的了解也不够深入，因此还需要我们加强该方向的建设，优化产教融合实践成果。

"工学交替"人才培养模式的基本特征如下。学生到学校后，第一学期首先在企业进行实践学习，企业负责对学生传授基本的专业思想以及对学生进行入学教育，并让学生轮岗实践，在不同的技术岗位实践学习。第二、四、五学期，学生在学校接受老师所传授的课堂理论知识。在第三学期学生又到企业进行全顶岗的实践学习。等到第六学期，学生能够独立上岗后，学校和企业要求学生在此学期上岗进行毕业实践并完成毕业设计。

"工学交替"这种模式不但能够让企业参与学校人才培养的整个过程，包括培养方案、教学计划、实践环节、考核标准等，而且在这种模式培养下的学生具有双重身份，即"员工"和"学生"，可将课堂知识与企业要求的实践技能更好地衔接起来。

在"2+1"人才培养模式下，第一阶段，学生在学校学习两年的理论知识，培养自身的综合职业素质，学校以课堂的形式传授学生专业知识；第二阶段，学生在学习完专业理论知识后，去企业实习一年，在相应的岗位进行培训，将所学的理论知识进行实践，一年以后，学校对学生的学习情况进行考核和毕业评定，并对其进行就业指导。学生在企业的实习属于"顶岗实习"，学生不是在学校的实训基地实习，而是到企业，跟企业的员工没有区别，学生和其他员工一样，也要遵守企业的规章制度和工作要求，有自己的工作细则。在企业实习的一年里，学生能够不断练习在学校所学的专业知识，以实践验证真理。这种培养模式能够让学生毕业后迅速满足企业的需求，减少毕业生的实际工作能力与岗位要求不对接的问题。"2+1"培养模式能够将学生在学校学到的专业知识与实践相结合，提高学生对职业技能的掌握能力，这种能力不仅包括学生的理论知识的熟练度、综合职业技能，还包括对问题的处理能力以及将知识转化为生产力的能力。这种培养模式与传统的教科书培养模式不同，它培养的是学生知行合一的能力，通过在企业的实训，学生能够快速掌握企业的工作要求，从而提高培养质量与就业率。

通过产教融合实践尝试，收获是多方面的。例如，教学效应得到有效显现，在产教融合的实施过程中，学生的专业技能得到了充分的训练。产教融合可以使学生很快适应企业的要求，迅速成长为企业的技术骨干；使教师水平得到有效提升，因为产教融合的实施过程为教师提供了实践的平台。一批具有真才实干的专业教师队伍可逐步成长起来，这为学校将来的可持续发展奠定了坚实的人才基础，可成为学校的一笔巨大财富。

在产教融合的实践过程中，校企文化得到了有效融合。企业管理制度逐步迁移到实训基地的管理过程中来，推进了企业文化与校园文化的有机结合。接受企业文化熏陶，推进企业文化与校园文化的融合，是实现学生与企业员工无缝对接的重要保证。在产教融合实践过程中，我们可以定期邀请企业管理人员到学校宣讲企业精神、企业文化，创造学生与企业直接对话的机会，引导学生自觉培养企业需要的职业道德素质和团队协作精神。

二、产教融合的探索

产教融合的根本目的是人才培养。生产是基础，但必须服务于教学，这是处理产教融合过程中各种问题的基本原则。产教融合的实施不能外包给校外，导致专用于产品生产，不管"教"，成为变相的校办厂；也不能由校内人承包，更不能完全以学校名义来组织。因此，还是要在"融合"上深入研究，探索机制。企业追求经济效应，学校追求成才效应，两者"融合"的完善程度决定了产教融合的总体水平。

在产教融合探索方面可以从国外借鉴，学习发达国家的产教融合体系，再结合我国的实际国情，创建符合社会主义特色的产教融合之路。例如，德国政府自 1950 年以来，相继颁布了《企业基本法》《高等学校总纲法》《劳动促进法》《青年劳动保护法》等 10 余项法律和法规，规定了产教融合中高校和企业各方的责任和义务。我国政府也可以借鉴德国的立法，加快建设，早日实现产教融合。比如，制定有关鼓励行业、企业参与产教融合实践型人力资源培养和促进产教融合研究方面的法律和法规，利用法规法律来进一步限定政府、企业和行业在产教融合中培养实践型人力资源的权利与义务，特别是对参与产教融合的行业、企业，对其参与培养实践型人力资源的性质和地位做出具体规定，为其提供政策和法规的保障。目前，我国的不同地区、不同层次的产教融合在不断进行尝试和实践，这些实践将为建立标准化的产教融合提供宝贵的经验，为我国产教融合的探索向前迈进奠定坚实的基础。

产教融合的探索还可以从推进多元合作、深化产教融合创新发展的角度入手。首先要改变合作方式，形成校企合作模式。该模式不是单一的学校与企业合作，而是地方应用型院校协同国内外重点院校与企业一起全面开展合作，并在各个方面实现转变：一是改变仅仅以完成项目为重心的短期校企合作方式，建立以长期战略合作为依托的全面合作关系；二是改变单向为企业提供科技成果或转化成果的状态，建立起根据双方需求的、双向互动的合作关系，不断创新合作内容，并将学生培养纳入其中；三是改变以单一专业与企业合作为主的形式，建立起多专业与企业合作的形式，以适合中小企业的特点。

学校应积极创造条件，争取政府及有关部门出台加强和推进校企合作的政策和措施，如财政补贴、税收优惠、学生工伤保险等，支持校企合作培养工程人才。同时，应进一步探索完善校企合作工作机制，建立合作的组织协调和服务机制，不断研究解决合作中出现的新情况、新问题，推动校企合作不断深入开展。

产教融合探索的方向可以从建立独具特色的"产学研合"作模式入手。独立特殊的校企合作模式可以使企业迅速壮大，企业资源合理应用，高职学校学生资源合理分配，由于经济转型、产业升级、产品换代速度加快，企业科技创新能力也得到显著提高。学校教师通过这一合作平台，能够拓展服务渠道，创新服务方式，推动重大项目合作攻关，在服务地方过程中形成自己的品牌和优势。该合作模式可以在城市建设的试点地区全面推开，提升高职学院教师的科研水平，加深产教融合实践中的社会影响力，使产教融合探索既务实又高效。

资源作为深化产教融合不可或缺的重要保障，是促进职业教育可持续健康发展的重要物质基础。纵观目前职业教育产教融合校企合作"学校热，企业冷"的整体实践状况，很大原因在于尚未实现校企双方资源的融通，资源的单方向倾斜难以实现双方互利共赢的理想。因此，要实现校企双方互利共赢和高质量的人才培养目标，校企双方必须加强资源建设，促进职业教育校企合作从外延式向内涵式过渡发展。

基于当前研究现状和职业教育发展实际要求，加强各参与主体产教融合资源建设，积极进行产教融合实践探索，亟需做好以下几方面的工作。

（一）加强政策执行主体队伍建设

产教融合政策执行取得的效果与政策执行主体队伍素质存在密切的因果关系，优化产教融合政策效度，提高人才培养质量，实现跨越式发展，必须要加强执行队伍的建设。企业作为培育教师不可或缺的参与主体，其生产环境为职业院校教师师资的培养提供了直接真实的工作环境，是科学研究的问题源头。因此，职业院校要积极与企业定期开展沟通交流。

一方面，职业院校要创新学校内部师资培训的制度，建立专任教师定期下企业的制度，积极鼓励教师主动经常性走进企业，学习了解企业的经营文化理念和运行管理方式。同时，按照"共同发展、互惠互利、资源共享、优势互补"的发展理念，根据学校与企业双方对产教融合需求的共同契合点和建设目标，立足于对区域服务的前提，在专业发展的需求以及双方资源互补的基础上，共同建立研究机构或工作室模式，鼓励教师参与企业的技术攻关与革新、研究成果的对接与推广、项目引进等。研究机构与工作室的共建有利于提高教师的社会服务能力，从而推动长效的校企合作机制的形成。

另一方面，可以由企业内部操作经验丰富的高技术技能型人才对职业院校的教师进行培训，帮助教师充分了解行业发展的动态，研究学习新生产技术和企业最新的研究成果，有利于教师突破传统教学内容束缚，把所学的技术手艺以及研究成果引入实际的课堂教学，促进教师专业职业化的发展。

（二）强化与地方产业发展相适应的专业建设

高等职业教育服务产业发展的本质功能要求必须强化与地方产业发展相适应的专业建设，专业是职业教育和社会经济的接口，是保证人才培养与经济发展相协调的首要环节。要培养学生综合素质和职业技能，使学生具备较强的适应产业发展和岗位迁移的基本能力，职业院校专业建设无疑至关重要，且已经成为学校内涵建设的核心内容。为此，职业院校必须立足产业发展，在适应市场与遵循专业发展规律相结合的原则下，加强院校的专业建设。

首先，健全完善学科专业调整机制。其次，在提升院校专业内涵水平的过程中，基于专业的特点，优化和遴选适应职业岗位技能要求的教学内容，构建符合地方产业发展的职业院校专业建设规划，包括规划满足行业与岗位技术要求的特色专业、教学改革试点专业、精品专业、关键产业急需的专业，以及开拓与发展反映新技术、新工艺、新产业，与新增长点相适应的新专业等，加快建设机器人、大数据、人工智能等一批新型工科专业。最后，改革现有专业群的衔接关系，即各专业在人才培养上的衔接关系，建立中职—专科高职—应用本科衔接互通的标准框架体系及专业课程教学标准。围绕区域产业发展，强化专业建设，推动科学专业与产业需求精准对接，有助于产教融合政策的有效执行，促进现代职业教育的改革与发展。

（三）建立科学合理的评价机制

任何一项工作的最终开展成效离不开评价的参与，建立科学合理的产教融合评价机制，通过全面监督科学评价产教融合各职能部门工作开展情况与质量，有利于形成激励作用，保证产教融合的健康良性可持续发展。为此，构建科学合理的评价机制可以从以下几方面着手：成立专门的评价组织部门；制定全面的考核评价内容；建立量化考核的评价方式。

第二章 何为高职教学管理

第一节 高职教学管理的概念、特点、现状

一、高职教学管理的概念

谈高职教学管理前一定要先介绍我国的高职院校，"高职"是高等职业的简称，是培养高等职业人才的院校，其文凭相当于过去的大专。现在大专教育一般很少，主要是高等职业教育，因为它有更好的就业前景。教育部规定"我国专科层次全日制普通高校，学校名称的后缀为'职业技术学院''职业学院'"，有别于普通全日制高等教育。[①]《教育大辞典（下）》对"职业院校"的定义为"有中等和高等之分的实施职业技术教育的院校"。不难看出，高职院校肩负着为社会培养高技能的一线人才的使命，是高等职业教育重要的一部分。应该特别注意的是，高职院校属于高等职业教育系统，与普通大学并不是水平上的差异，而是功能上的区别。[②]正如我国著名高等教育专家潘懋元所言："高等职业教育是一种有别于理论性普通高等教育的类型，但并不是一个区别于本科的专科层次。""是一个独立于理论性本科院校之外的独立的高等教育体系。"本书中高职院校的概念在理论上采用潘懋元教授的观点，在具体操作上依据 1996 年《中华人民共和国职业教育法》第十三条的表述："职业学校教育分为初等、中等、高等职业学校教育。初等、中等职业学校教育分别由初等、中等职业学校实施；高等职业学校教育根据需要和条件由高等职业学校实施，或者由普通高等学校实施；其他学校按照教育行政部门的统筹规划，可以实施同层次的职业学校教育。"

---

① 李继延.发展高等职业教育若干问题的思考[J].教育研究，2003(9):57-62.

② 王振洪.高职院校管理文化及其创新策略研究[M].杭州：浙江大学出版社，2017:56.

　　高职院校在我国范围内指专科学校。从层次来讲，它属于高等教育的范畴，在职业技术教育领域内，属于最高级别；从管理层来讲，我国的高职院校由地方政府部分统一管理。招生范围为高考达到专科线的学生、未曾参加高考但具有同等学力的学生，以及少量初中毕业生。前者的学制是 3 年制，后者的学制是 5 年制大专。高职院校着重在短期内培养专门技能型人才，在人才培养模式上，高职院校是与市场、企业联系最紧密的机构，以服务地方经济为主，走产教融合人才培养模式路线。

　　高职院校负责进行高等职业教育的职业培训。从教育类型来看，高职院校和高等普通学校、研究型的大学不同，它的定位是职业性的而不是研究性的，所要培养的学生是能够将理论知识和实践技能相结合的高技术人才。

　　高职院校大致有以下几类：职业学院、技术学院和高等专科，学历教育不仅包括专科，还包括本科，属于高等教育的一部分。从改革开放到现在，我国的职业教育体系在层次上基本上已经完成了构建，但是与国外发达国家的职业教育相比，我国的职业教育体系在深度上还应有所提高。总之，高职院校是用来培养理论与实践相结合的应用型人才，它培养出的人才具有很强的职业性，能够满足企业在用人时的需求，具有较强的动手能力。

　　接下来谈高等职业教育，高等职业教育这个名称和概念是很具中国特色的，因为从国际上看，虽存在高等职业教育这类教育活动，但很少有国家使用这一名词。我国高等职业教育发展历史已有很多年。1985 年，《中共中央关于教育体制改革的决定》指出："高中毕业生一部分升入普通大学，一部分接受高等职业技术教育。"这是我国法定文件中最早关于高等职业技术教育概念的规范表述。高等职业教育的内涵如下：其一，教育对象需具备两个基础，即普通文化基础和专业技术基础。普通文化基础相当于高中文化水平，专业技术基础应建立在培养技术员学制的基础之上。其二，高等职业教育以高级技术应用型人才为培养目标，以直接就业于某种职业岗位（群）为目的，对应的是一种需要"高级知识和技能的学习与训练"的职业，而不是"体力或手工技艺培训"的职业。其三，课程内容面向实际，并定向于某个特定的职业（群），主要进行"直接改造客观世界"的技术知识的教学。其四，高等职业教育的实质是高等技术教育，它属于高等教育，实施一种以职业为主定向的教育计划。"高等职业教育"是"高等"与"职业教育"两个概念的复合。高等职业教育，简称高职教育，是具有独立行政地位的高等教育，其类型为职业技术教育。高职教育有职业技术培训及学校教育两种教育表现形式。高职教育偏重技能型人才培养方向，能使学生更好地适应应用型岗位的需求。高职教育在人才培养目标与教学模式方面具有职业教育特点。高职教育招收的学生有中职技校毕业生、普通高中毕业生以及具有实践经验的中级技术工人等。只有正确认识了高等职业院校的内涵，才能对其准确定位。

关于"高等职业教育"的概念界定在学术界、官方文件众说纷纭，但是随着高职研究的逐步深入，认识日渐清晰，就高等职业教育概念的内涵，各方形成了一些共性的认识：基于人才类型定义高等职业教育。杨金士等人从教育类型结构及其培养的人才类型结构的关系角度，对高等职业教育进行了界定。他们认为人才结构分为学术型人才和应用型人才两大类，学术型人才是通过基础研究积累高深知识的人，而应用型人才是运用知识、具备高超技能的人，后者又可细分为工程型人才、技术型人才和技能型人才。基于此，他们提出高等职业教育主要是高等技术教育，培养目标是培养生产、管理和职业等的技术型人才。在我国，高等职业教育教师的专业化也已成为高等职业教育事业发展的重要目标和保障。高等职业教育教师（以下简称高职教师）因其当前条件下具有不可或缺的社会功能、完善的专业理论和成熟的专业技能、高度专业自主权且经过了长期的严格的专业培养与发展，也被认定为一种专业。

我国的高等职业教育相当于西方发达国家所称谓的高等专业技术教育，由此推论，高等职业教育在我国也并非新兴的职业教育形态。从外延说，我国的专科教育、工科教育、高一层次的应用型专业学科的本科教育、硕士研究生教育及专业博士，都可归于此类。研究人员、政府文件乃至实践界对高等职业教育培养目标的称谓问题出现了许多新颖的提法，如高技能人才、技术应用型人才，强调高等职业教育所培养的人才属性的高级和应用两个特征。

下面我们再来谈高职教学管理。高职教学管理是为了实现高职院校教育目标，根据一定的原则、程序和方法，对教学活动进行计划、组织、领导和控制的过程。高职教学管理的实质就是设计和保持一种良好的教学环境，使高职教师和学生在教学过程中高效率地达到既定的高职教学目标。高职教学管理制度是一个多层次、多序列、多职能的完整体系，从不同的角度划分有不同理解。从广义上讲，高职教学管理就是在一定的教育发展条件下形成的高职教学管理体系，是由诸多元素与部件构成的完整的具有特定目的与功能的整体，各个元素或部件在构成上的变化直接影响高职教育功能的发挥与目的的实现。

高职教学管理本身就是在不断适应社会需要的过程中形成和发展起来的。从狭义上讲，高职教学管理就是指根据人才培养目标和规格要求，在一定教学管理思想与理念指导下，对高职教学活动进行计划、组织、协调和控制的基本制度。高职教学管理应统筹高职教学需求，配置高职教学资源，协调高职教学活动，规范高职教学行为，整合高职教学要素，维护高职师生利益，保证高职教学质量，提高高职管理水平。高职教学管理的基本内容一般包括高职教学计划管理、高职教学运行管理、高职教学质量管理与评价，以及学科、专业、课程、教材、实验室、实践教学基地、学风、高职教学队伍、高职教学管理制度等高职教学基本建设的管理。

高职教学管理的基本任务是研究高职教学及其管理规律，改进高职教学管理工作，提高高职教学管理水平；建立稳定的高职教学秩序，保证高职教学工作正常运行；研究并组织实施高职教学改革；努力调动高职教师和学生教与学的积极性。由于高职学校的基本职能和根本任务是培养人才，高职教学工作是学校的中心工作，因此高职教学管理在高职学校管理中占有特别重要的地位。

二、高职教学管理的特点

高职院校应依靠行业，充分发挥行业在人力资源需求分析和教育教学指导中的作用。在实施《面向 21 世纪教育振兴行动计划》提出的"职业教育课程改革和教材建设规划"时，行业职业教育教学指导委员会发挥了很好的作用。

高等职业教育的教学内容和课程设置是按职业岗位或岗位群的应知应会要求来确定，而不是像普通高等教育那样按学科要求安排，而教师对于理论知识的教授和学生对于操作技能的学习必须以能力为本位，以培养岗位能力为中心进行，保证学生在校期间完成上岗的实践训练，做到一毕业就能顶岗工作。本书中所提及的高职院校外延涵盖我国目前的专科层次的高等职业技术学院、普通高等学校设置的职业技术学院以及五年制高等职业技术教育。

高职院校教师是指在高职院校履行教育教学职责的专业人员。"双师型"教师也是现在对高职院校教师的一种水平要求。从内涵上讲,"双师型"教师也是教师的一部分,应具备教师的基本知识结构和能力结构;"双师型"教师又是教师中的特殊部分,必须具有特殊的知识与能力结构,即基于高等职业教育的双重功能——教育活动和社会活动,被赋予双重职能,即能够在双地点、讲双内容、跨双领域,实施教育教学。具体来说,就是必须服从高等职业教育及高职院校的根本目标,以就业为导向、服务为宗旨,必须实践于高等职业教育及高职院校的教育活动,进行校企合作、工学结合、产教融合。外延上,"双师型"教师除了必须具备教师的专业知识、基本能力和素质外,还必须凸显下列素养和职业能力:一是行业职业道德;二是敬业、职业素养;三是经济素养;四是社会交往和组织协调能力;五是管理能力;六是创新能力和适应能力。

高等职业教育有两个特点:一个是要教会学生,教师自己也要会;另一个是要有实训条件和场地。高职教师职业是一种区别于普通高校教师的专业化职业。高职院校教师与普通高校教师在专业道德、知识结构、技能结构、社会服务的要求上不尽相同,关注重点也不尽相同。与普通高校教师及中等职业学校教师所具备的专业素质相比,高等职业院校教学的特点及由此决定的高等职业院校教师的特点决定了高职院校"双师型"教师专业素质所独有的特征:高等性、职业性、教学性、实践性。

高职院校的教师有其独特之处,高职院校的教学也有自己的办学特点。

高职院校有与行业企业实行联合办学的管理特点,推行"订单式"培养。行业企业参与高等职业学校教育教学管理全过程,并根据联合办学协议向高职院校提供一定的经费、必要的设备、生产实习场地以及选派部分专业教师,承担部分实训项目教学活动,享有优先录用毕业生的权利。学校根据行业企业提出的岗位培养目标,设置专业和培训项目,搞好课程开发,按照行业企业的要求组织教学活动,并参与企业新技术、新产品的开发,为企业提供职工培训、技术咨询等服务。

高职院校教学管理还有依托专业办产业的特点,办好产业还可以促进本校专业的发展。全国各地很多职业学校利用所办精品专业的品牌优势，积极创办相应的校办产业，依托专业发展产业，以产业发展促进专业建设，形成"产教融合、产教并举、以教促产、以产养教"的良性循环，创造了良好的产学结合的氛围。高职院校教学管理还有以市场为导向的特点，做到办一个专业，建一个实体，育一批人才，兴一个产业，富一方群众，并在这方面积累了很好的经验。同时，也促进了当地经济发展。《教育部关于加强高职高专教育人才培养工作的意见》（以下简称《意见》）指出：高职教育的培养目标是"培养拥护党的基本路线，适应生产、建设、管理、服务第一线需要的，德、智、体、美等方面全面发展的高等技术应用型专门人才；学生应在具有必备的基础知识和专门知识的基础上，重点掌握从事本专业领域实际工作的基本能力和基本技能，具有良好的职业道德和敬业精神"。《意见》同时指出高职教育要"以培养高等技术应用型专门人才为根本任务；以适应社会需要为目标，以培养技术应用能力为主线设计学生的知识、能力、结构素质和培养方案，毕业生应具有基础理论知识适度、技术应用能力强、知识面较宽、素质高等特点；以'应用'为主旨和特征构建课程和教学内容体系；实践教学的主要目的是培养学生的技术应用能力，并在教学计划中占有较大比例；'双师型'教师队伍建设是提高高职高专教育教学质量的关键；学校与社会用人部门结合、师生与实际劳动者结合、理论与实践结合是人才培养的基本途径"。该《意见》对高职高专培养方案、知识体系、技术技能、师资培养、培养途径等方面做了明确要求。

《教育部关于以就业为导向深化高等职业教育改革的若干意见》将培养目标定义为"坚持培养面向生产、建设、管理、服务第一线需要的'下得去、留得住、用得上'，实践能力强，具有良好职业道德的高技能人才"。该文件将高等职业教育培养目标明确为面向基层一线培养人才。

高职院校的教学管理还有整体性、动态性、学术性、导向性、民主性、服务性这六个方面的特点，具体介绍如下。

高职院校教学管理的整体性。高职院校教学管理共分为教学计划管理、教学运行管理、教学质量管理与评价、教学基本建设管理、教学管理组织系统、教学管理与教育研究六个方面。每一个方面都不是孤立的，而是相互关联、相互影响的，每一个要点的变化发展都会对其他要点产生或轻或重的影响。教学管理效益不是从单个的要点做得好或不好中体现出来，而是各个方面综合协调作用的结果，归根结底就是体现在人才培养的质量上。在高校，教学管理既不是哪一位领导的事情，也不是哪一个部门的事情，而且需要高校方方面面的协调配合。

高职院校教学管理的动态性。高职院校教学管理过程是管理者、教师和学生三方面相互交流的过程，人在这个过程中起着至关重要的作用。并且管理又是多种功能交织在一起的，在管理中，人、物、信息、时间、空间等都是在不断变化的，他们的相互关系也是在不断变化的。因此，要根据管理对象和情况的变化及时做出相应的调整，以保证教学管理目标的顺利实现。

高职院校教学管理的学术性。教学管理不是一般的行政管理，而是兼有学术管理和行政管理双重职能的一门科学，是一门需要长期的学习和实践才能掌握的学问。教学管理主要是对智力活动的管理，管理的目的是培养人才，必须以专业知识为中介，按客观规律科学地运作，不能仅凭经验照章办事。高职院校教学管理要求管理者必须具备一定的专业知识和达到一定的专业水准，应懂得教育规律，具有先进的教育管理思想和较强的管理专业意识，具备对教育本身不断了解和感悟的能力，有改革创新精神，能够准确、全面地和教师、学生沟通。教学管理既是一种管理，又是一种学术，需要不断地研究。

高职院校教学管理的导向性。教学管理是一种有目的的管理与教育活动，从某种意义上说，教学管理就是高校办学思想和育人思想的体现。教学管理的思想、管理内容、管理规章制度、管理行为等都会对教师的教和学生的学产生直接的导向作用。管理能够提高效益，科学规范的教学管理能促进教学水平和人才培养质量的提高；反之，如果管理上不去，教学和人才培养必然出现混乱，甚至会严重影响办学效益和办学信誉。

高职院校教学管理的民主性。在高职院校的教学管理中，教师和学生既是管理对象，又是管理主体。他们的特点都是从事着学术性很强的教学、研究和学习，是精神生产，主要靠自己独立钻研和思考。高职院校教学目标的实现既要靠教师去实施，又要靠学生自觉自主地学习。所以，充分调动教师和学生的积极性和主动性，充分地尊重他们，让他们参与教学决策、参与教学管理，随时注意听取他们的意见，有利于集思广益，避免失误，提高教学管理的效益。

　　高职院校教学管理的服务性。教学工作始终是高职院校的中心工作，高职院校的教学管理既是管理，又是服务，即服务于教学和人才培养工作。教师和学生既是管理对象，又是服务对象，教学管理工作者所做的一切工作说到底就是为了教师教好和学生学好，从这个意义上说，教学管理更多的含义是服务，而且是主动服务。只讲管理，不讲服务，很容易挫伤教师教学和学生学习的积极性、主动性和创造性。

三、高职教学管理的现状

　　目前，我国大部分高职院校的管理方式还比较传统，这不仅表现在教学和对学生的管理上，还表现在校企合作和产教融合中。例如，在对学生的管理上，大部分的高职院校并没意识到学生的主体性，仍依据传统的方式培养学生，这在很大程度上阻碍了学生的发展；在产教融合中，大部分的院校并没有运用现代化的方式进行管理，管理人员也没有接受现代化管理方式的培训，而且缺失方便教师、学生、企业相互沟通的信息平台。

　　高等职业教育规模占高等教育的一半以上，因此在办好现有专科层次高等职业（专科）学校的基础上，发展应用技术类型高校，培养更高层次的职业人才至关重要。应建立以提升职业能力为导向的培养模式，根据高等学校设置制度的规定将符合条件的技师学院纳入高等学校序列，使高职教学管理在发展中前进，在不足中成长。

　　目前，我国高职教学管理的现状还存在一些缺点和不足，应针对这些不足具体问题具体分析。

（一）教学管理方式有待完善

　　教学质量管理缺乏灵活性，校企合作形式过于片面化，实践教学存在不足。在教学质量管理缺乏灵活性方面，相对来说高职教学较复杂，高职教学管理对于高职学校管理来说，是一项功能最多并且最复杂的综合性管理体系，为规范高职教学管理的运行，学校在生活日常管理、实践教学、教学基础建设、质量监控等方面制定了一系列的管理规章制度，并且学校各院系和教师都严格遵守管理规章制度。在产教融合影响下，校企合作育人机制逐步深入，传统封闭式管理方式的问题日渐显现，大多数高职院校对这一问题还未能及时主动地做出应对和调整，相关制度也未得到有效完善。

（二）管理队伍经验有待提高

高职教学管理教师队伍有关企业的工作经验不足，当前高职院校管理队伍专业背景多样化，与企业进行的有效沟通远远不够，企业经验不足。同时，高职院校缺乏教育理论的提升或相应的培养提升计划，对管理人员进行的系统的高职教育理论、教育管理培训也难以展开。由此导致有些院校管理队伍整体业务素质不高，管理队伍普遍对高职教育理论及培养目标认识不够，缺乏先进的管理意识以及现代管理岗位所需的合理知识结构，使管理工作仅停留于低层次。此外，大多数高职院校缺乏专门与企业沟通的部门，不能及时与企业联系，故不能共同制定或适时调整高职人才培养方案，也就无法培养适合企业发展的高技能人才。

（三）管理队伍创新能力有待提升

管理队伍创新能力弱也是高职教学管理的不足之处。行政管理人员是政策、信息和规划的执行者，是高职院校科研计划的确立者和各项活动的实施者以及协调者。他们应该熟悉各项行政管理规章制度，掌握各项管理活动的基本程序，这就要求其具有较高的素养。而我国的高职院校管理人员总体创新能力不强，知识结构不尽合理。高职院校的管理人员特别是基层的管理人员大多没有系统学习过行政管理知识，因此在实际的工作中易对长期从事的琐碎工作产生倦怠情绪，缺乏创新空间。高职院校要发展，应在符合自身发展规律的同时，根据经济规律发展的内在动力进行调整，建立并完善自主创新机制。管理人员如果缺乏创新能力、前瞻能力，就无法领导高职院校在产教融合的背景下更快更好地发展。

（四）校企合作有待加深

在产教融合背景下，很多院校越来越重视校企合作，也与很多企业建立了长期合作机制，设立了实训中心、校企合作办等一些新的教学管理部门。一般情况下，都是由院校主动寻找企业合作，校企合作办的管理机构大多都是由学生或者教师组成，企业也以获取利益为主，但通常的校企企业并没有从中得到足够实惠，导致其合作积极性不高，并没有实际参与到校企合作中。很多高职院校的校企合作过于形式化和片面化，在与企业签订合作协议后，只停留在初级合作，并没有真正开展实际的校企协同育人，导致校企合作效果并不理想，难以实现学生实践能力和综合素质能力的提高。

（五）教学过程重理论、缺实践

高职院校教学实践的不足体现在教学实验上和教学过程当中。高职院校对于人才培养的目标是培养基础性比较强且实验技能和职业素养都能共同发展的人才。很多高职院校在教学过程中逐渐注重实践技能的培养，并且还制定了关于强化实践教学的制度和规定，但是由于受传统教学模式的影响，以及现实条件和现有师资的限制，教学过程中，学校依然重视对学生基础理论的指导，并没有使学生的实践能力得到提高，并且相关实践技能制度未能有效落实。很多院校在学生校外实习时，缺乏对院校学生的管理意识，造成学生在实习过程中未能有效与教师沟通相关理论知识。因此，院校教学实验的不足造成了教学效果不理想，达到预期的教育目标也存在一定的困难。

（六）教学计划、课程设置缺乏特色

教学计划和课程设置的不足体现在缺乏高职特色。高职院校教学计划简单模仿普通高校，缺乏高职教育的特色。[①]教育部明确提出高等职业教育应"坚持培养面向生产、建设、管理、服务第一线需要的'下得去、留得住、用得上'，实践能力强、具有良好职业道德的高技能人才"。但是据调查，高职院校在教学计划、培养方案方面甚至完全沿用普通高校的教学计划和培养方案，有些高职院校的培养目标没有按招生简章上所说的切实执行。简单克隆普通高校的教学计划不但没有体现培养应用型人才这一特色目标，而且因为没有针对学生的特点，把高职院校的学生和普通高校的学生按同样计划和方案进行培养，使高职院校的学生在就业上和普通高校的学生竞争，没有优势，也导致社会就业畸形，部分行业严重饱和。在高职院校学生就业困难的同时，技术型人才却供不应求。同时，高职院校盲目重复设置专业。高职院校普遍存在追求"热门"专业的现象。所谓的"热门"专业，就是最近几年就业形势较好的专业。但是，教育是一项长期性事业，高职院校应以长远利益出发，结合未来发展建立有独立特色的专业。

（七）人才培养缺乏实质性

人才的培养离不开教学，高职院校教学是人才培养的生产线，物质产品的质量很大程度上依赖现代化的生产线，人才培养的质量依赖于先进的

---

① 　吴群.高职管理专业产教融合模式的问题与对策探索 [J].纳税，2019,13(31): 243-244.

教学手段和教学模式。根据相关的调查研究，我们可以看出，当前我国大多数高职院校在管理类专业的实践教学过程中并没有对产教融合进行充分有效的运用，对其的认知不够透彻，大多数企业均采用一般性参与的模式。这主要是由于管理专业的隐性特征，企业不愿意花费太多的时间和精力与院校进行互动，虽然通过合作协议，明确了部分职责要点，但从根本上来讲仍是流程化、形式化，合作协议中并没有提出实质性的条款，因此无法实现对人才的有效培养。

从一定意义上来讲，我国部分高职院校在人才培养时仍然采用传统落后的策略计划，整个培养方案缺乏弹性，很多是三年一换或是五年一换，但企业及社会的发展是变化莫测的，市场的变化在一定程度上直接影响着对于人才的实际要求。一旦管理行业出现产业发展或需求变化时，学校若无法满足社会对人才的需求，就无法从真正意义上实现产教融合。很多高职院校在进行产教融合时，仅仅停留在表面，没有实现深度协作，专业不对口，产业发展与行业指导不合理，整体上培养效率就无法提高，这在一定程度上直接导致管理人才闲置，但社会对于管理人才的需求量是非常大的，供求不平衡或是供需不对等都无法从根本上实现产教融合的目标任务。

第二节　高职教学管理文化建设

一、管理文化内涵

从管理哲学的角度，管理文化指的是某类社会组织在管理上表现出来的独特文化，包括价值标准、经营哲学、管理制度、行为准则、道德规范、风俗习惯等。述及高职院校的管理文化时，在结合权威文献与普遍观点的基础上，笔者认为，高职院校管理文化是在一定政治、经济、文化、道德习俗等社会背景之下，为实现高素质技能型人才培养目标，在对其校内外的人、财、物、信息等资源的分配与整合过程中，管理者和非管理者共同创造和形成的各种文化形态的总和。这一文化形态具体可被认为是以高职院校管理者所持有的管理理念为核心层，办学实践中所实行的管理制度为中间层，以及外显的管理行为和物质象征符号为其最外层的同心圆结构。

从某种角度上说，管理文化在概念的从属上是归属于文化这个总概念的，它与饮食文化、节日文化等概念并列。管理文化在社会组织产生之日起就已经存在，只是在不同的历史发展时期，其中的管理理念与制度，以及具体的管理实践与其他的象征性符号都有所不同。彼得·德鲁克曾在其著作中提及："因为管理涉及人们在共同事业中的整合问题，所以它是被深深地植根于文化之中。"管理者所做的工作内容在联邦德国、英国、美国、日本或巴西都是完全一样的，但是他们的工作方式却千差万别，即任何一个组织的管理职能都是确定无疑的，无外乎通过计划、控制、协调等手段实现组织的共同目标，提高员工的生产效率。然而，在关于如何实现这一目标的方式上，不同的国家与组织却采取了与众不同甚至截然相反的方式。所以，探讨管理文化，其实就是在探讨一个组织机构在实现其组织目标的过程中，管理的职能是以何种方式发挥其功效的。

从学术角度看，笔者认为，如若想要认清管理文化的本质，必须处理好管理与文化间的关系问题。第一，管理文化是一种文化现象，既然是一种文化现象，那就必然会表现出文化的产生、发展、变化的规律，必然要在文化这个大的背景下来考虑管理文化这一特殊文化现象，如果离开了文化来谈管理文化，那无异于缘木求鱼，必定会失去方向和背景支撑；第二，管理文化的研究又是在管理活动中的研究，管理实践是我们关注的焦点和中心，所以任何脱离这个中心的研究都不能称为真正的管理文化的研究。

具体而言，管理文化可以被认为是以管理者所持有的管理理念为核心层（理念方式），以现实中组织的管理制度（制度方式）为中间层，以实践中的管理行为（行为方式）及外显的物质象征符号（物质表征方式）为其外层的同心圆结构。管理理念是构成管理文化最为重要的成分，这是隐藏在组织的外在现象和规范准则背后的看不见、摸不着的观念力量，是一个组织管理文化的核心和实质。管理制度既是构成管理文化的关键要素，又是落实管理理念的重要条件，因为制度是管理者和员工共同遵守的办事规程或行动准则，离开了具体的制度与规则，就算再超前的管理理念也只是"空中楼阁"。至于具体的管理行为，则更能体现与落实管理理念，是管理理念在实践过程中的动态呈现，是管理文化不可或缺的构成部分。除上述三者以外，构成管理文化的另一个重要组成部分是以物质象征符号为主要内容的物质文化或环境文化。对于是否应将物质文化蕴含在管理文化之中，学者们有着不同的看法，大多数学者赞同其应包含于管理文化之中，因为无论是一个组织的基础建设还是景观文化建设，都是以物化的形式展现了组织的管理者的某种管理理念或意图，发挥了其特定的、不可替代的管理功效。

二、高职教学管理文化建设

高等职业教育作为高等教育的重要组成部分，在高素质技术技能型人才培养方面发挥着核心效能，所以要进行高职教学管理文化建设，提高高职教师自身文化素养，加深高职教学管理文化内涵。

高职教育具有高等教育和职业教育的双重属性，这决定了高职教育教师的跨界特质，也决定了高职教育教师文化特质具有自身特征。高职教育教师文化特质无论是外在形式还是内在结构，既有与普通高校、中等职业学校教师文化特质的相似之处，又存在明显不同。它的独特性主要体现在实践、反思、服务等方面。

高职教学管理文化建设在实践方面主要表现在"育人"与"授技"两项上。教育活动由众多复杂的实践行为构成，在其内部形成了错综复杂的关系，在其外部构成了彼此羁绊的形式多样的联系。高职教师是高职教育活动的实践主体，也是高职教学管理文化建设的执行者，故教师文化同样具有实践性。有学者在研究教师文化特质时，基于教育活动的实践性，提出了反思与实践这两个要素。

在实践活动中，高职教师职业的实践性在于以"人"去影响"人"，是一种双向度的培养人的行为。因此，实践是教师文化特质范畴的重要内容，并且这种实践与学校课堂教育教学紧密相连，可简述为育人的实践。国内外相关研究也充分佐证了高职教师文化的育人实践特质，如国外研究者提出教师实践性知识这一概念，倡导高职教学管理文化建设富有生机的实践性知识；国内研究者也提出教师实践智慧这一命题，期待教育教学充满实践智慧。现代高职教学管理作为高等教学管理的一部分，经过多年的发展，其教学文化建设在形成与积淀的过程中，既呈现出作为一个一般教学文化建设形态所具有的"规范稳定性、实践指导性、情境渗透性和发展创新性"等普遍性特征，又具有一些特殊表征，如创造性、人本性、实用性、职业性、实践性等。

要加强高职教师专业文化建设，高等职业教育的质量主要取决于高职教师的文化素质。优秀教师决定了学校的教学质量和办学水平，教育的关键问题是教师。高等职业教育要培养实践能力强的高科技人才，就必须依靠实践能力强的专业教师，强化校企合作，走产教融合之路，当务之急就是要培养出一大批既有教育教学能力，又有丰富实践经验的专业教师。把好入口关，从源头上保障高职教师的综合素质以及教学文化水平。只有有了高素质的教师队伍，才能有高质量的教学成果。相比发达国家，我国高职教学管理文化建设还有待提高，因此可以借鉴发达国家的做法，建立严格的教师资格准入制度，从源头上保障高职教师的综合素质。

高职教育教学文化建设实用性教学理论是一种典型的"目的—手段"式结构。教学是一种有目的、有计划、有步骤的活动，教学目的一般是在教学过程之前就已经建立，在教学目的的指导下，教学活动得以系统开展，教学活动必须服从或服务于已预定的教学目的。高职教育教学文化建设要注重知识技能的使用价值，培养学生适应社会的生产就业能力，强调操作技能的专业，不拒绝文化知识的琐碎性，注重知识技能解决实际问题的功效。

在高职教学管理文化建设场所方面，高职院校作为高素质技能型人才培养的主阵地，要在学生当中大力宣传"劳动光荣、技能宝贵、创造伟大"的思想，加强工业中心、实验室、实训室等场所的职场化建设；体现专业特色，以深具文化意蕴的职业素养、工作规范与标准等职场文化元素培养学生，使其具有相关行业（企业）的人文素质、思维方式和职业规范。

加强高职教学管理文化建设可以从举办内容丰富、形式多样的大学生科技文化节入手，完善学生技能大赛竞赛体系，选拔优秀选手参加省赛、国赛，大力表彰获奖选手，设立师生作品实物展示区，展示广大师生优秀的原创作品，营造技能宝贵的文化氛围。高职教育在这种符合社会发展需要的教学体系下，应坚持实用性原则，在培养对象、招生人数、学校布局、专业种类、课程计划、评估标准以及实际教学过程与方法方面，以适应区域经济社会发展需要为基础，进行教学与课程的改革、人才培养方案的制定，体现高职教学文化建设的重要价值。

高职教育文化建设应以培养学生综合职业能力为根本，在高职教育人才培养过程中的各个环节都有所体现。应贯彻高职教育"以服务为宗旨，以就业为导向"的办学方针，在专业教学中体现出职业的工作过程特征，体现出职业资格标准要求。高职教育的培养目标与功能要始终体现这两重属性，要注重培养学生职业技能、职业素质，强调形成集人文素养、职业精神、职业技能于一体的育人文化；要求加强文化素质教育，改变培养过程的"见物不见人""重技能轻人文"的工具理性偏向，把技能培养、知识获得与品德修养、人性涵养紧密地结合在教育教学之中，既教书，又育人；通过课程开设、社会实践等把将人文素养和职业素质教育纳入人才培养方案的要求落地生根，深入挖掘专业课程中的文化要素和人文精神，促进职业技能培养与职业精神养成、文化育人与专业教学活动的有机融合。最终做到无论是学习领域的开发，还是学习情境的设计，都来源于真实职业岗位的工作任务；无论是教学内容中产业、行业、企业、职业、实践等要素的融入，还是"职业能力培养"的教学目标，无不与"职业"密切相关。

实施高职教学文化建设必须以职业岗位群的需要为依据制订文化教学计划，在进行职业能力分析的基础上，构建学生知识、能力、素质结构，且职业知识和职业能力的提高主要着眼于产业结构和产品结构的调整。高职教师应通过不断更新教学内容，调整课程结构，培养学生掌握新设备、新技术的能力，使毕业生具有上手快、适应性强等职业特点。

高职教学文化建设要加大文化教学的力度，不断推进项目导向、基于工作过程、案例推演、角色扮演以及教学与实训融合的教育教学活动，增强专业教学的职业性、实践性。无论是校企合作办学模式的确立，还是工学结合人才培养模式的实施，其目的均为人才培养，突出才学生的实践能力的培养。实践能力不仅是高职教学管理文化建设的本质，还是高职教学管理文化建设形成的基础。高职教育教学文化的实践性特征是由高职教育培养目标和教学特点决定的。与普通高等教育不同，高职教育在教学中强调实践技能的"必需"与理论知识的"够用"，特别是注重操作技能的实践性，"学以致用""知行合一"为高职教学管理文化建设的基本原则。

高职教学管理文化建设的创新是高职教学的不竭动力，具有创造性的高职学生在社会发展中具有巨大的潜力。学校教育要培养具有创造性的人才，就必须提供一种宽松、愉悦、具有创造性的氛围。

三、高职教师专业文化建设

高职教学管理文化建设的创造性或间接给学生以环境熏陶，或直接作用于学生创造力和创造性人格的培养，在这种环境下，学生的创造力可得到综合提升。在创造性的教学文化下，专业知识、职业技能和职业素养是在学生与教师的交往中开放、流动、情境化建构的。提高我国高职教学管理文化建设的方法有很多，可以通过提高高职教师专业文化素质来实现。明确高职教师专业发展标准，为高职教师专业发展指引方向。高职教育兼具高等教育和职业教育的双重属性，对于教师的专业发展有着不同于其他教育的特殊要求，高职教师既要具有专业理论教学能力，又要具有指导学生进行工作实践的能力。

短期来说，可以通过明确不同类型高职教师的职称评聘制度，引导高职教师加强自身的专业文化发展。当前，高职院校教师职称评审条件和普通高校并无差别，主要是评奖和论文等科研成果硬指标，毫无高职特色。

所以，要加快高职教师专业文化发展标准：一是在职称评定条件方面，要突出教师专业实践能力的发展目标，可以将其分为"高级工—技师—高级技师"三个层次；二是在职称评定程序方面，可考虑把评定权下放到学校，让高职院校教师职称评定具有更大的灵活性和适应性。与此同时，在建立高职教师专业发展标准基础上，建立多元化的教师评价体系，使每位教师都能获得专业实践能力的提高以及多方面发展。

积极引导高职教师参加课程改革，提高高职教师的角色意识和职业归属感。要想加快高技能人才培养，必须积极引导高职教师参加课程改革，只有让高职院校教师参与整个课程改革过程，才能真正开发出富有职业教育特色的课程体系。

构建综合培训体系为高职教师专业发展搭建了平台。高职教育是一种实践性较强的知识教育与技能训练，高职教师必须传授给学生最先进的专业知识与技能。作为培养高技能人才的第一场所，高职院校的教师更需要不断更新知识，教育主管部门和学校应当为高职教师构建综合培训体系。首先，针对高职教师个体发展需求，以全面提升高职教师的综合素质为目的，对不同学历、不同专业、不同职称的高职教师进行分类别、分层次培训。其次，针对学校总体规划、专业发展和课程开发需要，以解决实际问题为出发点，通过学校师资培训中心、教研室、特定教育专家，开展高职教师的教育、教学能力培训。最后，针对高职教师专业实践机会不足的现状，通过企业或者学校实习实训基地，对高职教师进行在岗培训，提升高职教师现场解决实际问题的能力。

教师可以给学生提供专业知识、专业技能等，学生也可以将当下获取的最新科技知识等传递给教师。教师不再是教学的唯一主体，不再照本宣科，学生也不再是旁观者，而是主动建构者。学生可对一些知识、技能进行选择性地吸收，教师也可将教材上的内容进行删减或添加。

高职教学管理文化建设的创造性也体现在教师的教学过程中，教师在教学中要鼓励学生多思考、多提问、多表达、多实践，促进学生思维能力和动手能力的发展，帮助学生在新知识、已有知识、跨学科知识、生活中的知识之间对话，培养学生的探究兴趣，使课堂成为师生享受探究快乐的园地。在教学的过程中，教师不仅要给学生思考、实践的机会，还要根据知识、技能的类型对学生采取不同方式的教学，使高职教学管理文化建设融入课堂文化，使高职教学管理文化建设更轻松、更高效、更贴合实际。

第三节　高职教学管理教育实践理论

目前，我国高职教育教学管理的发展与发达国家职业教育管理相比在管理理念、管理模式、管理方法等方面仍有明显差距。比如，国外高等职业教育对实践教学的管理不但早已上升到系统的课程管理，而且已经把管理学中系统论、控制论等相关原理引入了实践教学管理中，确立了涵盖全部实践教学环节的全方位的质量管理体制。我们可以借鉴国外高职教学管理实践来提高我国的高职教学管理教育实践能力。下面从高职教学管理教育实践过程中制定的有效措施的角度来进行阐述。

一、制定高职专业实践技能质量标准的原则

制定高职专业实践技能质量标准可遵循如下六条原则。一是科学性原则。所谓科学性原则就是指这个标准要准确地反映高职院校人才培养的目标，同时这个标准要体现用人单位对人才规格和质量的要求，还要体现高

低适中、宽松有度和检测便利等要求。二是权威性原则。高职院校所建立的专业实践技能质量标准应有一定的权威性，这个标准不仅要使校内师生员工认可，还应被社会认可。三是公开性原则。这个原则要求高职院校必须将专业实践技能质量标准向校内师生公开，使他们都了解它的形式、内容和检测方式等，这对于激励学生的学习主动性和激励高职专业实践教学人员的工作积极性都将有一定的作用。将标准向社会公开，有助于社会了解学生质量，有利于高职院校的招生和毕业生就业工作的顺利开展。四是可操作性原则。高职专业实践技能质量要通过某种手段来检测。因此，在制定标准时，必须针对现有的仪器设备、操作场所和检测手段进行制定，从而使标准能够实行。五是规范性原则。规范性原则是指在制定专业实践技能质量标准时，从内容到形式都要符合高职院校制定的标准和要求。六是连续性原则。连续性原则是指专业实践技能质量标准要在一段时间内保持相对稳定。连续性原则由教育的培养目标决定，培养目标没有改变，对标准就不宜做较大的改动。但这个标准也要随着科技的发展、培养目标的调整、仪器设备的更新而发生改变。

二、高职专业实践技能质量标准的组成内容

高职专业实践技能质量标准的内容由专业知识要求、专业技能要求和工作实例三个主要部分以及名称、定义、适用范围和实训时间等几项内容组成。专业知识要求是指从事专业实践活动应具备的专业理论知识要求以及与专业实践活动相关的其他知识要求。专业技能要求是指从事专业实践活动应具备的专业实践操作技能要求，一般包括专业实践动手能力、仪器设备维护使用能力、专业实践应变能力、语言及文字表达能力、计算机应用能力和其他相关能力。工作实例是指根据专业理论知识和专业实践技能要求，在标准中列出的，学生要胜任实际专业工作就应当掌握的生产工艺、工作项目或服务项目。高职院校专业实践技能标准可由两部分组成，一部分为校内标准，一部分为国家有关部门制定的标准，如国家劳动部门制定的职业资格技能标准。

三、制定高职专业实践技能质量标准的方法与存在的问题

制定高职专业实践技能质量标准可采用三种方法。一种是校内人员制

定。这种方法又可分为两种方式，一种是校内人员小组制定，为制定专业实践技能标准，可由若干名专业教师和其他有关人员组成一个制定小组，由该小组集体制定标准。另一种是校内人员个人制定。高职院校可向校内人员发出征集专业实践技能标准的通知，高职院校的专家评审组可从校内人员个人制定的标准中筛选出那些科学而实用的标准。

第二种是校外人员制定。高职院校可向社会发出征集专业实践技能标准的请求书，高职院校的专家评审组可从校外人员制定的标准中筛选出一部分作为专业实践技能标准。

第三种是专家小组制定。由具有扎实专业理论知识基础和丰富专业实践经验的若干名校内和校外人员组成专家小组，并由这个小组来制定专业实践技能标准。

随着我国高职教育的不断发展，高职院校积累了一定的办学经验，也进行了诸多实践教学管理模式的改革，实践教学管理意识不断增强，取得了不少阶段性的成果，主要体现在以下几个方面：首先，制定了较高水准的人才培养方案，明确了实践教学课时、教学内容、教学手段、教学方法；其次，初步将实践教学管理与职业资格证书中所包含的职业素质相衔接；再次，结合具体情况，制定整合了实践教学管理制度，对人、财、物全面管理，管理意识不断强化；最后，开始重视实践教学质量监控，以及成立了专门化实践教学管理部门。

我国的高职教学管理教育实践也存在一些问题，主要有以下几个方面。

其一，教学管理组织机构设置不够合理。通过对部分高职院校的实地调研和对其校园网站上相关资料进行分析得知，在实践教学管理中，高职院校目前普遍采用的是教务处管理导向的实践教学管理模式。高职院校教务处设立专门的实践教学管理部门，负责管理校内外实验实训教学、制定学院实践教学管理规章制度以及各项实践教学管理工作，如校内外实验实训教学管理、毕业设计管理、实验室与校内外实训基地规划和建设工作等。组织机构的设置相对简单，缺乏学院层面的统筹和统一管理，没有形成自上而下的独立的实践教学管理组织体系，使故教务处在开展实践教学活动时常力不从心，与教学部门沟通和协调不畅。在学院层面，没有专门负责实践教学的机构，即使个别院校设置了校企合作办公室，在实际的运行过程中其也极少参与学院实践教学活动，形同虚设；在教学系部层面，大多数教学系部尚未将实践教学的管理从系部教学中分离出来，没有专门负责实践教学管理的部门，这种管理的混乱也给教务处的实践教学管理带来了一定的困难。

其二，教学管理制度不够完善。制度是指实现某种功能和特定目标的社会组织乃至整个社会的一系列规范体系。实践教学管理制度是为实现实践教学目标而制定的一系列规范体系，建立实践教学管理制度的作用在于通过对实践教学过程中各个环节的人、财、物的激励与约束，保障实践教学的顺利开展。从高职院校实践教学管理来看，部分学院制定了一些实践教学管理制度，如《实践教学经费管理办法》《顶岗实习管理暂行办法》等，但缺乏针对校内外实训基地的管理、学生实验与实训教学管理、实习教学管理、实践教学的考核与成绩评定、实践教学的档案管理，以及实践教学师资管理等一系列具体而完整的实践教学制度体系。即使有些学校在课程、教学、师资、实习实训方面有规章制度，但对于制度的合理性、可行性方面的研究也较少，有些只是建设性的意见，缺少执行力。这些问题导致了实践教学管理的混乱和无序。

其三，教学过程管理薄弱。在工学结合人才培养模式下，高职院校的实践教学管理难度加大，尤其是实践教学环节的过程管理、考核与评价等面临着诸多难题，学生在工作岗位上的实习内容与在校学习的教学内容不同，甚至存在部分学生所从事的实习工作与其专业不对口的情况。各高职院校普遍缺乏独立的实践教学质量考核评估体系，实践教学质量监控处于低水平。

其四，教学场所职业氛围不浓。工学结合的教育模式需要把真实的工作和实践教学真正地联系起来，把它与课程改革、实训基地建设、师资建设等结合起来，使学生将来的工作和现在的学习相比只不过是换了一个地方而已。但目前，部分高职院校的校园内外实践教学场所职业氛围不浓，校企合作的深度不够。

其五，教育思想和观念相对落后。高职实践教学思想和观念还相对落后，对于实践教学管理思想观念的转变也相对滞后。一方面，高职院校受传统办学模式的影响，对实践教学在高职教育中的意义缺乏足够的认识，总是跳不出传统的以学科为中心的教学模式的框架，严重影响了高职院校人才培养的质量。另一方面，高职院校的管理方式仍受到普通本科院校的组织结构影响。高等职业教育与普通本科教育相比，其培养目标的职业性、教学过程的实践性，特别是教学资源需求的开放性决定了高职院校不能简单地复制普通本科院校的组织结构。高等职业院校必须面对企业、市场进行广泛服务，才能提高竞争能力。因此，必须根据高职院校培养目标和教学特点，构建符合实践性和开放性需要的实践教学管理机构。

四、高职教学管理组织实践教学与主要任务

高职实践教学应采用多媒体的教学形式，多媒体技术可以使教学更易被学生接受和掌握，视觉化的画面及可视形象的表达方式可以生动地表述既抽象又无味的概念，激发学生的学习兴趣。多媒体课件声像图文并茂，具有很强的感染力，对专业课程的教学尤为重要。比如，多媒体课件能逼真、直观地表达建筑形体的外形和内部结构，以及建筑物的装饰装修效果。另外，利用多媒体教学手段的简便、灵活的特点，可对一些过程进行仿真和模拟，如建筑物剖面图的形成以及断面图的形成过程等。

应加强实验实训课的教学，在实验教学方面，减少验证性实验，更新实验内容，有计划地开设设计型、综合型、创新型实验项目，充分调动学生的自主性，开发他们的思维潜能。购买或录制大型现代化制造企业的高性能加工装备、先进制造过程和生产管理方面的录像或光盘可以使学生对工程实践有直观形象的认识，对现代制造技术在企业的应用有更深的了解，尤其是可以开阔学生的视野，使学生清楚地了解工程实践在制造业中的地位，增强学生的学习信心，培养学生的兴趣，提高学生的积极性。

校企结合，实践"产学研"是实现高职教学产教融合目标的重要途径。校企结合与"产学研"协调发展一方面是高职院校深化教学改革、提高教学质量、强化师资队伍、培养金领人才的可靠保证，是使高职教育教学更加贴近社会、更加适应经济发展的需要；另一方面也是培养高技术应用型人才目标的重要途径。高等职业技术学院培养的学生是生产一线的职业岗位（群）或技术领域的高级技术应用型人才，因此培养方案的落实依赖于企业的合作，要利用企业的人才、设备资源和管理经验。同时，"产学研"相结合协调发展有利于学生整体职业素质的提高，学生在项目学习操作实践中与企业结合，接受企业文化、企业精神的熏陶，从而培养学生爱岗敬业、吃苦奉献、团队协作的精神，以及质量意识、效益意识和竞争意识。这样

既有利于根据社会的需要确定学生的培养模式，又有利于把各专业的优势和教师的科研实力推向社会，从而形成学校与社会互动互利的培养模式，适应社会对新型人才的需求，实现社会效益和经济效益共赢的目标。

在我国高职的实践教学管理过程中，组织的职能就是将与实践教学活动有关的各要素、各部门、各环节都有机地组合起来，使之形成一个相互协调的有机整体，以使整个实践教学活动有序进行。其主要任务包括以下几个方面。

（一）实践教学组织结构的设计

1. 组织结构设计的基本原则

组织结构设计是指一个正式组织为了实现其长期或者阶段性目标，设计或变革组织的结构体系的工作。设计组织结构应该遵循以下基本原则。第一，有效性原则。组织结构设计要为组织目标的实现服务；力求以较少的人员、较少的层次、较少的时间达到较好的管理效果；组织结构设计的工作过程要有效率。第二，分工与协作原则。分工与协作是相辅相成的，只有分工没有协作，分工就失去了意义，而没有分工就谈不上协作。第三，权责利对等原则。责任、权力和利益三者之间是不可分割的，必须是协调的、平衡的和统一的。在委以责任的同时，必须委以必需的权力，还必须有利益来激励。有责无权，有权无责，或者权责不对等、不匹配等，都会使组织结构不能有效运行，组织目标也难以实现。第四，分级管理原则。每个职务都要有人负责，正常情况下，每一个上级领导都不得越权指挥，但可以越级检查，下级也不可越级请示，但可以越级反映情况和提出建议。第五，协调原则。一是组织内部关系的协调；二是组织任务分配的协调。第六，弹性结构原则。具有弹性是指一个组织的部门机构、人员的职责和职位都应适应环境的变化而作相应的变动。它要求部门机构和职位都具有弹性。

2. 实践教学管理组织结构的设计

在实践教学管理中，组织结构的设计就是按照实践教学管理要达到的目标、任务、规模及所处的教学环境确定实践教学管理的组织结构、设置管理职位、划分职权与职责，从而搭建有效的实践教学管理系统框架。对于高职院校来说，在设计实践教学管理组织结构时，要注意以下几个方面：第一，必须以最大限度满足学生技能实训的需要为出发点；第二，校内生产性实训基地与实践教学管理部门要做到协调合作；第三，实践教学的组织结构设计在考虑学生实践教学需要的基础上，要考虑到生产性实训基地具有全部企业或部分企业特点的现实，为其生产的正常运行提供条件，使其在一定程度上能够面向市场，参与市场竞争。

（二）实践教学组织系统的运行

在实践教学管理过程中，必须使与实践教学活动有关的各要素——实践教学相关管理者、教师、学生、设备等；各部门如实践教学管理的职能部门、各系部、专业教研室、实训基地等；各环节如实践教学人财物的准备、实践教学的实施、监督检查等有机地组合起来，使之形成一个相互协调的有机整体，这样才能保证实践教学组织的正常运行。

1.制定实践教学管理的制度规范

制定制度规范的目的在于保证实践教学管理系统中各部门相关人员的工作任务、工作范围、工作权限、工作标准，便于工作与考核。这些制度规范有些是针对部门的，如在主管院长领导下，教务部门负责全校实践教学的组织、管理和协调工作。其主要任务是审查实践、实习教学方案、大纲；审查和协调全院的实习实训计划和经费预算；配合有关教学单位组织并推动实习实训前的各项准备工作；协助各教学单位开展实践基地建设，收集资料，组织经验交流；实地调查、了解实习工作状态和实践教学管理情况等。有些是针对个人的，如各教学单位负责人负责指导、管理本单位的实践教学工作。其主要任务是指导编制本教学单位各专业的实习实训方案、教学计划和大纲、经费预算，审定专业负责人指派的指导教师；督促、指导和帮助各专业进行实习、实训的各项准备工作；检查各专业实践教学工作质量及效果；总结本教学单位的实习工作经验并组织经验交流。

2.制定实践教学管理的工作流程

实践教学管理的工作流程是指实现实践教学最终管理目标和工作任务的工作路径。它体现了各类工作任务间的顺序关系。这种顺序关系是由工作任务的特点和逻辑关系决定的。比如，对于实践教学指导教师来说，应根据教学进程、实践教学大纲的要求，填报实践教学计划，经教研室审核批准后，报系部审批。在实践教学开始前，实践教学指导教师应向学生讲解实践教学的目的和要求、任务时间安排、步骤、安全注意事项以及实践教学纪律等内容，如在实践教学设备、物品采购的工作中，各系部应先根据实际情况，对申请购置设备物品的可行性、实用性、效益性进行充分论证；然后根据论证的结果向教务处提出申请，经教务处审查后交由院领导审批；在院领导审批后，由教务处及相关部门共同与经办单位签订合同，后续事宜均按合同执行。

第四节　高职教学管理体系模式的构建

一、高职教学管理体系模式构建的意义与原则

广义的实践教学管理体系是由实践教学管理活动中的各要素构成的有机联系整体，具体包含实践教学活动的目标体系、内容体系、管理体系、保障体系和评价体系等要素。在实践教学体系运行的过程中，各个亚体系既要发挥各自的作用，体现各自的功能，又要协调配合，以实现实践教学体系的总体目标。目标体系是各专业根据人才培养目标和培养规格的要求，结合专业自身特点制定的本专业总体及各个具体实践教学环节的教学目标的集合体。

在实践教学体系中，目标体系起引导驱动作用。高职院校教学管理体系的主要目标就是实现教学的安排，依据学校的基本特点以及教学规律，使用规范化的管理方法，进行全面的监督管理，保证教学工作制度化、规范化、正常化。高职院校的教学管理体系具备典型性，为了保证学校的教学计划合理地进行，要建立专门的管理信息系统，保证高职院校各个职能部门分工明确。高职院校管理队伍是高职院校发展的中坚力量。目前，我国的高职院校管理队伍创新能力弱，缺乏企业经验，很难适应产教融合的发展。

产教融合机制对高职院校管理队伍建设提出了新要求：需要具有创新能力、沟通能力、现代信息技术应用能力的复合型人才。因此，要在提升管理队伍的创新能力与沟通能力的基础上，改变管理队伍的管理方法，需要进行高职教学管理体系的构建，努力培养"懂教育、知企业、会管理"的人才，推动校企合作、产教融合的发展，实现高职院校与企业的共赢。在高职教学管理体系模式的选择上，要求达到的目标是完善高等职业教育体

系，强化校企合作、实现产教融合。实践教学的内容是实践教学目标任务的具体化，将实践教学环节（实验、实习、实训、课程设计、毕业设计、创新制作、社会实践等）通过合理配置，构建以技术应用能力培养为主体的教学体系，按基本技能、专业技能和综合技术应用能力等层次，循序渐进地安排实践教学内容，将实践教学的目标和任务具体落实到各个实践教学环节中，让学生在实践教学中掌握必备的、完整的、系统的技能和技术。高职院校的教学管理体系具备典型性，为保证学校的教学计划合理进行，要建立专门的管理信息系统，保证各个职能部门分工明确。

实践教学的内容体系在整个体系中起调控作用。管理体系是指组织管理、运行管理、制度管理评价指标体系的总和，在整个体系中起到信息反馈和调控的作用。保障体系是由具有一定生产、管理经验的"双师型"教师为主体的师资队伍，较完备、先进的设备设施，仿真性的实践教学环境，实践教学经费保证，以及具有实践教学特色的环境等组成，是影响实践教学效果的重要因素。评价指标体系是指由表征评价对象各方面特性及其相互联系的多个指标构成的具有内在结构的有机整体。

那么高职教学管理体系建设的原则有哪些呢？

其一，针对性原则。高职教学管理体系模式构建必须紧紧围绕高职教育的专业培养目标和人才培养规格，贴近学生未来岗位所需的知识结构和能力结构，针对培养目标和业务规格为学生构建学习体系的总体框架，做到目的明确，既体现高教性，又体现职业性。

其二，系统性原则。高职教学管理体系模式构建的系统性是指整个实践教学过程要形成一个系统。从人才的全面素质培养和能力发展的要求出发，做到梯度化、层次化、阶段化；要符合从简单到复杂、从低级到高级，逐步积累和深化，循序渐进地认识规律，使不同特点的实践教学内容一环套一环，有序地向纵深发展。同时，应注意各教学环节的相互配合、相互支撑和相互渗透，与教学内容和课程体系改革相适应，构成一个前后衔接、层次分明、内容合理的高职教学管理体系。

其三，实用性原则。高职教学管理中，在关于教学课程和内容的选择上，应根据社会需求和学生就业需要，充分体现"必需、够用"的职业理论，整合实践教学课程内容，优化高职教学管理体系内容。

过去我们的职业教育主要是由大企业主办，为办好职业教育，企业提供场地和技术支持，学校提供师资，校企密切结合；而现在企业和职业教育脱离，严重影响了职业教育的发展。对于职业教育的这些缺失，很多企业都有抱怨。曾经有企业家反映，如今的大学教育和工厂里的实践操作差距很大，大学生动手能力普遍较差。职业教育如果能走在改革的前头，走在转型升级之前，就能培养更多的大国工匠为推进产业转型升级服务。这就要求高职院校在教学管理体系模式构建上更加用心。企业的反馈一定程度上说明了当前的职业教育与社会实际需求相脱节。实践教学的缺位常常造成学生创新能力不足。

西方先进的工业制造水平除了来自实验室之外，更多是来自生产一线的不断探索。创新既有重大的、领军式的理论创新，又有融合在生产、管理、服务、建设一线中的局部的技术革新和技术改良。西方学校和企业两个主体共同承担人才培养任务，学生具有职校学生和企业员工两种身份，教学具有专业理论教学和技术技能培训两种内容、理论授课和实训授课两类教师、理论和实训两种教材等。学生分别在企业和学校接受教育，在不同的教学地点，教学形式与内容有所不同。在企业，教学内容完全按照企业生产要求进行实际操作，技术技能培训也是真实的生产性劳动。基础培训、专业培训和专长培训始终围绕职业实践活动由浅而深地开展。此举旨在提高学生专业技能的同时，使培养出的学生能够更好地符合企业实践需求。在我国，以政府为主导的高职教学管理体系探索从未中断。2017 年 1 月发布的《国家教育事业发展"十三五"规划》指出：要加快培养战略性新兴产业急需人才，同时要加快培养现代服务业和社会管理服务人才；在教学模式上要推行产教融合的职业教育模式，推行校企一体化育人，让职业教育更接地气。党的十九大报告则进一步指出：要完善职业教育和培训体系，推进校企合作、深化产教融合。与此同时，一些高职院校也开始大胆探索，产教融合的办学方向得到了普遍认可。比如，有的高职院校创建了"一体两翼多平台"办学模式，"一体"即中等职业教育和高等职业教育相衔接的全日制学生培养体系。完善高等职业教学管理体系，强化校企合作、实现产教融合，是培养高技能人才的一个理想路径。

二、高职教学管理体系特色模式的构建

（一）重视学生综合素质培养

高职院校培养人才的最终目的是让人才能够满足社会的需求，增强为人处事的基本能力。因此，在教学管理体系构建的过程中，要注重学生能力的培养，如人际交往能力、协调能力、动手能力、口头表达能力、外语能力、计算机能力等。同时，人才必须具备丰富的知识基础，在学习期间掌握理论知识，形成丰富完整的知识体系，在实验操作中将理论和实践进行结合。人才要满足社会发展的需求，具备国际化的要素，在激烈的市场竞争中才能够用国际化视野看待问题，在特定环境中生存下来。

（二）课程设置强化基础

高职院校教学管理体系的构建要重视基础知识的强化，在课程安排方面，要体现课程的协调性。高职院校要认真地研究本学校的专业特色，依据学生现有的知识情况，调整课程的安排，既要保证课程的独特作用，增强每个课程之间的联系，又要让不同的课程之间具备强烈的逻辑性，保证学生在学习专业特色知识时能够融会贯通。课程设置好后，应将实用性和针对性联合起来，让学生在学习理论知识的同时进行社会实践，增强社会应用水平。

（三）进行合适的教材建设

高职教学管理体系要重视教材建设，充分利用学校的财力、人力和物力，编写适应社会发展潮流的专业教材。高职院校专业特色教材应具备权威性、实用性、针对性、专业性和先进性，既能够满足学生对理论知识的需求，又能够让学生掌握丰富的实践技能。在教材建设的过程中，教师要加强沟通交流能力，不断地增强自身的教学水平，结合学校教学特色，开设高质量的专业课程。

（四）构建多线监控体系

高职教学管理体系模式要开展多线监控体系，将教学管理队伍作为开展的主体，定期组织教学评估工作，提高教师的教学水平。第一条线是学生工作线，注重学生的管理和教育，定期进行检查，激发学生学习的积极性，做好学生学习效果的反馈；第二条线是教学监督辅导线，以教学监督为主，主张教师对学生的学习情况进行针对性指导。

（五）实行三级监控模式

三级监控模式指的是学院、专业和教研室等相关职责部门组成的三级监控网络。在三级监控模式之下，每个部门都参与教学评价考核，最大限度地保证管理体系模式的公平性和公开性。学院主要负责教学工作的协调以及监督；专业部门主要职责是根据各个专业的课程特色，开展教学研究；教研室强调学生的教学实践，在细节上提高教学质量。

（六）实行教学管理体系评估模式

高职院校要克服应试教育的弊端，及时建立工作质量评估、教学反馈评估、教学事故认定等完善的评估制度。高职院校要将过程性评价和终结性评价结合起来，依据学生的实时反馈情况，及时调整教学策略。学校确定教学目标之后，教师依据教学目标制订教学计划。在评估体系中，教师和学生要进行互相反思，对出现的问题及时进行归纳总结，找到解决办法，还要依据现有的教学信息进行针对性的提高，保证教学质量。

（七）全面开展教学监控体系

教学工作监控程序包括对专业课程建设过程、教学过程、教学运行管理过程以及考核过程等方面的监测。组织教学工作线、学生工作线、教学督导辅助工作线的多线监控，"教学工作线"以教学管理队伍为主，开展常规教学督促与评估，帮助教师提高教学质量；"学生工作线"以学生管理队伍为主，加强学生管理与教育，进行教学常规检查，帮助和督促学生提高学习效果和学习积极性；"教学督导辅助工作线"以教学督导团成员为主，协助教学和学生管理队伍对学生的学风和教师的教学情况进行督促、检查和指导。建立学院、系（部）、教研室（实验室）三级监控。"学院级"由分管院领导、学生工作部、教务处等教学督导团和相关职能部门组成，负责教学质量标准的建立、完善、考核与评价等；"系（部）级"主要负责本单位教学工作的落实、过程监督及协调；"教研室（实验室）级"具体负责各门课程（含实践教学环节）教学活动组织与实施，开展教学改革与研究，从具体环节上把握教学质量标准。实施不合格品控制程序，不合格品控制程序为教学监控体系的最后一个环节，又是整体教学质量控制体系的重要环节，是对前述各环节的综合评价。该控制程序是根据工业现场的不合格品控制理念，将影响教学质量体系的各相关环节进行综合，主要包括教师不合格品控制、学生学习成绩的不合格品控制、学生日常行为的不合格品控制和各类教学资源的不合格品控制等。不合格品控制程序包括不合格品的识别、处理和管理三个阶段，具体为识别环节要列出对不同种类不合格品的识别过程和依据；管理环节要列出在识别出各类不合格品后如何进行有效管理，尽可能地在今后做好纠正、转化与修补工作；处理环节应列出对经过管理阶段后仍不合格的不合格的最后处理结果。

（八）建立完整教学质量评估体系

当前高等教育已进入大众化发展阶段，招生指标应下放到一定的行政区域，以一定行政区域内职业教育的发展水平作为下达指标的依据，从而使职业教育真正与当地经济发展有机结合，发挥职业教育的功能。职业学校要克服"应试教育"评估体系的弊端，建立教学情况考评反馈、工作质量评估、教学工作专题抽查和教学事故认定等制度。把终结性评估和过程性评估相结合，利用评估反馈的信息，适时调整教育教学工作。具体措施如下：①通过计划确定学校质量管理的具体目标以及实现目标的行动计划和措施；②按照既定的目标，提高教师工作和学生学习的质量；③通过自检、互检以及常规管理、过程管理所得到的信息了解教学效果和存在的问题；④总结成功的教学经验，肯定经验形成标准，吸取失败的教训，从而找到解决办法。

第三章 产教融合视域下高职教学管理

第一节 高职院校产教融合现状分析

高职院校产教融合的实质就是高职院校生产教学与理论教学互相结合，达到一种有机融合的境界。其最根本的目的是通过高职教育形式的创新，对教学资源进行整合，进而提高高职院校的教学质量，以提升高职学生的实践能力，促使其能够更好地走向今后的工作位，以满足社会的需求。与此同时，产教融合对企业也是极为有利的，其不仅能够加快企业革新技术的速度，还能够在一定程度上提升其生产效率，进而促进企业不断向前发展。可见产教融合对学校和企业来说，其实是双赢的，双方都能够在这一过程中有所收获。产教融合是实现学校、企业和谐发展的有效途径，尤其对高职院校而言，产教融合很好地体现了其经济价值、教育价值和社会价值的有机统一。

高等职业教育主要服务区域经济产业发展，为区域行业企业输送技术技能型人才。由此可见，高等职业教育具有区域性和职业指向性两大特点。高等职业教育如何适应区域经济产业转型升级，高职院校如何提高人才培养质量，人才培养如何促进学生个体可持续发展，这些都是目前存在的问题。而深入推进高职院校产教融合和校企合作是解决上述问题的有效途径。为深入贯彻落实《国家中长期教育改革和发展规划纲要（2010—2020年）》和《国家中长期人才发展规划纲要（2010—2020年）》，《国务院关于加快发展现代职业教育的决定》（国发〔2014〕加快现代职业教育体系建设，深化职业教育产教融合、校企合作，培养数以亿计的高素质劳动者和技术技能人才"。中国共产党第十九次全国代表大会报告更是将产教融合与校企合作提升到高质量发展高等职业教育事业，实现中华民族伟大复兴关键举措的重要高度。报告指出，学校要深化教育改革，加快教育现代化，办好人民满意的教育；完善职业教育和培训体系，深化产教融合、校企合作，加快一流大学和一流学科建设，实现高等教育内涵式发展。

在产教融合背景下，高职院校只有改变传统的教学管理理念，积极探索产教融合的管理方式和教学方式，才能更好地培养出符合社会发展需求的人才。目前，高职院校管理还存在很多不足，高职院校需要在产教融合背景下，不断创新教学管理理念，提升教学管理水平，只有这样才能提高学生综合能力素养和专业实践能力，进而促进自身的进一步发展。

一、高职院校产教融合现状中的不足

当代高职院校产教融合模式的现状如何？高职院校产教融合过程中遇到的困境又有哪些？

（一）高职院校产教融合制度有待完善

高职院校产教融合的制度存在缺陷，教育模式在制度上缺乏法律保障。校企双方的合作远远不像想象的那么简单。针对合作过程中的义务承担、权利保障、意外风险承担、利益冲突等问题，没有明确的相关法律条文和制度协议，难以保证产教模式的顺利开展。制度问题还表现在产教教育方式的实施缺乏组织保障上。虽然学校和企业的直接合作，在一定程度上节省了人力、时间，提高了效率，但当利益冲突、观念相左时，双方面对面、一对一的沟通模式再也不是优势。缺乏沟通的桥梁和缓解的平台，产教结合的教育模式就很难得到规模有序的发展。

（二）高职院校产教融合政策措施缺乏针对性

合理的政策措施对高职院校产教融合的发展具有重要的引领作用，中国出台了以《关于深化产教融合的若干意见》为主的众多政策，但是针对当前高职院校产教融合，仍然缺乏具有针对性的政策措施。笔者针对目前的产教融合政策对一些人进行了访谈，其中8位被访者认为高职院校产教融合在政策制度方面存在一定的问题，比如"政策过于宏观、法律效力不够""国家虽有宏观措施，但是缺乏具体的推进策略""政策上缺乏具体的推进措施和标准"等。缺乏具有针对性的政策措施使高职院校产教融合在发展过程中受到重重阻碍。

（三）企业参与高职院校产教融合的动力不足

企业是高职院校产教融合的重要参与者，没有企业的积极参与，高职教育产教融合就无法正常开展，更无法取得良好的融合效果。通过对高职院校产教融合相关人员的访谈可以看出，当提及企业时，"企业热情不高""中小企业不愿意合作""企业动力不足""企业缺乏激励措施"这样的表达频繁出现，几乎所有被访者都认为企业参与高职院校产教融合的动力不足。究其原因主要有以下几点：第一，学生的培养周期较长，企业无法在短期内获得利益，具有较大的风险性；第二，企业参与高职院校产教融合培养的人才不一定会留在相应的企业，企业的投入得不到保障；第三，高职院校产教融合政策未向企业倾斜，缺乏相应的政策对企业参与高职院校产教融合的引导和补偿。

（四）高职院校推进产教融合的准备不充分

高职院校也是高职教育产教融合的重要参与者，在高职院校产教融合中扮演着重要的角色，企业的参与动力不足固然是阻碍高职院校产教融合发展的原因，但高职院校推进产教融合的准备不够充分也是一个重要问题。在访谈过程中，多位被访者，尤其是产教融合的研究员和特色专业教师都指出高职院校在推进产教融合的过程中存在以下问题。比如，高职院校科技研发供给不足，学校的学生毕业后不愿意进入相应的企业，学校的一些专业无法吸引企业与其进行合作等，这些访谈记录都表明高职院校在科研能力、就业教育、专业设置、办学理念等方面的准备不够充分，不利于高职院校产教融合的推进。

（五）高职院校产教融合缺乏有效的协同机制

高职院校产教融合并不是让学生通过实训实习等方式与企业进行简单机械的合作，而是要根据共同的发展目标进行全方面、多领域的融合探索。通过访谈可以看出，大部分高职院校都在进行产教融合的探索，但融合深度仍然不够，正如被访者所表达的："当前有些产教融合还停留在机械的实习合作上面，产教融合的深度远远不够""高职院校和企业的某些合作不具有长效性，还不能做到有效的合作共赢"。深度不够成为高职院校产教融合面临的重要现实困境，究其原因是缺乏有效的协同机制，高职院校和企业无法协同发展取得共赢，导致产教融合浮于表面、缺乏深度。

（六）高职院校产教融合缺乏强适切性的理论指导

当前我国高职院校产教融合实践性研究的发展速度要快于理论性研究，理论性研究仍显匮乏且缺乏强适切性的理论指导，导致高职院校产教融合过程中出现高职院校准备不充分、企业参与动力不足、融合深度不够等问题。高职院校产教融合借鉴其他学科发展的理论性研究较少，通过文献分析可以看出，我国学者尝试从多种理论角度对高职院校产教融合的问题进行研究，如利益相关理论、治理理论等，但研究程度普遍不高，具体措施偏向宏观，理论对实践指导的适切性仍待加强。由此可以看出，高职院校产教融合的发展仍需要切实可行的理论指导。综上所述，通过访谈调查、实地调研和文献分析，笔者发现高职院校产教融合面临一定的现实困境，其中高职教育产教融合缺乏强适切性的理论指导是其发展的重要桎梏。

（七）高职院校产教融合课程设置不足

高职院校在课程设置方面存在不足，有待完善。高职院校设置的专业很多，但在课程内容、教学结构、实用性等方面还有待提高，盲目跟风的许多专业表面听来很不错，实则教学内容不丰富、教学结构不合理，无法满足企业的需求。企业不愿与之合作，导致学校中大批学生空有理论，却缺乏实践经验，毕业生就业率低，从而影响其发展。高职院校教学模式缺乏创新，过分吸引学生就学兴趣，强调就业形势，导致缺乏行业特色，教学质量不高，影响学生就业，更无法满足企业需求。基础设施有待加强，落后的教学设施无法开展实践教学，学生积极性大大降低。教师的教学观念落后，他们仅仅注重教学理论的教授，忽略了学生实践经验的积累，很少甚至没有带领学生走出课堂、走出校园，去进行工作岗位的实习；教学的师资力量不足，产教融合的教育模式要想获得企业的青睐，就必须拥有较强的师资力量。只有具备深厚的专业知识、丰富的经验、优秀的职业技能，教师才能培养出优秀的学生，才能更好地促进校企合作。

二、产教融合视域下高职教学管理显性问题

产教融合中表现出的主要显性问题有以下几个方面。

（一）国内校企合作层次不够深入

现在实施的多数校企合作项目都停留在顶岗或跟岗实习、建立实训基地、提供项目支持等浅层层面上，缺乏涉及职业教育质量提升的专业设立、课程设置、教学方式、培养方向、师资建设等深层次领域的合作。而且，这种浅层次的合作大部分具有随意性、表层性，缺乏以互惠共赢为基础的稳定性，与校企合作推广本源中所期待的教育目标和企业、学校共同培养

应用技术人员的要求相差较远。所以，从长远的发展角度看，我们现阶段的校企合作难以取得实质性的效果。对目前国内各高职院校与企业合作开展的教学项目进行归纳总结，笔者发现共建实习、实训基地应该是最常见的校企合作模式。这种模式相对简单易行，可直接借助企业的现有资源实现顶岗实习和工学交替，无须企业额外投入，只要给予学校机会和方便即可，同时能为企业提供一些廉价劳动力，因此成为企业经常选择的校企合作模式。但由于这种浅层次的合作对企业来说通常是可有可无的"附属品"，企业会担心实习生的进入可能会影响产品质量与生产效率，而仅安排实习生参与临时性边缘工作，从而使教育效果不佳，同时企业更有可能因为各种临时性经营目标调整，而取消学生的实习项目，导致实习基地的稳定性低、持续性差，出现学校和企业之间"一次性或临时性合作"现象。

（二）学校对校企合作缺乏正确认识

从学校自身来看，某些学校只注重签订合作协议，把校企合作看作是完成任务，他们和企业签订实习实训基地建设协议等做法只是流于形式，以应付上级的检查和评估，却不关注如何真正地投入校企合作中，自然也难以取得良好的效果。与之相对的，还有等待主义。这些学校不是积极寻找合作机会，而是坐以待毙，奉行等待主义，一方面，他们在校企合作过程中遇到了问题，并不积极主动地去解决问题，而是等、靠、要，期望上级领导出面帮助解决。另一方面，很多学校都是仅从自身利益的角度考虑校企合作问题，学校多希望通过校企合作在积累办学资金、提供设施设备、建设实训基地方面获得企业的支持，希望企业在学生实践技能培训和毕业实习方面提供便利条件，而对企业实际需求考虑不足，没有反过来思考企业在校企合作中能获得哪些实际利益。在合作实施中，职业学校方际上也并没有考虑企业对职业教育的诉求和影响，很多学校仅把校企合作当作学校教育的一种补充形式，一项为完成教育行政命令的必须工作，而非将它视为职业教育中的核心育人模式。在学校教育中，学校在人才培养方案确定、学校管理、课程设置与教材开发、教育教学、监督评价等环节，都没有积极邀请企业或用人单位参与其中，也很少考虑他们的利益。

（三）企业方参与校企合作意愿整体偏低

企业的独立经济实体性质和经营创收的目标使企业方面天然不具有参与校企合作、支持社会人才培养的原动力。在我国现阶段的社会环境下，企业方面并没有必须要参与职业教育的社会共识，参与校企合作的动力相对不足。

（四）职业教育事业过于依靠政府而忽视校企合作的作用

中国职业学校因其"国"字属性，在运作中主要依靠政府投入。2005年以后，国家非常重视职业教育事业的发展，对于职业教育的经费投入在不断加大。在职业教育实施中，学生实践操作技能的训练和职业工作能力的培养非常重要，这需要学校不断更新教学设施和设备以适应产业的发展。这时，学校首先想到的不是通过校企合作解决设备和实训条件问题，而是向国家等、靠、要，期待国家投入资金帮他们解决这些问题。其实，对于一些工科专业，如机械制造与加工专业、汽车维修与养护专业等，是需要投入大量的教学设施和设备的。此时，学校仅依靠国家财政投入和政府扶持显然不够，仅靠课堂讲授也无法保证教育教学质量。所以，高职院校应该另寻出路，自食其力，积极主动地寻求与该领域的相关企业合作，或者与其他高职院校结成联盟，积极探索，互补不足，相互成长，只有这样才能更快地提升自身教学管理水平。

第二节　高职院校产教融合机制构建意义

一、基于协同理论的高职院校产教融合机制构建意义

"机制"是指在正式事物各个部分存在的前提下，一个整体工作系统中各组织部分之间相互作用、协同制约，从而使整体工作系统取得良性循环发展的过程、方式、规则和程序的总和。通过访谈调查、实地调研和文献分析可以看出，当前高职院校产教融合存在一定的现实困境。协同理论强调在复杂开放系统内部，各子系统之间为实现共同的发展目标而形成时间、空间和功能上的有序结构，以实现更少的内部摩擦、更好的整合效果和更高的工作效率。高职院校产教融合具有一定的协同特征，将高职院校产教融合视为一个复杂而开放的整体系统，其发展会受到内、外因素的共同影响。因此，在厘清高职院校产教融合外部影响环境和内部发展过程的基础

上，基于协同理论构建高职院校产教融合内、外协同机制，对于指导高职院校产教融合的协同发展具有重要的意义。

下面从高职院校产教融合的外部协同机制开始论述。

高职院校产教融合是一个复杂的动态系统，具有开放性的协同特征，其发展会在一定程度上受到外部环境的影响。通过访谈调查和文献梳理可以看出，高职院校产教融合外部影响环境主要包括宏观政策环境、区域经济发展环境、社会文化环境和科学技术环境。协同好外部环境对高职教育产教融合的影响，需要建立起高职院校产教融合与外部环境的协调发展机制。外部环境与高职院校产教融合之间并不是单向影响关系，而是一种相互协同、共同发展的联动机制，如图3-1所示。

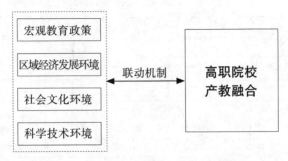

图3-1　高职教育产教融合外部协同机制图

联动机制是指外部环境与高职院校产教融合之间存在协同作用，一方的发展也会带动另一方的发展。第一，高职院校产教融合具有开放性的协同特征，宏观教育政策、区域经济发展、社会文化、科学技术等外部环境会对高职院校产教融合的发展产生影响，这一影响有可能是某一单独外部环境的影响，也有可能是几种外部环境的综合影响，且外部环境对高职院校产教融合产生的影响是双重的，既会产生有利影响又会产生不利影响。第二，高职院校产教融合的发展会对外部环境产生影响，进而使外部环境发生变化。比如，通过高职院校产教融合培养的技术技能型人才进入企业，为企业带来经济效益的同时有利于提高区域经济的发展水平；产教融合过程中产生的新理念、新技术等成果在逐步的应用与推广中也会促进科学技术的发展。

下面从高职院校产教融合内部协同机制进行论述。

在分析高职院校产教融合发展过程的基础上，结合相关访谈记录，基于协同理论的基本原理具体分析高职院校产教融合不同发展阶段的协同问题，进而构建了高职院校产教融合的内部协同机制，如图 3-2 所示。高职院校产教融合内部协同机制主要包括三个部分，第一部分是政府的引领和调控机制，第二部分是高职院校和企业的协同合作机制，第三部分是行业的指导和评价机制。

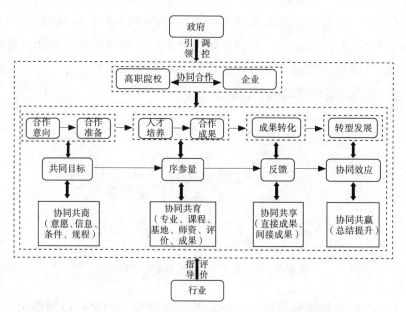

图 3-2　高职院校产教融合内部协同机制图

（一）政府的引领和调控机制

政府虽不是高职院校产教融合的直接参与者，但却对其整个发展过程起着重要的引领和调控作用，高职院校产教融合的顺利发展在很大程度上源于政府合理的政策制定、完善的服务支持和适宜的宏观调控。第一，制定合理的政策引领方针是政府政策协同的重要体现。梅吉尔斯认为，政策协同超越了现有的政策领域边界和单个部门的职责范围，需要横向部门间的协同和纵向政府间的协同。政府在产教融合过程中应当树立全局意识，统筹考虑地区的现有发展水平和发展限度，在此基础上与纵向各级政府协同确立适宜的权利边界，与横向相关部门协同制定具体的法律法规和政策方针，要切实保证政策的针对性和可行性。第二，在人力、物力、财力方面建立完善的服务支持系统。在人力方面，加大对人才的投资，引入优秀人才，培养产教融合的先锋军和后备军；在物力方面，为产教融合提供充足的场地、设备等硬件支持；在财力方面，加大对产教融合的财政投入，设立产教融合专项资金，始终保证产教融合有足够的运行资金。第三，政府要在产教融合的不同发展阶段，因时、因事做出适当的调整。一方面，政府要根据产教融合不同阶段的发展需求适当调整具体方针政策乃至整体发展规划，以确保产教融合在正确的轨道上向前发展；另一方面，政府要协调高职院校和企业之间可能因两者的不共通性而出现的各种矛盾。

（二）高职院校和企业间的协同合作机制

高职院校与企业的协同合作机制是高职院校产教融合最重要的部分，高职院校和企业的协同合作过程以确立合作意愿为起点包括合作准备、合作培养人才、创造合作成果、成果转化、推动转型发展几个环节。通过对高职院校产教融合的文献与访谈分析，将这一过程划分为四个阶段，基于协同理论的主要原理，对高职院校和企业在每个阶段的协同关系进行具体分析，构建了由协同共商、协同共育、协同共享、协同共赢四部分组成的协同合作机制。

基于协同理论构建高职院校产教融合机制有多方面的意义。高职院校产教融合机制能够实现资源配置的优化。产教融合很好地将学校、企业、社会组织以及政府等有机结合起来，从而更好地对资源进行整合和配置，实现各种资源之间的取长补短和优势互补。高职院校产教融合机制能提高学生的实践能力。在学生理论学习任务完成之余，产教融合和校企合作能给学生提供更多的、更好的实践机会，让学生在这一过程中不断提升其岗位胜任能力和具体实践水平。高职院校产教融合机制能推动教学的改革。高职院校产教融合可以说是一种新思路、新形势，是对传统高职教育的创新。在对这一模式进行探讨和研究的过程中，肯定会对高职院校的教学课程设置、教学内容安排以及教学评价方式等做出调整与改革，如此一来，必然会推动高职教育改革的不断深入。高职院校产教融合机制能推动经济的发展。严格地说，产教融合就是高职院校依照企业需求进行人才培养，通过理论学习、生产实践与科学研究的结合，为广大企业的发展提供强有力的智力支持与人才支持，以使我国企业的整体竞争力得到进一步提升，进而推动我国社会主义市场经济朝着又好又快的方向不断发展。

产教融合是高等职业教育服务地方社会发展的本质要求，致力于推动学校与区域内相关行业、企业在人才培养、技术研究与升级和成果转化中密切合作、相互支持、相互促进，进而把学校办成集人才培养、科学研究、科技服务为一体的产业性经营实体，从而形成学校与企业浑然一体的办学模式。高职院校产教融合机制构建也要从三个维度思考：学校服务企业的能力、企业育人教育的能力和学生专业化发展的能力。高职院校产教融合机制有利于高职院校动态设置和调整专业。高职院校根据区域内行业、企业的发展趋势和人才需求状况调整专业设置和人才培养目标、明确人才培养规格，有利于探索人才培养模式，改革人才培养手段，打造适应产教融合的专业课程体系，全面提高高职院校的人才培养质量和未来劳动者的素质。高职院校邀请企业一线专家参与课程开发，模拟企业的真实工作环境，通过企业的真实工作任务培养学生，按照企业的质量管理要求考核学生，有助于增强专业的社会适应性，使培养的人才更符合行业、企业的需求。高职院校产教融合机制有利于满足区域行业、企业人力资源开发的需求。高职院校为企业量身定制培养和输送的专业人才，满足了企业对人才的质量要求，同时用较低成本获得了较为充足的人力资源，节约了企业成本。学生顶岗实习可以降低企业的生产成本，提高企业的社会竞争力。高职院校产教融合机制有利于激发学生的学习兴趣，真正做到学做合一。在产教融合中，学生在教师的带领和指导下，把掌握的理论知识运用到实际工作中，既加深了对理论知识的理解，又增强了实践动手能力和解决实际问题的能力。在毕业之前，学生就能真正地掌握工作中的操作技能，这样更利于学生技术水平的提高和就业能力的拓展，使人才培养更具有岗位针对性。高职院校产教融合机制有利于"双师型"教师的培养。在产教融合中，教师不仅要负责知识层面的传道授业解惑，还要了解企业文化，学习新知识，了解新工艺和掌握新技术。高职院校与区域内的行业、企业合作可以使专业教师深入企业，了解最新的设备、技术和工艺，参与企业技术产品的研发和技术成果的转化，提高教师的实践动手能力。在教学过程中，教师可以将在企业掌握的新知识引入教学内容中，提高教学的针对性和实效性。

二、产教融合视域下高职教学质量保障机制构建意义

在产教融合视域下构建科学的高职教学质量保障机制符合政府对高职

教学改革的要求，完善质量保障机制，形成政府依法履职、院校自主保证、社会广泛参与，教育内部保证与教育外部评价协调配套的现代职业教育质量保障机制。因此，广大高职院校必须跟上时代发展的步伐，坚持深化产教融合，构建科学合理的教学质量保障体系，适应政府对高职教学改革的新要求。

（一）可以提升教学质量

构建科学的高职教学质量保障机制可以提升高职院校教育教学质量。教学质量是高职院校的生命线，不断提高教学质量是所有高职院校最重要的工作。教学质量保障机制以提高教学质量为目标，把教学全过程的各个环节有机地结合在一起，通过一个科学合理的机制有效地促进教学质量不断提高。在产教融合、校企合作不断加强的环境下，构建科学的高职教学质量保障机制可以有效监督和检查高职院校内部教学工作的运行与管理、外部校企联合实习实训的运行与管理、师资建设与完善以及学生学习与就业情况，及时发现并解决出现在任何环节的任何问题，以达到防微杜渐，扬长避短，规范教学管理，提高教学质量的效果。

（二）能够培养高素质人才

构建科学的高职教学质量保障机制可以培养出符合社会需求的人才。高职教育是现代职业教育体系的重要组成部分，要想快速发展高职教育，就应该培养出兼具理论知识和实践能力的高技能人才。与普通高等教育相比，高等职业教育更注重技能型人才的培养，而检验技能型人才的标准却是根据社会岗位需求制定的。在产教深度融合的背景下，构建科学合理的高职教学质量保障机制有利于行业企业和高职学院有效合作共同制定人才培养目标、专业课程、职业技能培训活动等，充分体现以社会需求为导向的高等职业教育主旋律，有利于培养出符合岗位需求的高素质技能型人才。

当前，国家从政策制度层面、理论层面、实践层面都为高职院校提供了良好的发展平台，将高等职业教育与产业发展同步规划，把产业与职业教育的合作作为提高劳动者素质、推动产业优化升级、提升企业核心竞争力的有效手段，促进产教深度融合发展。高职院校应抓住契机，深刻认识到产教融合、校企合作是提高办学质量和效益的必由之路，充分实现产学研协同发展，为国家培养高素质的技能型人才。

（三）有助于提高教师水平

构建科学的高职教学质量保障机制有利于提高教师的业务水平。现在，高职院校的教师大多专业水平高，理论知识丰富，但缺点是知识应用能力不强，实际操作水平不高，这极大影响了高职院校教学质量的提高。学校创设实习基地，兴办专业产业，为广大教师，特别是专业课教师参加实践、提高实际工作能力提供了条件和机会。在实际工作中，教师应将理论知识与生产实践相结合，把教学与科研相结合，将有利于提高自身业务素质和教学的质量，这对于高职院校建立一支过硬的师资队伍有着十分重要的意义。

（四）有利于地方经济建设

构建科学的高职教学质量保障机制有利于促进地方经济繁荣发展。职业教育为当地经济建设提供最直接的服务，它与当地经济建设关系密切、联系广泛，高职院校设置的专业都与当地经济建设密切相关。学校教师专业知识丰富，头脑灵活，他们依靠科技兴办产业，在当地起到一定的示范性作用。同时，高职院校培养了一大批懂技术、会管理的人才，他们走上社会，必然会成为该领域的行家里手，这有利于调整当地的经济结构，促进地方经济的繁荣和发展。高职教学质量保障机制有利于促进职业教育的健康发展。职业教育是以就业为导向的教育，对受教育者施以从事某种职业所必需的知识和技能的训练，因此职业教育亦被称为职业技术教育或实业教育。职业教育培养的是生产、建设、管理和服务第一线需要的高技能型人才。这类人才具有鲜明的职业性、技能性、实用性等岗位特征。"产教结合，校企一体"的培养思路正是这种需求的集中体现，应大力推广和提倡。

第三节　高职院校产教融合教学管理模式

一、高职院校产教融合教学管理模式建设

"懂教育、知企业、会管理"的人才才能适应产教融合的发展，而这些人才的培养需要高质量高技能的管理队伍。教育管理作为高职院校管理系

统的重要组成部分，既有一般管理的基本属性，又有自己的基本属性。在产教融合的推进下，管理人员不仅要懂企业的管理方法。还要具有一定的创新意识、前瞻意识与沟通能力。产教融合是职业教育的转型标志，能够适应产教融合的高职院校将会得到长足的发展。管理人员作为高职院校的管理决策人员，应努力提升创新能力与沟通能力。产教融合是将高职院校的培养方案与企业需要相联系的新型办学模式。这要求高职院校管理人员无论是在学校的日常管理中，还是在与企业的协调中，都要运用现代化的管理手段。

构建高职院校产教融合教学管理模式要从明晰产业学院定位入手。一要深度融入产业链、创新链。找准高职院校质量提升和结构优化的突破口，找准服务产业转型升级和重大战略实施的切入点，这是深度融入的基本前提和条件。必须选准拟提供具体服务的创新链或产业链，由于产业细分的丰富性，对采取同一产业链、创新链的服务定位可进行更为具体的分工并呈现不同的服务特色。融入产业链和创新链不是把学科、专业简单地拼凑在一起，而是要从系统的高度综合考量，权衡各学科、专业之间发展的逻辑关系，不偏离产业链、创新链所对应的供需要求。二要高度集成的高职教学管理模式。普通应用型转变模式与高度集成模式下的高职教学管理有着本质的区别，主要体现在服务于产业链、创新链最终落脚点的不同，高度集成模式下的高职院校是技术、创新、知识、资源、信息化的高度集成体。这种高度集成体表现在学科、专业设置的基础框架上，按照发展方向与服务定位的具体需求，围绕产业链、创新链的发展轨迹，以实现学科、专业精准服务功能定位，这种定位不仅要在结构上实现科学合理的优化组合，还应在资源效益的增值上实现倍速增长。此外，还应通过关联学科与专业之间的相互融合、碰撞和衍生，实现分工具体化和明细化，分别对单一学科专业内部所涉及的培养方案、课程体系、培养模式、教学方式、科研创新、师资队伍等方面进行创新改革。

构建高职院校产教融合教学管理模式，整体形成集"产、学、研、用、创"五大功能于一体的教育服务机制，以保证产业集群所需人才的精准、有效供应。高职院校产教融合教学管理模式有助于多元协同组建合作发展共同体。产业学院内外多方主体有机整合，可打通院企合作、院所合作、院地合作以及技术协同的交流渠道，破除制约发展的瓶颈，通过结构严密、互相促进、功能齐全的发展渠道，向纵深推进协同合作。产业学院要牢固树立企业主体意识，以更好地满足企业人才需求为导向，与企业在充分沟通、目标达成高度一致的基础上，形成互惠共赢的合作共同体。

在高职院校产教融合教学管理模式建设过程中，企业与学院都是协同主体，都担负着人才培养责任。因此，在规划建设与创新发展阶段，双方必须同时强化这个责任。在通常情况下，基于现行的政府管理体制的影响，高职院校产教融合教学管理模式建设的周期与政府的作用有很大关系。因此，为缩短产业学院建设的时间，政府必须充分发挥牵线搭桥、政策引导、引凤筑巢的媒介作用，充当校企双方合作沟通桥梁，最大限度地加快和推进校企双方各项合作战略的达成，以长效机制提升产业院校建设的政策价值和社会效应。

校企合作内容并非仅限于高新技术研发与革新、产业发展技术瓶颈问题解决等服务对象方面，也体现在企业对高职院校人才培养体系、结构、模式等方面的积极探索和参与上，从而影响高职院校从建设、运转到创新发展的一系列工作。

高职院校产教融合教学管理模式建设要均衡各方利益关系，有效降低成本，校企双方都要从预期收益和成本的角度综合考虑，选择以利益为导向的合作机会。

只有实现高职院校课程内容与合作企业职业标准的对接、高职院校所培养毕业生与企业工作岗位的对接，才能真正实现产教融合。所以，高职院校必须在此基础上建立系统的、规范的并能随着市场人才需求变化而适时调整优化的课程体系。随着企业职业分工的精细化程度不断加深和"高精专"型人才的需求缺口增大，社会对高职院校课程设置和高技能人才培养提出了更高要求。一直以来，国内很多高职院校的教学普遍存在脱离产业实际，重理论、轻实践的现象，这显然与产业学院的宗旨相违背，不利于学生个人实际操作能力的提高，不符合基于产业结构调整的人才需求发展规律。因此，高职院校在课程设置和具体教学中以市场人才需求为导向的教学理念不能变，培养学生理论与实践相结合的能力和提高学生实际动手能力的教学宗旨更要坚持。

二、高职院校产教融合教学管理模式之专业课程设计

作为以"00"后为主体的高职院校，在高职院校产教融合教学管理模式下进行专业课程结构设计时，需要注重学生的个性化发展。随着数字化、智能化时代的到来，组合化、多进程的专业课程结构可使学生根据自身的发展需要灵活选择课程，满足学生的个性化发展需要。高职院校在设置专业课程结构时要满足不断变化的行业企业对人才的需求，即以产业结构变化、市场对专业人才的要求以及当地社会经济发展变化趋势为高职院校专业课程结构建设的依据，并对当地产业的现状与未来发展趋势以及国家或区域经济发展战略进行深层次的分析与科学的预测。只有这样才能使专业课程结构建设满足动态变化的行业企业对专业人才的需求。

高职院校基于产教融合进行专业课程改革是为了提高人才培养质量，调和供需矛盾，进而提高社会满意度。因此，高职院校要采用积极开放的态度参与产教融合，只有这样，才能使参与产教融合的各方均能参与到专业课程运行机制改革中。

行业企业基于产教融合参与专业课程改革是为了储备人力资源，从而实现行业企业的可持续发展。企业要意识到自身也是人才培养的主体，只有这样才能主动参与到高职院校专业课程改革的各个程序之中。因此，在企业设立的与合作院校相对应的产教融合办公室的职责之一就是制定激励制度，以调动企业技术专家以及参与制定高职院校综合技术课程的积极性。学生可以依据自己的个性化发展和行业企业对于人才的要求，灵活地选择所需要的课程，形成不同的模块组合。每个模块教学完成后，教师可以对学生进行考评，测试合格者可以获得相应的职业技能等级证书，从而使高职院校所培养出的学生与行业企业的人才需求实现零距离对接。高职专业课程设置的实质就是保障高职院校的学生具有职业性与社会关联性。因此，在进行高职专业课程评价的过程中，学校应该引入行业、企业的专家以及技术骨干人员，让他们对高职院校的专业课程进行评价，只有这样才能保障高职院校专业课程设置的效果。

三、高职院校产教融合教学管理模式之教师队伍管理

高职院校产教融合教学管理模式建设还可以从加强结构化专业教师团

队管理制度建设入手。根据高职院校专业建设的需要与专业教师队伍的现状，行业企业与高职院校协商，每年提供一定比例的岗位，用于高职院校专业教师开展企业实践，行业企业工程技术人才到高职院校进行专业实践课程的教学，使行业最新的发展动态能及时融入高职专业课程内容之中。《国家职业教育改革实施方案》中明确指出，职业院校教师每年至少要有1个月的时间在企业或者实训基地进行实训。基于此，在进行高职院校专业教师授课安排时，在完成教学计划的前提下，学校需要提供更多的时间供专业课程教师去企业实践锻炼，从而使高职院校专业课程教师能够真正融入企业的生产过程，了解并掌握本专业最前沿的知识、技能与规范。行业企业人员在高职院校担任专业实践教师时，在完成自身任务的前提下，需要有足够多的时间到高职院校任教。高职院校需要给企业人员或者技术骨干人员配备教学辅助教师，确保行业企业人员的实践教学能顺利完成，同时要保证专业教学质量。教学辅助教师在辅助行业企业人员进行教学的过程中，自身的职业素养与教学能力也均会有所提高。

在高职教育教学过程中，教师要端正态度、注重自己的行为。高等职业教育的学生管理工作主要体现在思想管理和学习管理两个方面。教师是人类灵魂的工程师，集教书、育人的重任于一身。这就要求教师积极探索高职教育学生思想政治工作和教学工作的新途径、新方法，有的放矢地做好学生的管理工作。

第一，高职院校教师要富有爱心、责任心，关爱学生，要坚信每一个高职院校学生都能成为有用之才。高职院校双师型教师必须关注、关心学生，以学生为本，具有良好的职业道德。爱学生是教师职业道德的核心，也是从事职业教育、忠于社会主义职业教育事业的具体体现。教师真正地爱学生首先表现为了解高职学生身心发展规律与特点，关心学生的成长，教学生学好知识。目前，不少高职院校的学生入学成绩较普通学校的学生差，其他方面的素质有的也赶不上普通中学的学生。这就要求从事职业教育的教师要从学习上、思想上、生活上无微不至地关心他们、爱护他们。不能因为学生学习差而歧视他们、轻视他们。特别是高职院校的文化课教师，要主动地对学生进行文化课的补习，在教学过程中，注意发现他们的优点和长处，帮助他们总结学习过程中的经验、教训，鼓励他们刻苦学习、树立信心、打好基础。职业教育文化课教学是学生学好专业课的基础。因此，文化课教师除了完成教课任务外，还应该主动关心学生的成长，要不断提醒自己关爱学生，把自己的全部心血用来教好学生。

第二，尊重学生，采用正确的方式方法引导和教育学生。根据马斯洛的需要层次理论，尊重的需要是个体较高级的需要，当然也是人与人之间交往的准则。如果学生获得足够的尊重，他将会有无限的激情进行学习和生活，反之则对同学、教师和社会充满厌恶，成为反社会的人。高职教师在教育教学及与学生交往的过程中，首先要做到尊重学生。高职教师不仅要了解学生思想品德和职业道德形成的过程及教育方法，还要根据学生不同个性采用正确的方式方法引导和教育学生。同时，其还应掌握学生集体活动特点和组织管理方式。教师要平等对待每一个学生，信任学生，促进学生的自主发展。高职教师要认识到社会所需要的是不同类型的人才。一般来说，高职院校的学生与普通院校的培养对象只是在智能结构类型上有差异，没有智力上的高低差异。高职教师要平等对待每一个学生，要坚信他们是可造就之才，是社会的顶梁柱。因此，在教育教学过程中，教师不仅要教学生学习内容，还要教他们学习方法，让他们能够根据自己的兴趣自主发展。高职教师要了解学生在不同教育阶段和从学校到工作岗位过渡阶段的心理特点和学习特点，从而采取正确的教育方法。

第三，高职教师除了完成教学管理任务，还要培养学生热爱集体、团结协作的精神。当今社会的复杂性要求教师要善于处理各种人际关系。建立和维护工作关系网络是教师专业素质的重要组成部分。教师不仅要与学生共同成长，还应建立、维护和管理与合作伙伴和其他外部利益相关者（学校、企业、家长等）的关系，与各种利益相关者进行沟通交流，帮助学生在各个方面树立信心，促进学生成长。在学生步入社会之前，教师要积极与企业、社会团体等展开校企合作，将产教融合理念深入学生内心，使学生能够更快地适应未来工作岗位，提升高职院校就业率，为学生早日找到理想工作奠定基础。

如今已经步入网络时代，教师在从事教学、科研等工作时只靠自己单打独斗难以适应时代的发展。所以，他们必须与同事结成教学、学术共同体，才能立足于这个瞬息万变的时代。高职院校不仅要与单位内、国内同行结成教学、学术共同体，还要睁眼看世界，积极与国外的同行对接。尺有所短，寸有所长，只有不断学习他人的长处，才能不断充实自己、丰富自己和提高自己。高职教师要注重个人修养，保持积极乐观心态，不仅要与学生、家人、同事及企业工程人员进行正常的交往，还要具有自我关注的能力。能够善待和尊重自我的人就能够善待和尊重他人。

自我评价对于一个善于与学生和教师进行沟通的优秀教师来说是至关重要的。[①]两千多年前，苏格拉底曾说没有接受过审查的生活是没有价值的、不值得过的生活。因此，教师要注重个人修养，保持积极乐观心态，培养坦荡的胸怀和高尚的道德情操，做到谦虚谨慎，大处讲原则，小处讲风格，通过批评和自我批评，积极地与其他同事交流思想和想法。

四、高职院校产教融合教学管理模式之科技园区模式

随着新课程改革的不断推进和发展，我国大多数高职院校均进行了产教融合，通过校企合作促进教育行业的进一步发展和完善。根据调查研究可以看出，当前产教融合的主要形式为工学交替、订单培养和顶岗实习三种。工学交替主要体现在人才培养方面。具体而言，就是将工作与学习时间进行有效替换，实现理论知识与实际能力的互补增长，从而促进学生的持续发展。例如，在开展管理课程教学时，大多数高职院校通常会引导学生先在院校中进行理论学习，参与部分课程实践训练，随后会开展三周左右的认知实习；然后，学生返回院校进行理论知识的再次学习，在即将毕业时则进行顶岗实习。订单培养主要是通过校企联动的方式，将企业与院校紧密结合，学校以就业作为订单培养的主要内容和目标，两者对学生的未来发展趋势、人才要求、专业设计、职业规划、就业创业等方面进行充分讨论，找到有效的切入点。顶岗实习则是高职院校在开展产教融合过程中最为常见的一种有效方式。在顶岗实习的过程中，学生直接参与社会劳动，企业无须对其进行深入指导和帮助，只是一种一般性的合作方式。

下面我们就科技园区模式进行详细阐述。中国的科技园起步于 20 世纪 80 年代，《国家大学科技园"十五"发展规划纲要》对科技园作出了以下定义："大学科技园是以研究型大学或大学群体为依托，利用大学的人才、技术、信息、实验设备、文化氛围等综合资源优势，通过包括风险投资在内的多元化投资渠道，在政府的政策引导和支持下，在大学附近区域建立的

---

① 左彦鹏.高职院校"双师型"教师专业素质研究[D].大连：辽宁师范大学，2016：64.

从事技术创新和企业孵化活动的高科技园。"科技园是政产学研合作的平台，在科技园的管理体制和运行机制的作用下，政产学研各方在园内实现协同创新。

为了促进产学研各方在科技园中更好的合作，政府出台了针对科技园的宏观指导政策和财税政策，扶持科技园的发展；依托大学是为了促进大学同科技园的合作，通过出台灵活的聘任、考评制度鼓励大学师生入园工作。在政府和依托大学的政策制度支持下，科技园通过制度创新，建立了园区的管理体制和合作机制，为园内各方合作提供了方便有效的制度保障。在科技园的制度支撑下，政产学研各方采取多种模式进行合作，通过协同合作实现资源互补，促进技术创新。政府借助自己的信息资源优势，解决各方合作中的信息不对称问题，进而降低创新成本；依托大学和科研机构，凭借自身拥有的大量高科技人才进行知识创新，并通过与企业合作完成知识溢出，为企业提供创新的智力资源，并在合作中提升自身的创新能力；企业通过购买和转化依托大学和科研机构的技术，提升自己的创新能力，并借助自身的市场经验和资金优势，将依托大学和科研机构输出的创新资源进行产业化和市场化，最终实现技术创新。

由此可以看出，科技园中的协同创新是在政府、大学、科研院所和企业的系统配合下完成的。其中，政府和依托大学是科技园协同创新中制度创新的主体，依托大学和科研机构是科技园协同创新中知识创新的主体，企业是科技园协同创新中技术创新的主体。科技园中政产学研协同创新过程如图 3-3 所示。

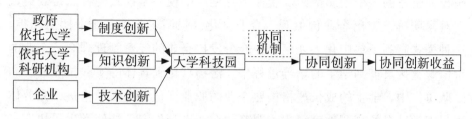

图 3-3　科技园中政产学研协同创新过程

五、高职教学管理之"校中厂""厂中校"模式

"校中厂"就是学校将企业的生产设备、技术人员等资源引入学校，与

学校设备、资源进行整合，按照企业要求组织生产和科研，按学校要求开展教学，是一种集教学、生产、科研于一体的校内合作办学模式。校中厂主要是由学校主导的。由于高职院校的生产性实训基地能够生产最终产品，可以通过商品化带来一定的经济效益，因此很多基地的性质延伸为校办企业。校办企业既承担着创收任务和市场风险，又承担着一定的教学实习任务和培养学生的责任，集教学、科研、生产、培训多种功能于一体。基地成为社会经营性企业的缩影，学生能依托自己的专业，通过参与生产经营，实现职业人的转化。

该模式强调人才培养的系统性、人才培养的路径和高职教育规律，可以营造较浓厚的学习氛围，使师生关系更加融洽，从而有利于学生的全面可持续发展。但是，该模式创设的人才培养环境比较简单，对人才培养的成本问题考虑不够全面，学生主要按照学校设计的企业岗位角色进行参与式学习，缺乏真实的企业社会环境和内部管理制度，对学生的岗位适应能力提升较慢。在该模式中，企业置于学校的管理之下，企业的经营营利性质与学校的公共服务性质往往容易发生冲突，或者会由于企业经营问题导致学校管理出现困难。

"厂中校"是一种由合作企业提供实习场地和学生宿舍等教学生活设施，学校提供必要的实训设备和人力资源，双方共享先进设备、前沿技术等优质资源，以提高校外实训实习效果和企业生产经济效率为目标的一种合作模式。厂中校一般是由企业主导的。这种企业主导型厂中校办学模式中的高职院校具有企业办学的传统，即企业就是高职院校的主办方，高职院校为企业的一个附属部门。企业主导型厂中校办学模式的特点是效益成本观念明确，突出企业价值观、企业文化，强调职业性和企业团队精神。这种模式有利于集中化人才培养，充分发挥企业的经营管理理念。企业的价值观直接贯彻到学生的培养过程中，潜移默化到具体的实践技能锻炼和团队协作中。学生的成长严格按照企业的职业岗位能力需求推进，充分体现了工学结合的高职教育思想。明确的企业人身份定位能使学生尽快适应岗位能力要求，降低了企业对毕业生二次人力资源开发的投入和成本。但是，企业的效益会直接影响到人才培养模式的实施和教育投入。企业文化在一定程度上则会影响到学生接受教育的高等性，从而不利于学生的可持续发展能力的提高。

校企合作发展联盟基于企业和学校两类不同社会组织的管理体制和运行机制差异，推动政府出政策、行业出标准、企业出资源，从而促进政行企校联动系统培养出高素质高技能型人才。从理论角度看，同质组织间的竞争会大于合作，资源的使用效益会降低。由一所高职院校牵头，组建校企合作发展联盟，将资源依赖与互补结合起来运用，在合作过程中，通过动态优化选择合作企业和合作项目提高资源配置效率。在校企合作发展联盟中，全体成员组成理事会，各理事单位均为独立法人，在理事会内享有平等地位。理事会设立理事长、常务副理事长、副理事长、秘书长、副秘书长，下设秘书处。联盟理事会制定理事会章程，制定理事会的职责、组织机构、理事会的权利和义务、经费及资产管理办法、理事会终止办法等多项规章制度，有效保障校企合作发展联盟理事会机构的顺利运行。联盟理事会根据行业引领、自愿参加、互惠互利、资源共享、共同发展的原则，实行会议制度。校企合作发展联盟下设秘书处，与学院校企合作办公室联合办公，加强学院与联盟之间的联系。从设计的角度看，校企合作发展联盟具有管理理念先进、管理体制先进、成员结构稳定、合作方式灵活、资源共享高效、就业渠道通畅等特征。校企合作发展联盟理事会架构图如图3-4所示。

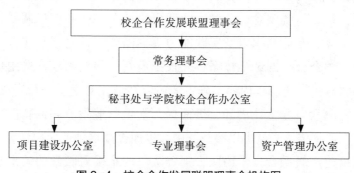

图3-4 校企合作发展联盟理事会机构图

第四节　高职院校产教融合实现路径

产教融合背景下的高职教学管理改革可以从以下几个方面展开。

一、建立完善的产教融合教学管理机构

基于产教融合的教学管理对建立完善的学校管理制度具有一定的推动作用。基于产教融合的教学管理贯穿于教学全过程，可以有效弥补学校各个管理方面存在的不足。要想加强对校企合作协同育人机构的管理，需要建立针对学校教师、行业人员、企业员工的完善的产教融合工作管理机制，主要负责校企合作、专业建设、社会实践等工作的指导和规划，着重于校内外的协调与沟通。学校应根据具体规定与企业开展有关校企合作的活动，针对问题进行合理解决。教务处要与教师一起负责教学管理，各级教学管理机构要明确好自身应负的责任，与其他管理机构一起协同合作、取长补短，进而使产教融合在高职教学管理中得到有效实施。

在产教融合背景下，校企双方只有明确人才培养合作意向，才能有效推进校企合作。对于人才培养的战略目标，校企双方需要建立长期有效的合作机制，打破传统观念，通过产业调研、社会调研和市场调研，根据岗位对人才素养、专业知识以及实践能力等方面要求，建立共同育人的目标方案，构建校企合作的课程体系，并根据最新的岗位需求，选用切实可行的课程和教材，优化课程内容，确定实习方案。在对学生进行岗位培训时，企业还可以融入自身文化内涵，进而提升学生职业素养和创新能力，在培训过程中，企业技术人员可以参与其中，进而提高培训的实用性和针对性。

积极组建产教融合教学团队，师资队伍的水平对教学的效果起到关键作用。因此，需要建立符合产教融合要求的师资队伍，促进教学改革和教学质量的提升，进而可以更好地推动校企合作育人。高校对于专业教师具有较高的要求，他们既要精通相关专业知识，又要具备相关专业的实践能力，既要了解相关行业的用人标准和要求，又对相关课程具有创新和设计能力。因此，师资团队不仅要树立创新开放的教学管理观念，还要制定相应的师资管理制度。打破传统观念的教育壁垒，校企之间实施教学资源

共享和人才资源共享，教师团队可以加入企业教学实践中，进而可以了解专业理论以外的具体实践操作流程，企业也可以让具有一定技术能力的人员，到学校进行理论知识学习，更好地促进实践与理论的结合。企业人员可以向教师传授最新的实践技术和实践经验，教师也可以对企业技术人才的教学方法和教学理念提出建议，进而提升师资团队整体水平，使校企合作更好地应用到实践中。

加强校内外实践教学管理，目前很多院校重视实践教学，且形式多种多样，但在协调和管理过程中存在一定难度。因此，校内实践基地要统筹规划、合理布局、明确分工，为实践教学提供良好的教学环境，进而可以有效管理校内实践教学，使校企共同建立的实训基地能较好地培养学生实践能力，从而实现校企合作教学的目的。此外，对校外实践的学生进行管理的难度也在不断增加，尤其是校外实习生的实习地点过于分散，教师对学生的信息不能及时了解，导致管理存在较大的难度。因此，学校应制定可行的管理措施，以开放的态度加强实践教学管理，对校外实习基地采用信息化管理手段，进行合理分工、落实相关责任。

二、从资源型合作转向知识产品生产型合作的路径选择

从资源型合作走向知识产品生产型合作这一社会化知识生产制度安排，对知识生产组织间的关系和在此关系下学校和企业两个最为重要的知识生产主体形成的合作模式提出了新的要求。以资源获取为目标，只关注学校或企业单方面利益和合作主体缺乏参与知识生产全过程有效途径的资源型合作模式显然难以满足产教深度融合的要求，因此需要发展以获得"应用价值"的知识产品为目标，知识生产主体共同参与知识生产全过程的产品型合作模式。资源依赖理论是国内学者分析校企合作关系的重要理论之一，其基本假设是现代组织都是一个开放系统，没有任何一个组织是可以自给自足的，它必须与环境不断进行资源的交换，以获得自身生存所需的但又缺少的资源，对这些资源的需求使组织和外部组织产生依赖关系，特定资源的稀缺程度和重要程度决定了组织间的依赖程度，而组织间的合作动力也正来自对彼此间资源的依赖。

在资源依赖视角下，学校和企业间的合作关系是以获取自身所需的资源为基础的，学校通过与企业合作获得办学及人才培养所需的资金、场地、捐

赠，以及教学内容、技术要求和优秀企业文化要素等新的资源，而企业获得人力、技术、信息、声誉和政策等相应资源。在这一理论指导下，职业教育实践领域形成了以某类或多类资源获取为目标的资源型合作，更多地关注资源的获取渠道和获取总量而不是资源提供方的有效参与、资源的有效配置和使用，这在一定程度上导致了当前我国职业教育领域所开展的校企合作依然是单一的、短期的和浅层次合作。这也正是资源依赖理论备受争议的地方，过分关注资源获取的手段和过程，将资源获得作为处理组织与环境之间关系的目标。产教融合的理念要求我们在资源型合作的基础上，积极发展新型的校企合作关系——知识产品生产型合作。概括而言，知识产品生产型合作就是一种以"应用价值"导向的知识产品生产为目标，企业、学校和其他利益相关主体充分参与和有机融合，共同投入相应的知识生产要素，包括技术、人员、资金、设备、信息等，并全程参与知识产品生产的各个环节，共同完成这一知识产品生产的校企合作途径，这一途径具有以下三方面的特征。

第一，以知识产品的共同生产为目标。校企等合作主体围绕知识产品生产活动而不是以获取某类或数类知识生产的资源为目标，致力能实现各自组织生存与发展目标的同一知识产品的共同生产。

第二，关注知识产品的应用价值。知识产品生产型合作更关注所生产知识产品的应用价值，而非知识本身的学术价值，无论复制性知识产品还是原创性知识产品，只要是满足社会主义现代化建设需求的高素质人才和产品化的技术成果均具有明显的应用价值。

第三，强调各主体的全程、充分参与。为实现满足共同需求目标的知识产品产出目标，各主体必须参与到知识生产目标的确立、计划的制订与实施、资源投入与有效配置、知识产品的评价与分配等各个环节之中。它从预设的合作目的上明确了各主体全程参与的必要性和可行性，为实现产教融合的组织一体化发展，推动校企合作从"利益认同体"逐步发展为"价值认同体"和"文化创新体"创造了可能性。

三、高职院校产教融合中企业收益的实现途径

企业参与校企合作教育获得收益的途径大致有三种，即通过直接参与教育活动获得；通过教育活动以外的校方支持获得；通过政府转移支付获得。

（一）直接参与教育活动获得收益

企业直接参与校企合作教育活动能够获得的收益主要体现在人才层面。因参与校企合作，企业可以让学校安排学生到本企业进行实习、实训，也可以作为重要的信息咨询方参与到学校的专业设置、课程开发、授课内容管理、学生评价和课程开设中。这样，企业一方面可以把本企业对人才要求落实到职业学校的人才培养目标中，使学校能为企业直接培养一批实用型人才，另一方面可以在人才招聘时"近水楼台先得月"，招到更优秀、更合适的人才，同时可以适度引入实习学生，在企业劳动力短期紧缺时帮助完成一些工作。再者，当某些岗位暂时由学生顶岗实习时，企业也可以安排替岗下来的员工到职业学校进行培训学习，以提升他们的职业素质。

（二）通过教学活动以外的校方支持获得收益

对于一些企业来说，产教融合单纯的直接收益可能吸引力并不足，但是如果从教育合作之外更广范畴加以关注，则双方供需共赢关系就更为复杂，也更容易找到平衡点。在学校的大力支持下，企业可以借助学校的科研、人才、智力、信息、土地等资源，通过校企合作、产教融合开展科研技术开发、高级人才柔性引进等项目，通过信息资源共享，借助学校各种资源合作开展商业项目运营等，从而实现彼此间的互利共赢。

（三）通过政府转移支付获得收益

产教融合需要政府通过政策、法律等手段，创设鼓励企业参与校企合作或者规定企业必须在一定程度上参与校企合作的制度，使那些虽然无法在校企合作市场交易中直接获得收益的企业，因政府外力塑造的制度约束而获得转移支付。比如，采用税收优惠或财政补贴等鼓励性政策，支持企业参与校企合作；或对积极参与校企合作的企业在招人用人、产业准入等方面予以照顾；也可以通过立法形式，对具有一定特征的企业参与校企合作人才培养做出约束，要求他们必须给予学校支持；政府还应该鼓励、要求大型国有企业身先士卒，为带领社会各界参与校企合作做出榜样和先行探索。

四、高职院校实现产教融合的途径

职业院校可以通过优惠的人才引进政策，引进博士研究生和专业带头人来加强自身科研能力，也可以与科研能力强的研究型院校合作，积极参与企业的科研攻关和新技术推广，使企业在产教融合中有技术收获，提高职业院校在产教融合中的话语权。职业院校应该积极探索，大胆改革，开创一些新型产教融合模式并进行推广。一种有效的措施就是构建产业园，招商引资，自主管理产教融合企业。职业院校可以在地方政府的财政支持下，建设由职业院校主导的产业园区，建设完成后进行招商引资。但是，引进的企业一方面要与职业院校所开设的专业领域相关，以便形成以专业群为单位的产教融合基地；另一方面要与地方经济发展规划相一致，促进区域经济发展，从而赢得地方政府的支持。引进的企业要积极参与职业教育，支持产教融合，服从职业院校的管理和产教融合工作安排；职业院校要对园区企业定期进行产教融合业绩检查，对于不合格的企业责令整改或勒令退出园区。职业院校所建的产业园要对毕业生创新创业工作进行大力支持，扶持技术含量高、创业效果好、带动效应明显的创业型企业，吸引这些企业参与产教融合，这样也能缓解学校毕业生的就业压力。

职业院校要响应国家号召创办产教融合型企业。2019年，国家发展改革委、教育部印发《建设产教融合型企业实施办法（试行）》，用以完善职业教育和培训体系，深化产教融合和校企合作，充分发挥企业在技术技能人才培养和人力资源开发中的重要主体作用。明确规定鼓励企业与学校以合作形式参与职业院校建设，将企业建成产教融合型企业，职业院校要抓住这一历史机遇，主动出击，在与企业合作的同时，进行积极探索，也可以进行资本融资，自主建设产教融合型企业，将"产"和"教"融为一体，双管齐下，从而培养应用型、技能型人才。国家也要出台相关政策对产教融合型企业进行支持，保证其能最大限度地享受政府提供的优惠，后续要对其进行严格定位，确定其生产经营的具体方式，人员的输入、输出模式等，确保产教融合型企业尽快落地。

第四章 产教融合与高职教学管理一体化

第一节 产教融合与高职院校的一体化机制

一、构建"五位一体"联动机制

一体化指的是高职教学管理在整个教学过程中,从理论教学到实践教学,从课堂教学到课外教学,从校内教学到社会教学,从学校教学到实习基地教学,统一计划,全程规划,相互结合,从学院领导到专业教师、学生生活教师、班主任,全员关注、全体教导,形成高职教学管理的完整体系,建设以供需共赢为基础的校企合作、产教融合机制。"一体化"在这里是指关系属性的形态。校企的本源体是分离的,是不同的主体,但内在的某些联系促成了相互的深度融合,称之为"一体化"。依据上述解释,这里的"一体"是"化"的结果,是关系中的一体。就层次而论,校企一体化与校企合作比较,依存性更为紧密,是深度的结合。学校与企业本来是独立的两个主体,由于两者间存在着某些共同的价值诉求和利益相关的诸多要素而使学校教育与企业生产相得益彰,真正体现出教学性生产与生产性教学的结合,这就是校企一体化的基本形态。另外,校企一体化与校企一体也有区别,所谓"化",表明这种校企一体不仅是有形的一体,更是合作体制机制契约下的一体。高职院校产教融合一体化机制反映了产业转型升级与高职教育管理内涵发展的因果关系。职业院校、行业企业要合作进行技术技能人才培养,共同进行技术研发,共同肩负起社会责任,成为利益共同体和发展共同体。

"五位一体"中的"五位"分别指政府、行业企业、高职院校、科研单位和市场及社会这五个方面,将这五个方面结合为一个整体,相互融合,相互促进,相互联系,所以才有了"五位一体"这一概念。构建"五位一体"联动机制，形成合作的长效机制，在宏观层面构建权力合理分配、利益共赢、责任共担的高职院校办学的合力机制，通过构建"学园城"（即学校、园区、城市）一体化平台和契约化管理确保校企一体化的深度融合，解决校企合作体制层面上的问题。"五位"中政府主导办学方向、项目开发和经费的投入；行业企业全面参与学校教育过程；学校是育人服务和社会服务的主体；科研是五位一体质量的保障，也是五位一体的动因；市场及社会是服务的起点和终端，评价与检验校企一体化培养人才的质量。"一体化"是目标是形成各要素有机整合的"教育服务利益联合体"。通过专业建设与课程建设改革研究，推广"校企一体化教育流程"的教学成果，从"教学性生产流程"与"生产性教学流程"的"链系统"完善企业全面参与学校人才培养的途径，校企共同担当育人的责任，全面推行生产与教学、质量监控与评价为一体的教育改革。

全面分析五位一体化的办学模式、产教一体化的教学模式和学做一体化的学习模式，突出职业核心能力、岗位迁移能力和可持续发展能力的培养。通过构建"链系统"，解决产教融合、五位一体化中教与学有机融合的问题，针对教育主体的教学流程与生产主体的工作流程，通过节点关联和双方利益保障，促使五位一体化的生成。

五位一体化模式具有参与主体多样性的特点，包括学校、行业企业、社会、学生、科研单位等。因此，其人才培养质量的评价主体也是多方面的。构建五位一体化评价体系，自我评价与第三方评价相结合，可以促进人才培养质量的提高，深化产教融合策略，加快产教融合与高职院校一体化机制建设，为社会人才培养战略提供保障。

产教融合、五位一体化办学机制还可以从完善管理政策，建立健全科研服务基础动力机制入手。

一是完善科研奖励制度。从科研管理政策角度加以"前期引导"，调整学校整体绩效经费分配方案，减少工作量对应的个人津贴，甚至废除工作量对应个人部分津贴收入的制度，将节省下来的资金作为对高级别的科研项目、论文及其他成果奖励的来源，加大对科学研究的扶持力度。其中涉及科研奖励制度文件和绩效经费分配方案的调整和完善，需要科研、人事、财政等部门协作，学校自上而下重新调整设计。这就使其中一部分善于从事科学研究的教师在前期可以用心研究。

二是完善考核聘任制度。从考核聘任政策角度加以"中期引导",调整完善学校考核聘任制度。根据学校实际教学科研、社会服务的实际布局需要,对教师进行分类,如"教学偏重型""科研偏重型""社会服务偏重型""教学科研并重型""管理科研并重型""管理教学并重型"等,对各种类别的岗位对应的考核指标、聘任指标分别进行布局和设置,指标的数量和特征分别对应于岗位类型的特征,为教师职业生涯发展提供更多可能性。这就使其中一部分善于从事科学研究的教师在中期都可以安心研究。

三是完善职称评审制度。从职称评审政策角度加以"后期引导",调整完善学校职称评审制度。在原有的教学、科研、社会服务评价指标体系的基础上,适度增加新的评价指标,去除陈旧不适用于新时期学校发展需要的评价指标;在原有的评价导向基础上,适度调整人才职称评价导向,将以往大力提倡教学的价值取向转变为以教学、科研为内涵建设,以社会服务为外延提升的价值取向,体现学校在输出科研服务和促进社会经济发展方面的美好愿景。这就使其中一部分善于从事科学研究的教师在后期都可以安心研究。

二、政府、社会、学校"三位一体"的互动机制

在有效开展创业实践教育过程中,高职院校的当务之急就是构建系统性创业发展机制。在开展创业实践教育过程中,笔者认为应该将高职院校、学会、行业组织、政府等多种力量整合到一起,在一致目标引领下为社会培养多样化应用型人才。依靠多方力量和协作机制,在政府、行业组织等力量推动下多头并举,明确各个责任主体在其中发挥的作用,发挥探索精神,追求育人新途径。要想提升学校、政府和社会等多股力量的凝聚力和作用力,一方面需要具备相应的创新意识和创业精神,另一方面还需要构建"三位一体"创业实践体系。在该体系中,政府应当发挥主导作用,在高职院校创业实践教育中做好领导工作。该项教育关乎大学生自身的利益,关系到改革发展后备力量储备。因此,各级政府必须认真践行相应的职责。政府在推出多样性创业优惠政策基础上,还要为广大创业大学生提供必要的创业环境,为未来的"大众创业,万众创新"新格局做好顶层设计。在该体系中,作为实践主体的企业和社会应当整合资源。高职院校创业实践教育应该通过相应措施强化企业参与性。企业作为该机制建设的最直接受

益者，在整个创业实践体系中是最重要主体。只有调动企业在该体系中的积极性，构建创业实践教育平台，增强校企联合的目的性和全员性，才可以真正达到高职院校创业实践教育最终目标，也才可以填补社会对高层次专业人才需求的巨大缺口。在该体系中，学校作为创业实践教育的核心应当夯实基础。

高职院校是创业实践教育活动的组织者和引导者，学校应该根据社会和企业需要开展针对性教育，并在市场经济检验下不断提升教育质量。高职教育需要利用每一份优势，打造品牌化创业实践教育课程，同企业构建生态性互动机制，让创业实践人才符合社会和企业需求，助推创新驱动战略高速发展。创业实践教育作为一项系统性教育工程，其作用的发挥离不开成熟教育体系的支撑，这也是提升高职院校主导作用、强化政府政策保障作用和巩固社会支持作用的要求。打造"三位一体"的创业教育实践系统，保证创业实践教育体系的多方互动和开放性，保证创业实践教育环境不断优化，依靠系统性教育活动促进大学生创业能力的稳步提升，让创业教育真正在高职院校落地生根，并成为高职院校培养创业创新人才的一个品牌形象。

三、建立校企一体化教育机制

建立校企一体化教育机制就是在不同链接点上找到相通连动的内因和外因。校企一体化中专业链与产业链、课业链与技术链、能力链与人才链就是"一体化"的连接点。专业设置的重要依据是区域行业产业人才需求的动态和趋向；专业知识和课业体系的安排则参照企业生产的核心技术及项目生产必备的理论基础知识；综合产业与技术对人才素质的要求，根据学校的教育教学活动进而强化学生的专业技能，提高学生的动手能力。最后，高职院校与企业一体化教育机制的目标是实现利益双赢。

一方面，确保育人质量是机制构建的重要目的，同时要为合作企业提供优良的服务，发挥高校人力、智力、技术、科研等优势，为合作企业排忧解难，获取更好的生产效益。

另一方面，合作企业在保证计划生产和利润的同时，也应和学校共同担当育人的责任，为了技能型人才培养在一定程度上可以会牺牲一些企业的利益。关于高职校企一体化教育机制要素方面的论述，有学者提出五大关键要素，即产业要素、行业要素、企业要素、职业要素、实践要素，它们是中国特色的职业教育必须融入的五大要素。

高职校企一体化教育机制的操作体系将五大要素类归于两大生态系统，即学校教学性生产生态系统和企业生产性教学生态系统。在本机制教育性主导理念下的校企一体与一般校企结合的区别就在于学校的专业实践教学，甚至校内的专业性实训教学是在生产过程（或模拟性生产、拟景式实验）中完成的，使专业性与生产性紧密结合在一起。这种变革充分体现了教育机制项目化的特征，实现了专业教学实践与专业生产实践的链接。所以，本机制被称为教学性生产生态系统。另外，在本机制下，因学校服务的介入和企业自觉分担育人职责的履行，企业的生产性与学生学习性生产在内容和形式上达到了高度统一，使生产职能增加了教育性，在同样的产品中注入了不同的内涵，形成了生产性教学的新模式。这是与一般企业生产的重要区别。所以，此机制被称为生产性教学生态系统。两个生态系统的教学生产与生产教学机制既有联系又有区别，如图4-1所示。

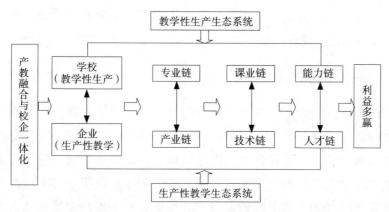

图4-1　产教融合与校企一体化教育机制

校企一体化的教学与生产两个生态系统的次系统呈链状结构，而且两者间的链接点也相互联系和相互作用。由图4-1可知，产教融合与校企一体化机制运行的最终目的是达到学校、企业利益多赢。首先，校企一体化的基础平台是学校和企业，相互联系的特征是教学性生产和生产性教学。在各自体系的构成上，次生链有明显的差异，如生产性教学融通于企业生产系统之中，而绝费为了改变企业的生产性质。因此，企业的生产是特定的、具体的，由此分化出众多的行业或企业，构成同类或他类的产业集群和产业链。确定了产业后，随着产品生产环节的分类，需要对主要技术进行分解，生产的统一性促成了相关技术的统一性，即分中有合，合中有分，生产技术链由此形成。技术表现的主体是相关的专业人才，这是企业生产生态中不可缺失的因素，以生产产品技术需求配置专业技术人才，人才链由此生成。同理，学校教学系统的内在的次生链也可分为专业链、课业链、能力链等节点，这也是由学校教育的规律所决定的。

学校专业人才培养目标需要专业及专业群来实现。当专业确定后，体现专业不同或执行专业计划最重要的载体是课业，它包括大量的学科群和活动网；职业教育课业教学的落脚点是准职业人才的培养，而专业实践教学的重点是职业能力的培养。可见，学校教育与企业生产的运行规则各有侧重，甚至存在着根本性的区别，在研究校企一体化关系时需对比引起重视。学校（教学性生产）和企业（生产性教学）通过紧密结合构造出一个包含专业链、产业链、课业链、技术链、能力链、人才链的成体系的整体性构架，在此过程中建立了完善的教学性生产生态系统和生产性教学生态系统。两大系统相互联系又相互独立，构成了一个紧密相关的产教融合与高职院校一体化的教育机制。

四、产教融合与高职院校一体化的招生和考评机制

在产教融合政策下，高职院校构建的校企一体化机制具有层次性。高职院校、企业、社会等各方面都有自己相应的位置和级别，也就是他们都有各自所属的层次，并且各个层次之间应该可以顺畅衔接，这就要求高职院校建立与之相匹配的招生考试制度。扩大职业院校招生自主权是现代职业教育发展的趋势。高职院校经过实际探索，对于不同领域的从业者，采取与其相适应的选拔方式，并为其制定不同的培养和学习方案以及灵活的学习模式，保证了校企一体化机制的层次性和开放性。高职院校要健全以产教融合为前提的考评机制，为经济生产和社会建设发展培养能从事管理、操作、服务工作的一线高端技术技能应用型人才。

当今社会，人才的就业与发展面临着激烈的竞争。在这样的大环境下，科学合理的人才培养考评机制就成为提高院校工作针对性和实效性，突显高职毕业生优势，帮助学生顺利实现就业和创业，提高人才培养质量的重

要保障。高职院校以往的人才培养考评方式比较单一，缺乏诊断性评价和鼓励性评价。另外，在评价主体上缺乏企业的参与，也缺少对行业企业考核员工标准的参考，这样就使培养的人才与行业企业标准脱节，不容易达到行业企业的标准，缺乏实操性。

基于上述问题，在构建校企一体化机制的过程中，高职院校应积极探索人才培养模式和与之相对应的人才培养考评机制，努力保证评价结果的真实性和客观性。高职院校引入企业参与评价制度，学院依托企业积极扩宽职业指导途径，了解市场的新变化、新需求，充分利用校企合作平台，主动进行信息共享，积极引入企业用人标准，从而促进人才培养与成功就业，使就业的学生免除培训，直接上岗，为行业企业降低人力资源成本，在满足各岗位需求的同时达到了多方面的互惠共赢。高职院校要细化考核程序，针对以往考评方式粗放单一的问题，要主动向优秀企业学习先进的人才管理与评价机制，根据学院实际进行升级、改造，逐步分解评价指标，细化评价程序，优化评分标准，增强考评的客观性。

第二节 产教融合与高职院校一体化平台

一、建设创新平台体系

（一）创新平台建设

高等职业教育的特殊性决定了其具有应用型高等学历教育和高技能职业教育的双重性。高职院校遵从应用型高校的办学属性和技能型人才培养的目标，肩负着社会的科技服务和高级专门技能人才培养的两大使命。显然，传统的教学方式已经不能适应当今时代的要求，让高校教育资源社会化和社会优质资源教育化产生良性互动，让产学研近距离对话，建设集真实性生产、职技实景性教学、新技术研发为一体的平台显得至关重要。

创新平台是积极发挥政府的管理职能、有效保障教育供给和引入企业参与创新协同育人的平台，它可以促进教育链与产业链的有机融合，引导教师建立跨专业、跨产业的开放式科研思维模式，开发新专业、新项目、新课程，推动产业与教育在"技术研究和人才培养"的双融合。推动复合型、创新型技术人才培养可以为地方产业发展提供技术支持和人才支持。在产教融合政策下，校企共建实训基地、引厂驻校、大师工作室、交通工程技术中心平台等共同构成了创新平台体系，相互渗透，互为支撑，互为动力，呈现出科学研究、技术研发、管理与制度创新的新形态。下面就产教融合与创新平台体系的关系进行分析。

（二）产教融合是创新平台体系建设的前提原则

《现代职业教育体系建设规划（2014—2020年）》在"基本原则"中明确提出了产教融合在现代职业教育体系建设中的地位和作用，要坚持走产教融合的发展道路，同时要有力地推动职业教育融入经济社会发展和改革开放的全过程，在专业设置与产业需求、课程内容与职业标准、教学过程与生产过程等多个层面和多个角度实现教育与产业的有效对接，将推动技术进步与变革生产方式作为职业教育的重要任务之一，以职业教育的"职业"属性，积极促进经济的提质、增效和升级。创新平台体系建设就是有效整合高职院校、行业企业资源，保持实训平台设备设施与企业技术的同步更新，以深化产教融合为着力点，以产教深度融合平台建设为依托，将校企协同育人贯穿于教育教学改革全过程，切实增强高职院校学生实践和创新创业能力，全面提高技术技能型人才培养质量和高职教育服务能力。

（三）产教融合是创新平台体系建设的制度主线

《现代职业教育体系建设规划（2014—2020年）》同时提出，产教融合是现代职业教育体系建设的主线，基于此，创新平台体系的建设应当是多元主体的共同责任，各级政府、行业、企业、学校和社会各方面将共同参与平台体系的建设，推进产教融合在创新平台建设中的贯穿和落实，特别是通过制度的创新，积极为创新平台的建设提供制度保障。政策必须适应环境变迁的方式，也不排斥政策对环境的能动性。职业教育作为社会分工后的产物，其政策必然受到社会宏观政治、经济的影响。从历史上看，无论是国家本位还是市场本位，政府关于产教融合的政策范式在很大程度上影响着产业部门对职业教育的认可度，尤其是对职业院校人才培养质量的认可度。政策范式的不对称则会使产教融合过程中两者的有效衔接陷入困境。相反，政府通过合理的政策准确引导产教融合的进行，则有助于实现教育供给的升级换代，满足经济社会发展的需求。

（四）产教融合是创新平台体系建设的政策导向

《现代职业教育体系建设规划（2014—2020年）》明确提出了产教融合在现代职业教育体系建设中实施路径，成为现代职业教育体系建设的重要政策导向。例如，在规划上要跳出就教育而论教育的思路，须将职业教育纳入产业发展和城乡建设规划。这就确保了职业教育与产业将在规划阶段就奠定融合的基础。在此基础上，根据区域经济和社会发展的需求，运用科学的方法去预测经济社会发展对各类人才的需求，职业教育准确对接这些需求，构建适应区域经济社会法制化、区域产业结构化的职业教育层次；在职业院校内部，课程建设与实训基地建设应当与技术进步相适应，适度超前储备新兴产业急需人才。同时，紧扣人社部门以及相关行业组织联合发布的年度分行业、分岗位的人才就业状况和需求预测，建立起专业动态更新与预警机制，处理好教育与产业发展之间的关系，最大限度地为产业发展提供人才保障与技术支持。

新建的城市以及城市的新区和各类产业集聚区应当科学规划职业教育的布局和相关专业的布局，统筹教育和产业资源，推动产教融合发展。职业教育与产业发展之间的关系与生俱来，其源于社会分工的需要，也与分工的专业化发展息息相关。但是，专业化分工在一定程度上使教育与产业之间产生了"裂痕"。因此，在产教融合的趋势下，拉近两者的距离，并在新的发展阶段重新促进两者的融合，仅靠两者自身的努力显然是不够的，因而必然需要一股社会力量的推动来促进这个融合。在这股社会力量中，首要的则是政府与相关部门的政策支持，这是产教融合不可或缺的主导推动力。职业技术学院创新平台体系建设项目就是在此基础上孕育而生的。

二、成立创业学院，开展创业教育

成立创业学院是学院普及创新创业教育的又一创举。创业学院不仅对全院学生普及创业知识、培训创业技能，还通过自愿报名原则，每学期面向全院学生招收有创业意向的学生进行系统培训。例如，创业学院每学期招收两个班级的学生，每期人数在90人以上。每期学员的学习周期为16周，约76个课时。课时一般安排在每周三晚上和周日上午、下午。周三以课堂理论教学为主，周日以创业实践课程安排为主。由校外企业家、杰出校友及本院有经验的教师组成讲师团，进行理论和实践课程教学指导工作。学员需要进行考核,成绩合格者可获公选课 4 个学分,学员及团队的考核成绩将作为团队创业项目入驻创业园区的主要参考依据。

学院积极推进创业就业教育课程改革和创新,创业就业教育课程逐渐趋向多元化。高职院校所使用的教材有时候是需要学校授课教师亲自编写的,编写教材的重点着眼于高职生就业与创业的需要,分别从职业文化、职业心理、职业技术、职业能力等方面实施就业素质培养,帮助学生了解就业创业的有关知识;发展自己的职业认知、职业能力、职业兴趣和个性特长,树立高尚的职业理想和正确的就业创业观念;培养良好的职业行为习惯,提高自己的综合素质;克服在就业创业时存在的盲目性,自觉根据社会需要和个人特点,顺利就业或自主创业。

通过创业园区建设,搭建创业创新服务平台。学院与当地政府、行业协会、企业、新闻媒体及时沟通,整合各种社会资源为创业教育服务,推动大学生创新创业的社会环境建设。创新驱动社会服务以院办产业和科研机构作为创新主力,积极推动"产学研市"结合,不断提升服务创新驱动发展战略的能力。推动体制机制改革,以高校社会化服务、政府咨询服务、技术研发推广服务、文化创意引领、科技产业园区等形成社会服务链,提升高校直接服务经济社会转型升级的实力,从"跟着企业走"变为"引领企业走",主动对接区域社会经济,推动区域协同创新发展。

教学、生产同时进行,要求学校的实践教学计划及安排要结合企业的生产;企业安排学生的实践岗位要尽量考虑与实践教学的计划和内容相联系。技术资源共享就是强调高职的人力、智力、研发等优势与企业的生产、技术、市场化等优势充分整合,使之成为教育与生产共享的资源。课程体系共建就是把专业课程与具体的专业核心能力结合起来,专家与行家共同为学生制定课程。

引领教学的校企双方的专业队伍共建是优势互补、资源共享的重要体现,让合作专业的教师成为企业的技术顾问和新产品研发的骨干,让企业的技术师傅成为学生生产实践的指导教师,从而提升校企双方专业团队的实力。校企利益共赢是一体化所追求的最终目标。在合作目标确定后,需要对合作的实质内容进行分解,其中"四化"要求不能忽视。"四化"指的是课程范式项目化、课程组织多样化、课程实践生产化和课程成果产品化。课程范式项目化强调实践课程要将专业性融入相关的专业生产项目之中,以专业生产过程的关键知识、核心能力安排实践课程。课程组织多样化强调实践教学并不排斥传统的课堂教学模拟性的实训教学等，倡导课程组织的灵活性、多样性。课程实践生产化强调专业的实践课程要突出专业生产的知识特性和技术特性，尤其在真实的生产过程和生产环境中，培养学生的专业技术及应用能力是最关键的要求。课程成果产品化是校企一体化实践教学绩效评价的特殊要求，因学习是真实产品生产中的学习，实践性产品的质量将是评价学生学习态度和知识应用及迁移能力的重要指标。

创新创业教育流程的最后层级是检测和评价。本流程依据学习主体、合作主体间的"满意"程度从四个维度建立评价体系。学生满意度是最核心的标准，是整个流程的重中之重。流程也考虑到校企一体化的多面性，提出了校企合作双方的满意度评估。另外，高职院校同样肩负着重要的公益服务的社会职能，校企一体化的效应不仅作用于相关联合体之间，还不可避免地会产生社会辐射及先导作用，放大高职院校社会公益服务功能，让更多的行业企业同享高校的优质资源，这是社会满意度的意义所在。

第三节　产教融合与高职院校一体化教学建设

一、多功能产教融合基地的运行机制建设

产教融合基地本身兼具学生专业实训、社会服务和创业素质教育三项功能，因此，社会对其运行与管理提出了较高的要求。

（一）建设合理的组织队伍

高水平的管理队伍与业务素质过硬的师资队伍是产教融合基地运行管理机制实施的组织与人员基础。高职院校应当遵循行政主管部门相关产教融合的规定与要求，坚持校企双方合作管理、协同育人的原则，设置由参与各方相关人员组成的管理机构，分为决策、执行两个层次。其中，决策机构可采用董事会、理事会或管委会等形式，执行机构针对基地的三重功能具体设置相关管理部门。对于基地的各级管理人员，要求其熟悉生产经营、专业实训、创新创业教育三种业务，兼备三重管理能力，为建立适应基地复杂情况的高水平管理队伍夯实基础。对于在基地承担任务的教师，

包括部分优秀企业员工担任的兼职教师，因为兼具技能岗位师傅、实训课程教师、创业导师三重身份，要求其练就、提升多重本领，将自己打造成胜任多重岗位的复合型教师，使自己具有过硬的业务素质。组织机构兼具三重管理任务，管理队伍兼备三重管理能力，教师与部分企业员工兼备三重本领，相互之间形成强大合力，为多功能基地的运行与管理夯实了基础。

（二）构建利益驱动机制

在多功能产教融合基地中，学校的主要目标是育人，企业的主要目标是盈利，合作双方的目标并不完全一致；管理人员、教师、部分员工承担了过多的任务，这些必然对多功能基地的运行造成障碍，若要根本解决，必须构建并实施利益驱动机制。对于高职院校，不参与利润分配，但以基地名义获得的专利、奖项等知识产权或荣誉，保留与企业的分享权力；对于企业，除优先向其推荐基地培养的优秀毕业生、拥有专利等知识产权的分享权力之外，盈利全部归其所有，若多家企业共同参与，依据出资份额进行分配；对于教师，除享受学校正常待遇之外，按实际履行的岗位职责及完成的工作量另外发放津贴，承担生产、经营业务的由基地核发，承担实训教学、培养学生创新创业素质任务的由学校计算教学工作量；对于管理人员以及兼职教师，按照教师标准执行；对于实习学生，除了不交养老险、生育险、住房公积金之外，享受见习员工待遇，若在基地承包经营项目或从事创业活动，所得归其所有。

二、高职院校产教融合机制建设的主要内容

（一）建立产教融合的法律法规体系和操作层面的机制政策

在"十三五"期间，国家出台了鼓励和支持校企产教融合的法律法规。地方政府要依据法律和法规，建立产教融合的地方政策体系，增设可以统筹职业教育与行业企业这两个社会组织机构的行政管理部门，负责制定相关政策法规及其实施细则，并对产教融合相关制度的执行进行监督，指导职业院校与行业企业交流合作，评价各单位产教融合项目实施情况。在实际工作中，对参与职业教育成效明显的企业，在政府的社会服务项目招标中会被优先考虑；对企业产教融合行为，进行明确的政策支持并给予相应的奖励和税收优惠；对高职院校实施产教融合绩效的拨款方式，督促与保障产教融合的教学质量和社会效益，为产教深度融合提供保障。

（二）构建行业参与产教融合的沟通对话机制

强化各级政府、行业主管部门、行业协会等对企业和高职院校产教融合工作的指导，帮助他们解决产教融合过程中的重点和难点问题，政府、行业企业、高职院校等相关单位定期开展沟通对话活动。在对话活动中，将产教融合过程中的政策、资金、项目诉求传达给政府；将行业企业的人才需求、产业新技术发展等实时传递到高职院校，促进高职院校更新专业教学标准和课程内容；将学校的人才培养数量、规格、技术研发和积累的成果传递给企业，促使产教双方在人才培养、产品研发、技术革新、成果转化、文化创新等方面的项目合作，并利用高职院校信息网络技术的优势，在高职院校建立产教融合信息平台，服务产教双方不同的需求。

（三）构建校企一体的创新机制和实验教学机制

政府应支持校企合作双方进行技术研发及人才培养的项目，并给予校企双方一定的资金支持。同时，高职院校要联手骨干企业建设面向行业企业的创新服务体系，共建功能集约、资源共享、开放充分、运作高效的技术或产品研发中心和实践基地，引领区域企业生产，解决应用型人才实践动手能力培养的问题，为企业生产提供更多的直接技术支持。高职院校还要充分发挥自身较强的科研能力，将其运用于企业产品的改造、升级以及新产品研发中，缓解中小微企业缺乏创新精神以及科研能力的现象。总之，高职院校要积极与企业建立在技术研发、成果转化、平台建设、项目申报、实习实训、毕业生就业等方面的长效机制，使产教融合的企业得到持续高质量的发展。

（四）构建面向行业企业的专业机制

产教融合将促使行业企业参与到高职院校教育教学的全过程中，发挥行业企业在专业建设中的主导作用。通过产教融合，推动高职院校专业建设适应新技术、新产业发展的需要，建成紧密对接产业链、创新链的应用型人才培养专业体系，建立科学的动态调整和优化专业的机制，打造一批有特色、产业链急需的应用型、复合型专业群。另外，要通过产教融合，促进专业教育和创业教育有机结合。比如，校企共建大学生创业孵化基地和创新创业训练项目，通过合作开展多种形式的技术技能竞赛，努力提升学生的创新创业能力和技术技能水平，达到培养目标。

（五）建立产教融合的高职院校人事分配机制

通过实施"互聘共培、双岗双薪"，促进企业技术人员参与专业技术人才的培养，让他们承担"教学企业"的实质工作，实现教学与一线生产技术相融合的目的。在产教融合机制建设中，高职院校要突破以身份管理为基础的人事分配制度，建立校企相互融通的、绩效型的岗位分配制度，使教师和企业技术人员无论是在学校还是在企业都有相近的收入。这样才能持续地将企业的顶级人物引入学校，学校的教师才能真正走出学校，服务于社会和企业。

（六）建立产教融合的高职院校内部管理机制

通过转变高职管理者的思想观念，适度增加高职院校的商业元素，尝试使用一些商业运作手段，鼓励企业和公办高等职业院校合作建立适用公办学校政策、具有混合所有制特征的二级学院。鼓励专业技术人才、高技能人才在高等职业院校建设股份合作制工作室，使产教融合的股份制二级学院享有充分的人权、财权和事权。在产教融合发展中，高职院校要围绕行业企业的人才需求和技术需求，不断地调整和完善内部管理机制。同时，要根据自己在地理方位、教师结构、服务行业企业等方面的情况，形成具有行业特色的办学模式，建立现代职业技术型的大学治理机制。

（七）建立高职院校产教融合的教学运行机制

高职院校的各专业群要针对不同产业、不同类型企业的不同需要，建立不同的产教融合机制和内容。高职院校要建立符合行业企业生产规律和学生职业生涯发展规律的产教融合教学模式，打破原有的学期制和固化的课程周学时制，建立弹性学制和"工学交替"的课程教学周活动计划机制；要充分利用专业优势，建立大学生创业园、科技园和产教园，将学生在园区的工作绩效纳入学分管理体系；要鼓励企业进驻校园，和学生社团联合从事经营活动，使学生了解行业企业实际经营的过程，寻求校企合作的新模式。

（八）增加对产教融合的宣传机制

要加强社会舆论的正面引导，为高职院校产教融合提供舆论方面的支持。相关的地方政府和学校网站要设置产教融合发展动态、优秀产教融合案例、优秀专业技术人员、优秀高职毕业生、地区工匠、非遗项目及非遗传承人等栏目，转变社会对技能技术型人才的认识，提高技术技能型人才的社会地位，持续提高职业教育技能技术人才培养的质量，不断夯实高职院校和行业企业的合作基础，深化产教融合。

（九）建立职业学校的专业设置机制

职业教育是面向社会培养应用人才的教育，其具有外生导向性，专业设置必然会遇到专业设置风险与专业周期风险。因此，职业学校一方面应采用"分布决策、阶段教学"的专业教学组织形式降低风险；另一方面要特别重视校企合作，使企业在专业设置决策中发挥出重要的指导和信息咨询作用。例如，我国职业院校应借鉴国外经验，在课程开发和专业建设中兼顾各方的利益，课程设置需要以就业为导向，并兼顾学生的能力培养与未来职业生涯发展。学校一方面可以引入订单人才培养机制，这既有利于学生就业和降低专业风险，又有效构建了校企间的供需共赢。除了直接面向具体企业的订单培养外，还可以采用面向行业企业和区域的模式，使职业教育专业和课程设置具有应用性和实用性，从而满足企业对于高级专业性人才的需求；另一方面要做好基础课和专业课建设，为学生的全面发展负责。除了确定就业导向的订单培养外，职业学校更多地还是在开展非订单教育，此时院校要加强专业建设，形成特色品牌优势，以此来增强学校的吸引力。职业学校非订单专业的设置与建设也一定要以社会需求为导向，主动适应地方产业经济发展和产业结构，同时协调好专业稳定性与市场变化之间的关系。专业特色要做到专业设置同区域经济结构、产业发展相结合，满足区域经济发展需要。在课程改革中，要准确反映劳动力市场变化趋势，为社会提供专业结构恰当的高级应用型人才。因此，学校不仅要让企业参与到学校研究和制定培养目标、教学计划、教学内容和培养方式等工作中来，还应引导产业部门一起将培养目标落到实处，共同做好人力资源有效开发的工作。

三、"五学—六位"互动教学模式的构建

"五学—六位"互动教学模式，即"导学—督学—自学—辅学—互学"的五学混合网络学习方式与"赏—教—学—做—创—评"六位一体的课堂教学方式的互动教学模式。把教师的"教"建立在学生的"学"基础上，真正实现"以学生为中心"，促进整体教学质量的提高。

（一）五学混合网络学习平台的构建

系统化设计的网络学习平台不仅可以帮助学生进行在线的自主学习，还可以作为课堂学习的有效补充辅助课堂教学。网络学习平台建设要强调以学生自主学习为中心，同时伴有学习平台引导学习、教师监督学习、学习资源辅助学习、师生互动学习，充分体现"导学—督学—自学—辅学—互学"的五学混合网络学习方式。导学——学习平台引导学习。学习平台导航栏目要清晰，教师可以利用导航栏目直接引导学生学习。督学——教师监督学习。教师可以直接在学习平台监控学生的学习进程，查看学生登录次数、在线时间、资源下载与浏览情况、发帖、回帖等，能有效监督学生学习。自学——学生自主学习。课程资源应包括课程标准、教学设计、电子教材、多媒体课等。辅学——学习资源辅助学习。教师为学生课程学习、专业学习提供辅助教学资源平台。互学——师生互动学习。利用班级空间、在线提问、交流论坛、作业与考试、微信公众平台、微信交流群等平台，实现师生、学生之间互动交流、相互学习。

例如，效果图制作项目。赏——案例欣赏。学习开始时，师生共同欣赏优美的效果图或者身临其境地感受三维动画，双方分析探讨效果图的制作流程、软件类型、空间构图以及色彩搭配等，在美的熏陶中，激发学生学习效果图制作的兴趣，以此来增加学生和教师之间的互动，也使学习效果得到很大的提升。

教与学——模仿操作训练。采用案例教学法与任务驱动法，给定一张效果图，教师演示所运用的命令与操作方法。操作示范完成后，让学生同步模仿完成类似的效果图制作，当场消化本次学习的知识技能，教师现场进行辅导和答疑。做——自主操作实践。教师给定素材，由学生根据所学知识和技能自由发挥，完成项目，提高学生独立操作能力。该训练模式主要在第二课堂完成，教师主要通过网络学习平台进行辅助教学。要求学生上传作品到网络学习平台，师生共同点评或学生互评作品。创——项目实战训练。教师直接承接公司项目，要求学生根据客户需要完成效果图制作，一方面可以达到学以致用的目的，另一方面可以让学生积累实战经验，提高综合能力，从而实现零距离上岗。该训练主要在实训室完成，采取模拟公司制，结合专业的"分层教学、优生优培"方式，强化优秀学生的培养。评——项目评估与总结。采用学生自评、互评与教师评价相结合的形式，以提高学生的团队协作能力、人际交往能力、分析表达能力和审美水平等。同时采用过程性评价与终结性评价相结合的形式。

课程设计方面，合理化采用基于企业的"岗位任职要求"与"效果图制作流程"设置教学项目，根据行业企业发展需要和完成职业岗位实际工作任务所需要的知识、能力、素质要求选取教学内容，全面而准确地理解"工学结合"的办学模式，从课程的实际出发，采用模拟公司制。通过案例分析、任务驱动、角色扮演、知识迁移、团队协作和竞争意识等的训练，提高学生的就业竞争力和社会适应性。在课程教学的同时，教师可以利用第二课堂成立效果图制作中心实训室。学生可以在教师的引领下承接项目，真正实现与企业的"零接轨"。

（二）教学手段多样化

"五学—六位"互动教学模式采用课堂教学与网络教学相结合的形式，针对重点和难点，创建基于翻转课堂的微课堂，强调"以学生为中心的分层教学"。课堂教学按照"赏—教—学—做—创—评"六位一体的教学方式实施。网络自主学习时采用"导学—督学—自学—辅学—互学"的五学混合网络学习方式，每个学习小组4个人，采用旋转木马法和小组合作学习法相结合的形式，合作完成各项学习任务。同时加强对优秀学生的培养，采用分层教学和优生优培的方式，充分利用第二课堂提高优秀学生的创新能力和综合素质。

（三）考核评价多元化

"五学—六位"互动教学模式采用过程性评价和终结性评价相结合、知识技能考核与职业素养考核相结合、教师评价与学生评价相结合的多元化考核评价方式；同时根据不同学生的实际情况采用分层次考核方式。另外，教师特别强调学生对网络学习平台的使用评价，希望每一位学生充分利用学习平台自主学习，每一次登录、点击、下载、作业、发帖都会成为最终考核评价的一部分。

（四）课程资源立体化

"五学—六位"互动教学模式构建了全方位、立体化的网络课程教学资源，课程标准、教学方案设计（包括重点与难点、教学活动项目设计表、课程进程表、整体教学设计和单元教学方案设计）、选用教材、考核方案、PPT课件、电子教材、课程录像、景观图秀、素材资料馆等教学资源全部可在网上浏览和下载，任何学生在任何时候、任何地方都能借助网络进行自主学习，不受时间、地域的限制，学习有更高的自主性。另外，课程网站提供了软件学习视频、工学结合、设计空间、考证指南等多种学习内容，学生既可以学习结构性强的知识体系，又能够接触大量的专业信息资源，了解行业与专业最新发展动态，有利于培养终身学习的能力。

根据校企合作中暴露的各种问题，在借鉴其他国家先进经验的基础上，从校企间供需共赢关系的角度出发，对其合作机制进行了理论分析，并对其实现路径进行了研讨。从宏观——政府与社会、中观——校企合作协调机制、微观——职业学校内部管理方式三个角度去研讨如何构建以供需共赢为基础的校企合作机制问题。在市场经济条件下，职业院校与企业能否实现深层合作，取决于双方在供需交易环境下能否达成利益平衡点。因此，必须营造一个有利于校企合作开展的利益协调、管理机制，其中包括建立校企合作协调机构和建立校企合作管理机制，要充分发挥行业协会组织的推动作用，最终推动产教融合与高职院校一体化教学的建设。

四、建立校企合作协调机构

要保证校企合作顺畅运行，必须建立起包含政府参与的由学校和企业组成的校企合作协调机构。

在国家层面，建立由学校、企业、政府等人员组成的"校企合作规划发展委员会"等类似机构，协调教育、劳动、人事、经济等相关政府部门，负责校企合作相关学校发展战略、专业课程建设、校企合作监管和激励机制建设等工作。同时，还可对校企合作成果进行评价，协调各方的关系。

在社会层面，考虑构建校企合作社会中介机构，由中介机构负责搜集学校和企业对于校企合作的需求信息，为校企合作牵线搭桥；为校企合作提供法律咨询服务；派出专业人员参与校企合作，协调各方利益，调节矛盾。校企合作的社会中介机构以市场需求为导向，根据校企需要适当参与工作。

在学校层面，组建校企合作委员会，由与校企合作相关的专业教师、学校管理人员、企业技术人员和企业管理人员组成。校企合作委员会管理校企合作项目，共同制定校企合作中的人事安置制度和校企合作章程，共同参与编制人才培养方案、进行课程设置和教材开发、开展理论和实践教学、组织科研攻关等。校企合作委员会使校企间达到充分了解和协商，避免了企业追求利润和学校发展之间的冲突，从而调节和解决双方在合作过程中出现的有关问题。企业生产秩序的维护、学生实习薪酬的支付、实习的连续性和安全保障以及产业结构调整带来的学校设置专业的适时调整等问题和矛盾得到了有效解决。构建校企合作管理体制和建立校企合作管理机制必须改变原有职业院校在校企合作、人才培养中的一元主导地位，提升企业作用力，形成校企共同驱动管理的良性机制，使校企合作委员会在学校事务管理中的作用发挥到实处。

五、产教融合与高职院校一体化建设措施

现在教学发展的水平很高，发展速度也很快，学生、教师、学校三方面都要跟上时代的步伐，创建符合时代水平的产学结合的一体化项目，突破自身局限性。在发展过程中，我们会遇到很多的问题与障碍，要不畏艰辛，勇往直前。对于当前产业发展与高职发展之间"产学结合"的困境和学校专业与行业职业分裂、学校课程与专业能力培养不匹配、学校知识体系与行业人才诉求不协调等问题，我们可以通过构筑合作创新平台，发展行业新技术、行业新科学、行业新集群，开发新课程，设置新专业，建立新质量体系等措施进行解决。以基地为平台、产业为先导、企业为主体，充分发挥市场机制，紧扣专业特点与发展规划。构建"服务"与"培养"之间的平衡，创新内在"产学结合"机制，破解职业教育"冷热难题"（校企合作一头热一头冷，工学结合两张皮），促进转型升级，提高人才质量。

在产教融合模式下，企业与院校通过联合办学实现生产与教育一体化，有利于促进企业生产管理能力、院校人才培养能力和学生实践能力的提升。产教融合从根本上解决了人才培养与企业需求、学习与工作、教学与实习之间的问题，使高职院校与企业可以进行良性互动、互惠互利。高职院校与企业要想顺利实现产教融合需满足以下三点要求：第一，高职院校应优化专业布局。当区域经济结构进行调整、产业进行升级时，高职院校的专业建设也要进行相应的调整。第二，高职院校的教学内容应与职业标准对接。高职院校应基于行业企业对岗位技能的需求调整课程体系与教学内容。第三，高职院校应打破传统教育观念，将提高学生实践能力作为教育教学的重要目标。

在产教融合与高职院校一体化教学建设过程中，以"学园城一体化"

创业教育平台的建设和"金字塔"式的创业教育体系建设为典型案例。学院与当地政府、行业协会、企业、新闻媒体及时沟通，整合各种社会资源为创业教育服务，通过创业课程建设、师资培养开设大学生创业公共课等，形成专业与科技结合的创业实践教育体系。产教融合与高职院校一体化教学建设的有效措施是成立创业学院，开展常态化创新创业教育。成立创业学院是学院普及创新创业教育的又一创举。创业学院不仅对全院学生普及创业知识培训创业技能，还通过自愿报名原则，每学期面向全院学生招收有创业意向的学生进行系统培训。

通过创业园区建设，搭建创业创新服务平台。学院与当地政府、行业协会、企业、新闻媒体及时沟通，整合各种社会资源为创业教育服务，推动大学生创新创业的社会环境建设。校企一体是教育办学主体、生产经营活动主体和独立法人主体的统一体。三个主体根据职业教育与企业生产的运行规律，通过市场契约确保有机融合。以产权和市场为纽带，构建利益共享机制。"产权＋市场契约"是高职院校产教融合一体化建设运行保障机制的关键词，其内在要素是利益共赢机制。产权纽带包括两种类型：第一种是企业办学校，如由企业办学校引申而来的学院与主办单位集团所属产业企业的合作，以培养高技能人才为目标，共同进行与之有关联的相关专业建设，并开展订单培养、在职培训，建立顶岗实训基地等；第二种是学校办企业，因国企改制解困、产业转型升级需要，学院投资拓展一些与专业相关度大的优质资产，形成"教育＋科技＋文化创意"的现代服务业形态。在我国职业教育发展轴线上，工学结合的路径大致经历了以拟景模拟为形式的校内工学结合和以真实性生产为特征的校外工学结合两种形态。这两种形态都从不同的角度诠释了产教融合与高职院校一体化建设的优势，是适应社会发展的必然趋势。因此，可以大力推广。

上述措施的结果表明职业教育工学结合校内外两种机制的运行彼此是不可替代的。如何整合两种工学结合的机制，建设一个有机地把教学性工学与实践性工学结合起来的基地？这正是学院三大园区的创意与使命。学院三大园区指的是知识产权服务园、省级创意园和省级国际服务外包示范园三大园区，本书后面也会提到三大园区的建设，这里就不再重复赘述。这三大园区的建设是实现产教融合的有效措施，是值得所有高职院校在实施产教融合方面大力推广和学习的。工学结合约定市场契约化。不管职教集团成员单位之间或校企合作双方是否存在产权纽带关系，均以市场契约（协议）约定学校、企业在园区化工学结合人才培养中的权利和义务。制定的《通过"三大园区"建设提高人才培养质量实施方案》作为园区化工学结合全面推进的纲领性文件，使园区的教学功能得到不断深化。例如，每个园区与入园企业签署的协议书中都明确要求企业参与学院的教学改革、课程建设、产学研合作、实践实训、创业就业等工作。各教学部门每学期聘请三大园区50名专业技术人员承担教学任务，每个园区至少开办一个辅修专业，参与教学过程。契约保证了兼职教师队伍的稳定性和对教学工作的责任感，推动了教学改革。

高职院校产教融合一体化建设还体现在"学园城一体化"模式建设上，学园城一体化是现代社会形态的重要特征之一。通过多年实践，按"三维"架构搭建"学园城一体化"协同创新模式。

学院与当地政府、行业协会、企业、新闻媒体及时沟通，整合各种社会资源为创业教育服务，通过创业课程建设、师资培养、开设大学生创业公共课等，形成专业与科技结合的创业实践教育体系，形成"金字塔"式学生创业型人才培养模式，如图4-2所示。即从全面普及创业基础知识教育到创业团队和创业精英的培养，并依托校办产业，打造一批有市场前景和带动效应的学生创业团队。

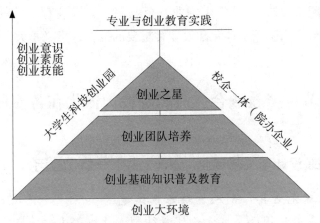

图4-2　"金字塔"式学生创业型人才培养

立足市场，举行中小企业创业项目加盟会，依靠学院科技服务中心，加大对学生科技创业成果转化的支持力度。学院发挥校企联合改制的独特优势，通过有效措施，使企业实现"校企一体"办学，形成了独具特色的"金字塔"式学生创业型人才培养模式。"金字塔"式学生创业型人才培养模式注重对创业指导师和创业专职研究人才的培育。"金字塔"式学生创业型人才培养模式的最基层是进行创业基础知识普及教育，只有先做好基础知识的普及教育，为实现专业与创业教育实践的最终结果奠定好基础，才可以进行创业团队的培养，这样形成的团队效力更强大，团队中每一个个体的基础都很扎实，最后是创业之星的培养。在"金字塔"培养的过程中需要建立大学生科技创业园，并且需要校企一体（院办企业）的积极参与和强大支持，在"金字塔"式学生的创业培养过程中，不断提高学生的创业意识、创业素质和创业技能。这就形成了将产教融合与高职院校一体化建设有效结合的创业大环境。

在创业教育实践过程中，教师发挥着领路人和带头人的作用，建立并开通了大学生创业网，利用网络平台开展创业宣传和创业培训。在网站开通后，每年都会有大量人次的点击量。其中，多位教师通过学术性进修、技能型培训及实践性挂职锻炼等，提高了对大学生创业创新的指导能力和研究水平。学院园区中不仅有来自海外的归国创业者、国内的行业领军人物，还有学生创业团队。在教师的带领下，学生开设的创业网使更多的学生、社会团体、学校和企业参与进来，更积极地带动了产教融合与高职院校的一体化建设，实现了学生创业、企业用人、学校育人等的有机结合，是产教融合与高职院校一体化建设非常重要的措施，意义重大。

第四节　产教融合与高职院校一体化在各专业的应用

一、服装设计与工艺专业"双元七共"一体化应用

（一）"双元七共"制人才培养模式概述

学校创新办学思路，探索现代学徒制人才培养模式，实行进厂办学，在企业建立"厂中校"，把课堂建在车间，依托企业技术和设施、场地等资源优势培养人才，实现优势互补、资源共享和合作共赢。服装设计与工艺

专业形成了比较完善的"双元七共"现代学徒制人才培养模式，实现了教育与产业的深度融合，为促进产业转型升级提供了有力的人才保障。

"双元七共"人才培养模式中的"双元"就是学校和企业共同参与人才培养的全过程，都是人才培养的主体，双主体育人；"七共"就是校企共同开展招生招工，共同制定人才培养方案，共同建设教学团队，共同建设实训基地，共同实施教育教学，共同建立人才质量评价体系，共同安置就业，对人才培养进行"量身定制"，提高人才培养质量，提升职业教育服务产业发展的能力。

（二）"双元七共"人才培养模式在产教融合中的应用

共同招生招工是以企业人才需求为基准的，应建立服装设计与工艺专业现代学徒制班，共同研制招生招工方案。企业提供招生招工标准、数量，学校负责招生宣传、组织报名，共同开展面试录取，组建学徒制班级，举行开班仪式，签订三方协议，保障各方权益。

共同制定人才培养方案是指根据服装产业人才需求和岗位能力要求，校企共同制定人才培养方案。人才培养方案主要包括招生对象与学制、培养目标、就业岗位群、人才规格和能力要求、岗位能力及对应课程、教学计划、毕业标准及职业资格证书等。

招生对象与学制：招生对象为当年初中应届毕业生，学制三年。培养目标：培养具备服装设计、服装制版、服装跟单及服装经营管理理论知识和实践能力，能从事服装产品开发及制作、市场营销、经营管理等方面工作的专门化人才。人才培养规格和能力要求：能够熟练操作服装机械，熟练掌握服装的制版、缩放技术，能运用服装 CAD 技术，能进行生产过程中简单的工艺流水线编排，熟练掌握计算机辅助软件使用方法，对服装面料具有基本鉴别能力，并对服装的流行趋势有一定的了解，具有较强的创新意识、人际沟通和协调能力。毕业标准及职业资格证书：通过公共基础课、专业理论课和相关工种理论及技能课的考试（考核），考取裁剪工、缝纫工、设计订制工、服装手工艺制作工、服装设计员、服装营销员等工种的职业资格等级证书或上岗操作证书，实行双证毕业。

共同建设教学团队：公共基础课由学校教师授课，在学校进行；专业理论课程和专业技能课程在"厂中校"进行，由企业骨干技术人员授课。学生实践和实习课程以企业安排师傅授课为主，一对三（四），实行双导师制。学校安排专业教师进驻企业，协助企业做好学生管理工作，并参加企业实践。

共同建设实训基地：根据合作协议，学校在舒朗服装服饰股份有限公司挂牌建立"烟台船舶工业学校服装设计与工艺专业教学基地"，建成"厂中校"。

共同实施教育教学，"服装设计与工艺专业现代学徒制班"教学实行学校教学和"厂中校"教学交替进行。入学前两年，学生每学期先在学校学习公共基础课程，再到"厂中校"开展专业理论和专业技能教学。学生在"厂中校"的身份为学徒。专业理论教学在教学区理论教室进行，由学校专业教师和企业技术骨干共同组织，课堂授课与专家讲座交替进行。专业技能教学在技能教学车间进行，学生学习公司的服装工艺技术，人手一机进行实训操作，由公司技术骨干担任师傅，对学生面对面地讲和手把手地教。学徒与公司员工同工、同吃、同住，作息时间、请销假、工作纪律、操作流程等生活和管理规范与公司员工一致。学徒在完成专业理论和岗位所需的专业技能学习任务后，每人独立完成公司一件裙子产品的缝制任务。每条裙子共有 60 道工序，在每道工序经师傅检验合格后，学生才能进入下一道工序，直至最后完成。公司产品质量检测部以成品标准对实训产品进行检测评价，给出分值，作为学徒考核的主要依据。学校在学生学徒期间的考核以企业考核为主。每年末，公司为学徒举办教学成果展，并邀请学校领导、教师和服装设计与工艺专业学生共同参与，激发他们勤学苦练，早日成才。在第三学年，学生在公司生产一线进行实习，熟悉和了解公司生产情况。其中，第五学期是跟岗实习，以公司带教师傅为主导，学生考取岗位技能证书；第六学期是顶岗实习，以公司带教师傅为主导，学生考取从业资格证书。学生实习期间的身份是企业准员工，按照企业管理制度进行日常管理考核。

共同制定质量评价体系与共同安置就业：校企共同构建"三维五评两线""准员工"质量评价体系。"三维"指课程学习、技能实训、企业实习三个维度；"五评"指学生自我评价、教师评价、带教师傅评价、企业评价、社会评价五个环节；"两线"指品行观念和专业技术两条主线。通过"三维五评两线"质量评价体系，对学生在第三学年的实习做出全面综合评价。在学生毕业前，由学校和公司从学生作为学生、学徒和准员工三个方面进行综合考核评价，共同对毕业生做出毕业鉴定。根据学生的性格特征、综合考核等因素，推荐学生到不同的岗位就业，签订就业协议书。通过现代学徒制培养，企业获得了稳定的人力资源，降低了新员工招聘和培训的时间、人力、物力等资源成本，实现了社会效益和经济效益的双丰收。

二、高职针织技术与针织服装专业产教融合一体化应用

（一）确立理论与实践为一体的产教融合动态教学模式

合理的教学模式是高等教育发展的保证。随着社会的发展，对人才的需求也在不断变化，传统的教学模式在一定程度上阻碍了高等教育的发展，而新的高等教育培养目标则为新的教学模式建设从理论上指明了方向，因而我们就需要培养与 21 世纪我国社会主义现代化建设相适应的具备综合专业能力和综合素质的应用型人才。在课程结构体系上，针织技术与针织服装专业教学以专业能力培养为主线，把生产实习、认识实习、校外生产性实训、课堂生产实训、课题设计、毕业设计、毕业实习等实践性教学环节和课堂教学与职业资格证书考试范围相结合，帮助学生在毕业时能够获得相应的职业资格证书。在每学期的课程上，划分出相应的岗位群，将专业课程分为几大模块，把每个模块又划分出若干个子模块，并根据需要确定每个子模块的知识点，从而进行理论与实践结合的一体化教学训练。根据实际需求，各个模块可以自由调整教学内容、教学手段以及教学方法，以实现动态教学。

由专业学院与服装企业专家、技术精英组成专业的教学、学术指导委员会，定期或不定期地探讨教学改革，把服装行业中的新动态、新设备（如服装模板设备）、新工艺、新规范、新的管理机制等纳入教学内容中，让学生尽早地接触服装行业实际生产过程，使理论与实践教学更符合现实。这就能缩短毕业生与企业的磨合期，使其尽快适应社会。这种一体化的动态教学模式培养出的高素质的复合型针织技术与针织服装专业人才才能适应社会对人才的需求。

（二）构建针织技术与针织服装专业产教融合一体化教学体系

我国高等服装教育的发展需要创新教育思想观念，树立现代教育意识，提高教学质量，通过改革来形成高等院校的办学特色、教学特色和专业特色；打破传统院校的学术型、学科型人才的划分模式，改革人才培养模式，

培养高素质的创新型、应用型人才；构建高等院校针织技术与针织服装专业课程结构体系，使针织技术与针织服装专业系统内的各要素之间的联系方式、比例关系达到平衡与稳定。目前，我国各高等院校针织技术与针织服装专业在专业课程的结构设置上，教学内容庞杂，理论知识过多，简单重复的内容较多且与生产实践的结合不足。所以，这是下一步教改应该注意的地方。这个问题的解决应该根据学生的专业兴趣点，鼓励引导学生花更多的时间钻研某一个或几个重点问题，有了专业特长，学生在就职企业后才能更快进入工作状态。

服装行业的各工作岗位对毕业生的要求是多元化的，企业不仅需要服装设计人才，还需要服装产业的技术性人才，也需要管理、策划、市场营销、造价预算等人才，涉及企业的各个环节。专业课程内容的设置要努力适应社会需求，跟上时代步伐。针织技术与针织服装专业的课程设置需要改革的空间还很大，社会对专业教师的理论和实际操作水平要求较高，提高教师的教学水平是工作中的关键。因此，需要调整高等服装教育人才的培养目标与规格要求，处理好知识与能力的关系以及理论与实践的关系，努力促进教学内容的更新，并加强学校与企业的联系。针织技术与针织服装专业人才的培养模式、教学模式的构建需要打破传统的、单一的设置，设置适应岗位群需求和注重能力的模块化教学体系。课题组认为，构建新型专业课程结构体系是针织技术与针织服装专业适应高等教育发展的必由之路。

教学模式应该是按照正确的教育理念和合理的人才培养目标，根据院校的实际情况和社会企业的需求情况，对课程结构体系、课程教学内容、教学实施过程和评价做出的整体设计，并形成具有本校特色的总体教学培养方案。

针织技术与针织服装专业教学、实践一体化教学模式就是以专业能力培养为主线，结合基本素质教育为指导思想，根据针织技术与针织服装专业人才培养的目标，对课程教学的内容、结构、过程和评价而做出的设计方案。从对在校生的调查结果来看，大部分学生还是喜欢实践类教学课程的，这一点与社会对人才的需求是一致的。

1.根据社会需要构建一体化课程结构

调查发现，针织技术与针织服装专业的就业岗位群大多是服装设计、服装生产技术、服装企业策划、服装营销、服装管理等岗位，多体现为对专业能力的运用，对学术理论的运用不多，因此加强实际工作的专业能力和专业技能的培养，增强基本专业素质教育和专业岗位技能培养十分必要。结合社会需求的实际情况来制定针织技术与针织服装专业人才的教育培养目标，本课题组认为，针织技术与针织服装专业的教育可以从转变人才培养观念、确定人才培养框架，改变传统的教学模式（教学的内容、方法、组织）等几个方面入手。这就要调整专业理论和实践的设置比例，增加实践环节的课时，实行教学、实践一体化教学模式。教学、实践一体化教学的课程体系要求紧密结合生产实践，以培养应用能力为核心的针织技术与针织服装专业人才，它是一种以就业为导向的专业教育，即采取"订单式"人才培养方式完成校企结合。社会对人才有着专业岗位、技术领域的要求，因此深入了解行业发展和市场需要对制定教学体系十分重要。课程体系的构建要突出专业性和创新实践性，使教学与专业实践紧密结合。能力培养应该始终贯穿在人才培养的整个过程中。

高职院校应以高素质应用型人才培养的目标要求为指导，在课程体系建设中始终坚持以服装设计为龙头，结构设计为基础，相应的服装产品设计为目的的整体教学方案，以促进课程体系建设。同时，从社会需求出发，以确定针织技术与针织服装专业岗位群，在此基础上确定学习内容，构建校企合作、工作室教学等一体化的教学模式，确定教学内容的模块分类，如公共基础类课程模块、综合素质类课程模块、学科平台课程模块、专业基础课程模块、专业核心课程模块、专业方向课程模块、专业任选课程模块、非课内实践教学模块等，以培养学生良好的综合素质。

以"针织服装创意设计—针织服装产品结构设计—针织服装产品成品"为主线，设置课程与教学环节，科学合理地设置以工作过程为导向的一体化教学课程体系。每学期都应安排实践课程教学环节，让实践教学贯穿于所有需要动手的专业课程当中。其中，实践环节的项目任务应该在教师的指导下让学生独立完成，以增强学生的学习兴趣，并提高学生的专业应用能力。

在第1至4学期专业基础课程的学习完成后，学生就应进入第5、6学期的专业方向课程的学习，这个过程要求高校具有较强的、丰富的专业人才储备，教师的研究方向越多，学生专业方向的可选性才能越大。在第7学期，学生应该进入更细分方向的工作室学习。工作室学习的内容应分为工作室内和校外两部分，工作室内的学习以工作室导师为主；校外部分则应充分利用校外实习、实训生产基地，这部分实习具有很强的实战性，是培养学生与社会接轨的良好机会。学生第 8 学期的毕业设计和毕业论文应在工作室或者企业单位完成，最好依据导师的研究课题和企业生产任务来设置毕业设计和论文题目，这样才更有针对性，学生也才会尽早地适应工作。

在整个课程体系方案中，生产性实践占整个实践教学环节的大部分比例，学生顶岗实习的时间达到半年以上。在以应用为目的的基础上，只有理论与实践兼顾，才能合理地构建出新型理论与实践课程体系。我们培养的是服装设计师及其周边岗位的人才，社会专业岗位的需求有其自身的标准，由于高校的生源不同、专业基础不同，因此专业课程的设置要依据实际要求进行。只有充分了解这些，才能根据培养目标正确认识综合素质和专业能力的关系。高校要厘清课程之间的关系，正确设置基础类课程模块、综合素质类课程模块、学科平台课程模块、专业基础课程模块、专业核心课程模块、专业方向课程模块、专业任选课程模块、非课内实践教学环节模块等课程的课时量。课程设置需要在大量调研的基础上进行，而社会需求又在随时变化，因而课程体系建设是一个动态的、不断发展的过程，它不可能一成不变。要把实践教学融入整体课程当中，推行教学实践一体化的人才培养模式，就应该开展基于企业设计、生产工作过程导向的任务驱动教学，以专业岗位群和专业能力培养为基础，实行教学实践一体化、模块化的课程设置。

2.依据社会需求培养专业人才，打破学科界限整合项目课程

社会要求毕业生具备较强的综合专业能力，因此，培养实践能力是对高等院校教育的基本要求。针织技术与针织服装专业的学习时间有限，教师要在有限的时间内完成人才培养目标，达到社会对人才的要求，就要打破原有课程和学科之间的界限，以应用能力培养为核心，厘清相关的知识要素和技术要素；整合课程内容，强调课程内容的应用性和必需性，强调课程内容的跨学科综合性；坚持以应用能力为目的，让学生用学到的理论指导实践。

三、高职院校时装零售管理专业产教融合一体化教学应用

（一）高职院校时装零售管理专业存在的问题与解决途径

近年来，我国高职教育已进入模式探索和转换的关键时期，"校企合作、工学结合"模式成为发展趋势。基于高职院校与行业、企业合作共建的平台已取得了初步的成效，但尚存在一些问题。以时装零售管理专业的产教融合实践为例，时装零售管理专业容易与一般市场营销专业的设置同质化，从而导致其专业技能的不明确性和营销实践不强，这其中既有客观因素也有主观因素。

1. 偏重概念及理论体系

市场营销专业往往强调概念、注重理论，而对实践性较强的方法、技巧、策略不够重视，即使有相关课程，也是由教师分析案例，间接传授经验，导致学生在遇到实际问题时，分析问题、解决问题的能力较差。再加上很多学生学习靠死记硬背，缺乏创新和思考，理论与实践脱节，出现高分低能现象。时装零售管理专业应该重视学生的亲身体验，理论联系实践，让学生有足够的时间进行高质量的动手训练，于"真教"中带动学生"实学"才是关键。

2. 教学方法落后，教学手段单一，教学内容与实践脱节

现行的市场营销教学方法仍以课堂讲授为主，教学过程大多是知识灌输，内容讲解过细，造成学生过分依赖教师，且教学内容已经不能适应营销实践的新要求。因此，时装零售管理专业应该为学生创造在实际的职业环境里学习、磨炼的机会，真正地了解企业的工作流程、实际的工作状态和氛围，并由学校教师与企业的业务能手共同指导实践教学，培养学生在"实战"中发现问题、分析问题、解决问题的能力。

3. 重技能训练，轻职业素养

现行的市场营销教学存在重结果、轻过程，重技能训练、轻职业素养的问题，致使学生在遇到实际困难时，解决问题能力较差，怕苦怕累，没有团队意识等。因此，时装零售管理专业应该让学生在接受业务素质训练的同时，也要培养其服务客户、奉献社会的服务意识，使其养成遵守规章和作业标准的工作习惯和诚实、守信、吃苦耐劳的品德，具备善于和服装终端卖场工作人员共事的团队意识和认真负责的工作态度，能与他人进行

良好的团队合作，养成善于动脑、勤于思考、及时发现问题的学习习惯。这些职业素养将会为学生职业能力的发展奠定了良好的基础。在实际岗位学习锻炼的时候，企业要以企业员工的标准去要求与考核学生，以工作过程为导向，实现学生与岗位的"零对接"，缩短学生初入社会的适应期，使其成为真正"来之能干"的技能型人才。

（二）应用校企合作，促进产教融合一体化

时装零售管理专业是为了适应我国当前对时装零售管理专门人才的需要而设置的，学校要培养适应社会主义市场经济需要的、能从事时装零售管理工作的应用型人才。专业人才的培养目标是掌握时装营销必需的基本知识和基本技能，他们要熟悉相关经济法规、政策，具有一定的时装终端卖场销售与管理能力。专业人才的培养目标与职业岗位需求必须依托行业企业的力量，以校企合作平台促进产教融合的实践才能实现。同时，以校企合作平台促进产教融合的模式也为行业培养出适应企业发展的高技能、高素质的时装零售管理专业应用型人才，可以更好地服务于地方经济。

1. 构建"四位一体"良性发展的教学环境

所谓"四位一体"，是指"社会""行业""企业""学校"为一体，以社会为背景、行业为龙头、企业为导向、学校为主导的理念。要完成时装零售管理专业人才培养目标，必须突破课堂空间，从课堂内走向课堂外，单凭学校一方的力量是不够的。高职院校只有融入社会，依托行业企业的力量，营造"四位一体"良性发展的教学环境，才能使学生走出校园，在真正的职业环境中学习、锻炼，只有通过校企合作平台促进工学结合，才能有效提高学生的技能与职业素质。

2. 设计"二元联接教育"机制

所谓"二元联接教育"机制，是指学习与工作两套系统的"无缝联接"机制。实践性教学是对学生消化理论知识、运用理论知识分析社会问题的一种补充形式。由于传统的理论教学侧重于介绍相对稳定的理论知识体系及基本构架，学生往往感到课堂上所学知识比较抽象。实践教学则不同，学生能通过社会调查、现场教学、案例分析及参与企业营销活动等形式，及时地转化书本知识，利用书本知识解决社会实际问题，从而避免学习与工作两套系统二元割裂状态，达到理论联系实际的目的。

第五章 产教融合视域下国外高职教学管理模式与启示

第一节 欧美国家产教融合模式

职业学校兴办专业产业，并使之与教学相结合，这为学生提供了必要的实习条件和难得的锻炼机会。在生产实践和管理实践中，学生会在教师的带领、指导下，把学到的书本知识运用到实践之中，从而加深对知识的理解，增强应用知识和解决实际问题的能力。不仅如此，产教融合还会激发学生创造、创新的愿望和热情，激励他们在实践中不断探索、不断创新，而这种创新意识、创新能力、创新人才的培养正是学校职业教育的办学方向。学校兴办专业产业，让学生参与生产或经营，取得一定的经济收益，这客观上也为学生工读结合、勤工俭学创造了条件。法律和法规的制定和完善对产教融合的有序发展起到了重要的监督作用，使产教融合真正做到了有法可依、违法必究。对于产教融合政策的实施，不同国家有不同的政策，各个国家也通过不同的途径执行政策，他们都有一套完备的法律监督体系，以对产教融合各个方面的实施进行全方位的监督。

国外产教融合的研究起步较早，美国、德国、澳大利亚等发达国家均形成了成熟的产教融合制度，形成了政府、行业工会、学校、企业合作办学的办学机制、校企合作的资金分配机制、资源共享机制以及其他机制。欧洲国家还形成了联邦政府、州政府、各行业机构的三方合作机制，使职业教育成为三方共同的责任；其职业教育委员会由职业学校、企业和行业协会分别承担。美国产教融合的研究有合作教育、五年一贯制科技高中、以能力为基础的教育（CBE）等，德国以"双元制"研究为主，英国有商业与技术教育委员（BTEC）和"三明治"教学模式，澳大利亚的产教融合主要集中于技术与继续教育（TAFE）的研究等。国外产教融合的研究主要集中于人才培养模式、产教融合和动力机制的研究。下面分别详细分析世界各个国家的产教融合模式。

一、德国

（一）德国的职业教育及相关立法

德国对校企合作、产教融合的管理主要是通过立法的形式进行监督的，其法律和法规体系比较完备，结构紧密，相互协调，能够对经费、政策落实进行全方位保障。德国职业教育校企合作的各个方面都有一套包括立法、司法、行政以及对社会的监督体系，这使德国职业教育产教融合得以实现依法治教、违法必究，从而促进产教融合健康有序发展。德国政府及其行业组织发挥了监督、评价和指导的作用，经多年的经验验证，该法律和法规对校企合作、产教融合产生了重要作用。德国政府规定，联邦和地方政府有权监督企业和高等院校，同时明确相应的行业组织有权监督企业和高校，工商业协会成为产教融合的主管部门。行业协会有权对产教融合机构和部门进行监管，对产教融合的发展有着特殊的作用。行业协会的职能是规范行业的生产和销售行为，保护其成员的生产和生活利益。德国政府已成立了产业合作管理协会，可以控制并监督企业和高校。在操作上，按照德国职业教育法的规定，严把"就业者必须先接受正规的职业教育"这一关，不经过正规职业培训，不准进入职业生涯。据统计，实际生活中95%的就业者遵守了这一法律规则。

德国的《职业教育法》明确规定了教育组织与其他组织要明确职责与义务，共同参与实施产教融合的各项具体工作，并把产教融合作为开展双元制的基本要求。各州地方教育管理部门也多次签署框架协议，强调职业学校要贯彻落实产教结合原则，与教育企业分工协作完成职业教育人才培养任务。《职业教育法》对德国的职业教育起到了极大的推动作用。此后，德国又相继出台了与之相配套的法律法规，诸如《企业基本法》《培训员资格条例》《青年劳动保护法》《职业教育促进法》《手工业条例》《实训教师资格条例》等，使职业教育真正做到了有法可依、依法治教和违法必究，以法律形式保障了职业教育的管理和运行，促进了职业教育健康有序地发展。德国的《联邦德国基本法》明确规定国民生产总值的1.1%和工资总收入的 2.5% 用于职业教育。即使德国在"二战"后面临经济困难时，政府也将保障资金用于职业教育，并由议会授权监督。

德国的《联邦德国基本法》和《劳动促进法》明确规定了要加大对职业教育的投资力度，具体规定企业对职业教育的投入占职业教育总投入的80%，并且为了保证资助得到全面落实，还制订了专门的资助计划以明确各种资助来源。为了保障产教融合理念的整体贯彻落实，德国通过一系列法律统合了联邦职教所决策委员会、各州职业教育委员会、基层职业教育委员会、职业教育与继续教育联盟和各州文教部长联席会等多方部门共同参与人才培养制度管理。

德国的教育体系十分完备，大体包括基础教育、职业教育、高等教育和成人教育四大类。职业教育在整个教育体系中占有重要地位，是学生升学就业的主要渠道。学生小学毕业后进行第一次分流，分别进入普通中学（5～6年制，大多数学生毕业后进入职业学校）、文理中学（一般为9年制，为升入普通高校做准备）、实验中学（介于普通中学和文理中学之间）和综合中学（前三类学校的综合）四类学校，从而初步确定了今后就业升学的基本方向，目的性比较明确。学生初中（5年制或6年制）毕业后进行第二次分流，根据不同职业的要求及自身的意愿，一部分学生升入文理中学高中部（具备升入高等学校的资格）。由于职业学校就业优势明显，大部分学生选择到职业学校（或企业培训）接受职业教育，因此德国职业教育得到大规模发展。

（二）德国的"双元制"教育

德国"双元制"教育中的双元是指职业培训要求参加培训的人员必须经过两个场所的培训，一元是指职业学校，其主要职能是传授与职业有关的专业知识；另一元是企业或公共事业单位等校外实训场所，其主要职能是让学生在企业单位接受职业技能方面的专业培训。"双元制"职业教育的整个培训过程是在工厂企业和国家的职业学校进行的，并且这种教育模式以企业培训为主，让企业中的实践和职业学校中的理论教学密切结合。企业除了为学生提供一定量的生活补助和津贴外，也要为学生购买劳动保险、疾病险和意外事故险，学生与企业工人享受同等假期，毕业后即可成为该企业的员工。学生通过考核后，可获得"双证"认证，除了领取学校发放的毕业证外，还可以获得 AHK（德国工商总会）颁发的技术认证证书。

德国的"双元制"教育体系不仅受法律保护，而且德国的政府还设立了专门的"产业合作委员会"来促进校企合作和产教融合的顺利实施。"双元制"教育体系无论对政府、学生还是企业来说都是双赢，企业能够选择性地培养他们需要的熟练性人才，降低招聘成本。学生毕业后即可成为企业的员工，为企业提供生产价值，减少了相关培训支出费用，而且进一步提升了自身的学习兴趣。德国职业教育体系的成功与多种因素息息相关，如社会的普遍认可和接受、国家相关法律和政策的支持、年轻学生的高度参与、职业教育体系的高度灵活性、社会低失业率和社会经济的高度发展等。绝大多数教育家和企业家认为德国产教融合教育是一种"思想"，一种超前的教育"思想"，同传统的以考试成绩为导向的职业教育模式相比，工厂实际操作环境增强了学生与市场的沟通，能使学生更好地了解本专业的就业环境、就业需求和就业方向。

德国"双元制"教育体系的本质在于向年轻人提供职业培训，使其掌握职业能力，而不是简单地提供岗位培训。德国"双元制"模式不仅注重基本从业能力、社会能力的培养，还特别强调综合职业能力的培养。德国"双元制"模式所培养的综合职业能力是一种跨职业的能力，对学生未来的发展起着关键作用。通过德国双元制模式培训的学生可以胜任其职业领域里的所有工作任务，而不仅仅局限于某一工作岗位的任务。他们在掌握了业务能力的基础上，还学会了大量基础知识，其适应能力得到了大大的增强，为人生道路做了铺垫。德国的"双元制"作为德国开展产教融合的主要途径，在相关法律法规的指导下，通过大量实践取得了卓有成效的人才培养经验。

"双元制"是一种成功的职业教育办学模式，为德国的经济腾飞作出了不可磨灭的贡献，在保证德国劳动者的高素质、产品的高质量以及国民经济在国际上的持久竞争力方面发挥了非常重要的作用。

"双元制"是严格按照市场需求进行人才培养的，其将国家、社会、企业和个人的发展全部纳入职业教育过程中，实现了个人、企业、社会利益的现实化，应用性和针对性地为职业教育的发展注入了活力。为保证实现高职教育的目标，"双元制"把知识与技能分为若干单元，形成模块化的综合课程体系，注重知识的广泛性和实用性，使知识与技能有机结合，避免重复，注重学生职业技能的训练，使学生能较好地掌握专业，并在毕业后立即投入工作。

德国的"双元制"职业教育模式主要具有以下几个特点：理论教育和生产实践紧密结合；政府出资和企业广泛参与相结合；专业培训和严格考核相结合；普通教育和职业培训相结合。德国各类教育形式之间的随时分流是一个显著特点。在基础教育结束后的每一个阶段，学生都可以从普通学校转入职业学校；接受了"双元制"职业培训的学生也可以在经过一定时间的文化课补习后进入高等院校学习。近年来，有许多已取得大学入学资格的普通教育毕业生开始接受"双元制"职业培训，力求在大学之前获得一定的职业经历和经验。在德国的"双元制"教育中，企业培训起着主导的作用，职业学校只起着配合和服务的作用。企业培训又分为企业内培训和跨企业培训。

德国职业院校在招生的时候，除了招收经过"双元制"培养的主体中学（经过职业专科学校提升学习）和实科中学的毕业生外（这两类学生相当于我国的职业高中毕业生），也招收少量来自文理中学和综合中学的毕业生（这两类学生相当于我国的普通高中毕业生），但要求后面两类学生入学前有一定时间的预实习，部分专业要求学生具备实习工种经历，有的还要求学生在中学阶段进行职业生涯规划，入学前必须与未来希望就职的企业签订培训合同。

在职业教育产教融合发达的德国，行业协会发挥着巨大作用，他们以第三方评价机构的身份参与产教融合活动，如确定参与产教融合的企业的资格、对学生与企业签订的实习合同进行管理等。在产教融合考核评价方面，虽然学生的理论课成绩由职业院校负责评价，企业实践的成绩由企业负责评价，但是对于职业资格证书的考试评价工作却由行业协会负责。行业协会负责命题、组织和实施考试、颁发职业资格证书等工作，严格的评价考核机制大大提升了职业资格证书的含金量，并且德国职业资格证书的培训和考试均是免费的，这也从根源上排除了经济因素对鉴定考试质量的影响，使职业资格证书不仅在德国境内适用，在欧盟区域内同样适用。

德国"双元制"的人才培养模式采用企业和学校双元主体的育人模式，为德国产业界培养了大批技术技能型人才，由此可以看出，德国工业的发达与其对职业教育的重视程度密切相关。德国"双元制"的动力机制主要体现在德国职业教育立法的制度保障和德国为参与"双元制"企业提供教育报酬上，制度层面给予行业、企业、商会等利益相关者外部动力，教育报酬给予行业、企业和商会等产业部门相应的内部动力。德国有关校企合作的法规规定职业教育所有费用均由国家承担，德国企业也将拥有培训过的员工作为企业生存和发展的先决条件，愿意承担在工厂培训的学生的所有费用。所以，德国的高校和企业之间进行合作的经费是由政府和企业共同承担的，企业提供经济支持是校企合作的重要保证。但并不是所有的企业都能得到培训经费，只有培训企业和企业培训中心才有。经费多少的差异取决于不同年限的培训、不同地区的经济发展水平以及企业的不同规模。企业可以获得全部培训补助金的先决条件是培训的职业与发展的趋势，在正常情况下，企业获得的培训补助在 50% ~ 80%。当然，德国"双元制"并非十全十美，也存在企业参与度较低的情况。

二、美国

（一）美国的合作教育政策

1906 年，美国辛辛那提大学工程学院院长施耐德教授第一次提出了合作教育，其改革性地与地方企业合作，以"工学交替"作为校企的人才培养模式。施耐德将学生在校学习时间划分为两大部分，即"理论学期"与"工作学期"。学生在课堂中学习相关专业知识，之后运用所学知识进入地方企业工作，在劳动的同时获取相应薪酬。通过合作教育的形式将校内理论知识与企业实践运用巧妙地结合，使学习与工作紧密联系在一起。在"工学交替"的人才培养模式中，学生能更好地理解所需技能与工作能力之间的联系，更加明确所从事的工作对其专业的要求；在合作教育的实施中，学生加深了对所学专业领域的理解和认知；对工作伙伴的认知更加深刻，以及了解了所需要掌握的不同的沟通技巧；熟悉所从事职业的责任、权利及义务；在工作的过程中，学生提升了技能，加深了对理论知识的理解，更加确定自身的职业兴趣和职业方向。

通过分析美国校企合作教育的政策，笔者发现在多个政策法案中都有涉及产教融合方面的规定，不仅包含指导性的原则规定，还包含具体实施的详尽条例、要达到的目标以及需要采取的措施。具体的规定和细节性的引导使政策的执行具有可操作性，从而保证了产教融合的实施更具有效性。美国各州政府也认识到了职业教育的重要性，侧重于鼓励企业参与产教融合，相继制定了吸引企业参与职业教育的各种优惠政策，并提供了明确的财政支持。

美国校企合作教育的法规对政府、企业、高校给予严格的监督，高度重视产教融合制度。早在 1962 年年初，美国就组成了国家级合作教育管理协会，该会由教育专家和知名企业家组成。1965 年，美国国会通过了《高等教育法》，开始对实施产学合作教育模式的学校进行财政资助。从 1970 年到 1994 年，美国政府的专项拨款金额达数亿美元，实施这一模式的高等学校从 55 所增加到 1100 多所。

美国"合作教育"是指大学新生入学之后，开始进行半年的学习，继而在学校和小企业之间进行两个月的岗位技能学习培训和专业课的学习，等到毕业前半年进入学校进行集中学习以及准备毕业事宜。美国这种产教融合的"合作教育"模式适应了美国现代化建设的需求。

20 世纪 90 年代，美国成立必要技能部长理事会，目的是监督学生是否掌握了未来职业所需的高效技能。在过去的每次改革中，美国政府都率先启动法律程序，用法律手段来规范教育的改革与发展，大大促进了高校与企业之间的合作。美国的每部教育法都对各项目进行严格规定与管理，规定分配经费、使用经费、监督事项等。

（二）美国五年一贯制科技高中的合作办学

从美国社区学院人才培养模式的视角分析，美国的产教融合研究主要以社区学院的合作教育和五年一贯制科技高中的合作办学为主。其中美国的"生涯教育"依托自身吸引力、技能标准制定和健全的立法来吸引利益相关者举办职业教育。[①] 美国哥伦比亚大学社区学院研究中心的 Jacobs James 和 Worth Jennifer 认为高等劳动力开发是现代社区教育的重要创新之一，课程设置以产业需求为驱动，结合产业和学生的双方需求，满足学生在工作岗位和课堂的交互学习，保障学生在不满四年的时间内获得关键技能的培训。他们认为通过课程设置、行业互动等可以促进社区教育满足国家劳动力的发展需求，同时满足学生、雇主和当地社区的需求。

众多学者对美国产教融合动力机制的研究大多以五年一贯制科技高中为代表。曼哈顿维尔学院的 Michaud-Wells 采用嵌入式案例研究，对纽约州

---

① 张伟肖. 职业教育产教融合动力机制研究 [D]. 石家庄：河北师范大学，2020.

的两个五年一贯制科技高中进行数据搜集，对与其相关的所有利益群体做了细致的研究。研究结果显示，灵活的学习环境可以促进工作绩效的提升，这种提升可以通过尝试创新的想法、实践和管理策略来实现。因此，优化信息创造、处理和分享的集体心态在组织层面的制度化促进了适应性行为、惯例和协议的发展，这些行为、惯例和协议培育了一个所有利益相关者都有机会茁壮成长和提升适应能力的环境。另外，采用系统的教育方法，包括适应能力、协作能力以及灵活的学校环境，可以帮助学生锻炼思维模式和养成生成性学习的习惯，从而提升工作绩效和学习效率。

（三）美国"CBE"教学模式

美国职业教育的实施机构主要是综合高中和社区学院，社区学院是美国职业教育体系的一大特色。由于美国职业教育具有大众性的特点，其职业教育主要是由学校或学院这种公共高等职业学校来承担，雇主参与职业教育的程度在美国一直很低，当然这与其职业流动性高也有一定关系。美国职业教育培养的是"宽专多能型"人才，这与其社会特点相吻合。其培养模式主要是"CBE"模式，即"以能力为基础的教育（competency based education）"。

该模式产生于"二战"后，当时美国急于生产军火，许多厂家民用转军用，不会从事军工生产的工人、技术人员需要进行再培训，时间紧、技能要求严，CBE 模式的雏形便应运而生了。现在该模式广泛应用于美国、加拿大等北美的职业教育中，也是当今较为先进的职业教育模式。20 世纪七八十年代，教育部门更多地听取产业界的意见，为使从业人员适应分工日趋精准专业的岗位需求，需要对他们进行培训和再培训，为此产生了很多矛盾，这些矛盾促成了 CBE 模式的产生。CBE 模式的理论支柱可归纳为三点：一是系统论和行为科学，该研究认为在人的行为中，人的需要、动机、信念、态度与期望起着至关重要的作用；二是由美国教育学家布鲁姆提出的"有效的教学始于准确地指导希望达到的目标"；三是教育目标分类认为"只要在提供适当材料和进行教学的同时，给予适当帮助和一定的时间，90% 的学生都能掌握规定的目标"。

"CBE"模式的特点是学校以岗位群所需职业能力为人才培养核心，其实是坚持开放性办学，在人才培养过程中非常注意学生实践能力的培养，在教学师资上，通过聘用企业技术高超、经验丰富的工程技术人员保证教师队伍中实践教师的比例，促进学生实践能力的培养。"CBE"理论是以能力为基础，强调能力培养和能力训练的教育教学思想体系。以"CBE"为核心的能力本位职业教育是一种以满足企业需求为目的，以实际能力培养为主的职业教育。它以全面分析职业角色活动为出发点，以培养学员未来岗位职责所需要的能力为基本原则，强调学员在学习过程中的主导地位，其核心是使学员具备从事某一职业所必需的实际能力。

三、英国

在英国的产教融合发展模式中，现代培训框架规定专业设置要与产业需求对接，即根据产业发展和岗位需求动态来调整专业设置；行业技能委员会要站在产业发展的前沿预测人才所需培养的技能，并制定各行业所需的基本培训框架，每个行业再根据自己的行业特点与需求制定具体的、有针对性的培训框架。这种以"产"定"教"的产教融合发展模式确保了职业教育和培训服务满足企业雇主的需求，培养了符合劳动力市场需要的技能技术型人才。

英国职业教育的师资培养以其严格、规范、制度化的教师资格证书制而著称，其技术和职业教育主要分为中等教育阶段和继续教育阶段。不同的教育阶段对教师的职前教育有不同的要求。中等职业教育教师职前培养强调教师的教学实践，尤其是在职业学校内的实践，并综合利用大学、职业学校、企业的优势资源保证教师教育的针对性、实践性和实用性。中等职业教育阶段教师教育模式为学生在大学接受教育，获得教师资格证书；在职业学校进行教学实习，获得教学经验；到企业一线岗位工作，获得该行业的最新技术与管理技能。继续教育阶段受教育对象大都是来自一线岗位但未曾受过高等教育且年龄较长的教师。通过培训，他们可以提高自身的教学技能，为从事专业科目的教学做好准备。"合格的教师资格标准"是实行教师资格证书制的核心，这一标准将合格教师应具备的素质划分为三个维度：一是"专业价值与实践"，即教师必备的行为和态度；二是"知识与理解"，即教师对专业领域及其相关学科知识的熟练把握、对相关年级学生特点及课程标准的深入理解；三是"教学"，即对教师备课、授课、评估、课堂管理等方面的能力要求。该标准在教师培养的各个环节都发挥了直接的指导作用。为了提高在职教师的教学水平，英国职业教育还实行教师在职培训，目的在于提升教师的教学能力和专业实践能力。英国注重在实践中训练教师，政府为在职教师入企接受培训提供了制度化保障，企业用人单位也比较乐意接受教师的入企实践。英国政府对职业教育教师资格证书制度非常重视，并为其实施创造了良好的环境，使教师素质及其教学质量得以不断提高，促进了职业教育的发展。

（一）英国 BTEC 职业教育模式

BTEC（business technology education council）是英国商业与技术教育委员会的简称，成立于 1986 年。同时，BTEC 也可以作为该机构颁发的职业资格证书的简称。BTEC 于 1996 年与伦敦考试与评估委员会合并，BTEC 资格证书遂改由爱德思国家学历及职业资格考试委员会颁发。爱德思是英国教育部授权成立、监管的机构，从事学术教育、学历评审以及资格认定等工作。它是国际性教育组织，全球共有 100 多个国家的 57 000 所教育机构采用爱德思的课程。其颁发的 BTEC 证书被世界大多数国家认可。

英国 BTEC 职业教育是一种在中等、高等职业教育和人才培训方面有高效性的职业教育模式，在关键技能教育的拓展方面有着卓越的表现和权威性。英国 BTEC 职业教育成为世界上具有广泛影响力的职业教育模式，其主要的特点表现在以下几个方面。

1. 培养目标明确，突出通用能力的培养

"通用"的含义不是针对某一具体的职业，而是从事任何工作的任何人想要获得成功都必须掌握的技能，即拥有跨职业的、可变的、有助于终身学习的、可发展独立性的能力。BTEC 明确要求培养学生 7 种能力：自我管理和自我发展能力、与人合作共事能力、交往和联系能力、安排任务和解决问题能力、数字运用能力、科技运用能力、设计和创新能力。通用能力作为 BTEC 证书课程的核心课程，并不采用单独开课的方式，而是落实在所有课程的教学活动中，有计划、有步骤地培养学生。BTEC 课程教学的最大特点是强调通用能力和专业能力作为教学的基础、培养的目标和评价的标准。这与传统的教学模式强调以学科为中心、按学科体系来进行知识的传递有很大的不同。

2. 教育理念现代化，倡导以学生为中心

与传统教育相比，BTEC 确立了一种新的教育理念，以学生为中心的核心理念成为 BTEC 管理者和教师的共识。考核发证主管部门在这一指导思想下进行课程的开发和教学目标的设计，教师在这一理念下从事教学活动。BTEC强调学生是学习的主人，强调学生的自主学习，学校应为学生的学习服务。教学过程应重视学生的个性发展，激发学生的个人潜能。BTEC的教学大纲、教学方法、"任务法"的考核评估方式以及完善的学习支持系统的建立等都体现出以学生为中心的思想。

3. 教学方法的多样性和创新性

在BTEC课程教学实施过程中，教师强调以学生为中心，采用多种多样的教学方法，如课堂讨论、实践实习、社会调查、实地参观、课业、扮演角色、演讲、口头报告、书面报告、自我评价、小组活动、收集资料等。BTEC课程教学活动充分重视学生的学习方法，在教学方法中突出了学生的主体地位，改变了传统教学中重视教法的模式，其课程教学大纲明确规定了课程的专业能力、通用能力目标和教学时间要求，同时学时数的安排主要是考虑学生如何学，而不是考虑教师如何教。BTEC采取以学生为中心的"三个三分之一"的教学组织形式，即三分之一的课堂教学，三分之一的查阅资料、搜集信息，三分之一的社会实践。将理论教学与实践教学、课内与课外有机结合起来，有利于拓宽学生视野，扩大活动空间，加深学生的实践体会，提高学习效果。

4. 师资素质要求高，教师转换传统的"教授"角色，承担"导"的角色

BTEC课程教学要求教师充分发挥管理、指导、服务、组织的作用。因此，教师必须要进行创新，如编写教材的创新、教学过程的创新、课业评价上的创新等。讲授BTEC课程的教师要有一定的教学经验和实际工作经验，必须经常充实自己，不断提高专业水平和英语教学水平，为学生提供经得起外部审核、认可的、高质量的专业课程。

5. 考核评估方法独特，以课业为形式，以证据为依据，以成果为标准

BTEC考核评估的目的是考核学生解决实际问题的能力，主要通过课业的完成过程全面评估学生对于知识的掌握程度，并测量通用能力的发展水平。BTEC以平时课业（如案例研究、作业、以实际工作为基础的项目等）作为考核的主要形式，所有这些成果都作为教学评价的依据，而不是以最后的考试作为唯一考核依据。

6. 教学质量监控体系完备，内部和外部审核相结合

BTEC 课程教学要求学校建立全方位的质量监控体系，采用内审和外审相结合的方式进行监控管理。内审员是学校内部质量的主要责任人，由一线教师或专人担任；外审员由爱德思指定人员担任。其中，BTEC 课程教学的内审制度非常严格，既包括目标管理又包括过程管理。它既有教务管理的职责，又有教研室管理的职责。如果内审员不能履行内审职责，就会在外审时暴露出来并且不予通过。通常爱德思每学期都将组织专家对学校、教师和学生进行审查考核。在审核过程中，专家将会指出不足的地方，要求其进行改正，最终不能达到标准的学校，将会被取消办学资格。内外结合的方式既保证了评价的真实性和可靠性，也确保了教学质量。

7. 统一标准课程，颇具国际通用性

BTEC 课程以单元为单位，每个专业由若干个单元组成，单元分必修（core units）和选修（option units），既有统一要求，又能适应不同专业发展方向的需求，非常便于学习者进行灵活选择。BTEC 没有最低入学资格要求，学习者可以连续或间断地完成证书所规定的各门课程。通常的学习时间为两年，经考核合格后，学习者可以获得由英国爱德思颁发的 HND 或 ND 文凭。

8. 注重市场需求分析，课程具有职业性

BTEC 课程内容与职业需求紧密相连，主要表现在以下方面：在设置 BTEC 专业时，要开展市场研究，以明确市场的职业需求；在开发教学大纲时，课程开发专家要以雇主协会制定的职业资格标准为基础；在教学过程中，BTEC 还要求将预定单元内容与当地实际情况相结合；BTEC 以职业活动为线索来组织自己的课程内容，使 BTEC 课程在更大程度上满足职业的现实需求，使学生能满足行业企业的实际需求。

（二）英国的"三明治"模式

英国的德斯塔和帕特尔在《英国的大学和产业的联系：什么是与产业互动的各种因素》中认为，在讨论产教融合的问题中，经常使用的是协同研究、依托企业等几种形式。莱特等在《中范围大学与产业的联系：知识类型和中介机构的作用》中从受培训者的技术掌握程度分阶段研究了其与企业合作模式的选择，认为在技术处于初级阶段的时候应该采取共同研究的模式，处于中级阶段即推向市场的阶段时应采取合作与委托的模式，处于

高级阶段即宣传阶段时则应采取加大宣传力度的模式。关于英国的合作教育模式,目前众人所熟知的主要是三大类,即"三明治"教育模式、教学公司模式、沃里克教育模式。其中,"三明治"教育模式是英国发展最早、影响最为深远的合作教育模式,因而被当作英国合作教育模式的代名词。

时至今日,英国的"三明治"教育模式发展了一百多年,已经完美地融入英国高等教育体系中,成为英国高等教育不可或缺的重要组成部分。本书从历史分析的角度对英国"三明治"教育模式的整个发展历程进行了梳理,对"三明治"教育模式不同发展阶段的特点、重要的政策文本及政府的角色定位进行了深入剖析,以期从制度环境建设方面为我国目前高速和高质量发展的产学研合作教育提供借鉴。

"三明治"教育模式之所以被称作"三明治",是对其半工半读、学工交替式课程设置模式的一种形象比喻。"三明治"教育模式的演进与发展有一个较为漫长的过程。目前,"三明治"教育模式在英国高等职业学校的发展相当广泛,英国大部分的高校都提供"三明治"课程供学生选择。

"三明治"课程按照入学和教学类型可分为以下 4 种:一是学生接受职业技术教育和工作训练的时间各为半年,交替进行;二是接受四年制课程的学生,两年接受正式学校教育,两年接受工业训练;三是在四年制课程中,安排学生第二年或者第三年到企业单位实习;四是在每年的教学计划中安排 9 个月的学校正式教育和 3 个月的实习,或是先进行一年的工业训练,接着实施两年的正式教育,再配合一年的工业实习。

纵观"三明治"教育的发展历程,它的出现适应了社会对技术院校的需要。"三明治"教育从未经认可的个别院校行为到产业界的积极响应和参与,从多技术学院的特色培养模式到各种类型高等职业学校普遍实施的一种人才培养模式,其在一百多年的发展历程中逐步由稚嫩走向了成熟。其中,英国政府在"三明治"教育发展的每一次转折点上都发挥了重要作用,可以说功不可没。在"三明治"教育的发展过程中,英国政府定位合理、措施有力,从引导者和管理者的角度出发,秉持"有所为、有所不为"的制度设计理念,从宏观层面入手,采取"顺时引、逆时推"这一规范监督和鼓励引导的双重策略,为"三明治"教育提供法律政策引导、教育费用投入和组织机构协调三重保障,从而为其跨世纪高速和高质量发展营造了良好的制度环境，在助推"三明治"教育模式快速扩张的同时，保证了实施产教融合的水平。

（三）英国的"学徒制"模式

英国"学徒制"取得的成果是英国政府加强政策指引的结果。英国政府颁布了一系列学徒制的政策性文件，如 2000 年的《英格兰学徒制培训的规格标准》、2009 年的《国家技能战略》、2010 年的《为可持续增长而提高技能》与《英国学徒制：我们的 2020 愿景》等。基于对以上政策的分析，首先，英国政府高度重视学徒制对经济社会发展的重要性，对于实行学徒制和开展职业教育技能培训都有若干具体规定，主要体现在重视雇主、以雇主为先导作用、使雇主能在其中获得一定利益等方面。例如，英国政府在《英格兰未来的学徒制：执行计划》中提出，"未来，学徒制将以雇主设计的标准为基础，以满足雇主、行业和更广泛的经济的需求"，并要求雇主主导学徒标准开发，建立由雇主领导的学徒制学院和鼓励企业参与学徒制的激励机制的制定。其次，重视培养学徒的发展能力和职业生涯的指导。例如，英国教育法明确规定，"必须确保所有在校注册学生在教育的相关阶段得到独立的职业生涯指导。"最后，重视质量保障体系，如英国政府制定的《英格兰学徒制培训规格标准》对英格兰各行业领域确立的学徒制培训框架提出了最基本的要求，以保障学徒制的质量。

第二节　世界其他发达国家产教融合模式

一、日本"产学官"教学模式

日本是一个人口稠密的国家，需要通过知识资源来有效创造产品的附加价值。因此，企业、学校采取政府联动的"产学官"合作模式是知识经济时代下日本经济发展的必然选择。日本通过企业内培训、学校教学推动、政府支持三方联合的模式来推动职业教育的发展。

关于"产学官"合作的提法也经历了一个复杂的过程，在 20 世纪 80 年代以前的文献中，日本的学术体制曾被称作"学－官－产"（"学"指大学，"官"指政府及其研究机构，"产"指企业）；日本产经联自 1981 年开始实施的《下一代产业基础技术研究开发制度》中出现了"官产学"一词，其中心内容是保证"官、产、学"各方面力量相互协作和充分发挥各自优势；[①]近年来，"学－官－产"的提法变成了"产－学－官"，有时索性只是强调"产－学"合作的重要性，这意味着民间企业的学术研究活动在日本经济社会发展战略中的地位有所提升。[②]

日本有自己独有的"产学官"人才培养模式。这个"产学官"合作教育体制顺应经济发展的趋势，将学校和产业界紧密联系起来，使学校培养出更多更能适应社会和行业需要的人才。日本产教融合职业教育涉及的领域集中在高精尖行业，对技术的要求更高，高技术人才的培养也成为现代职业教育发展的重点。这一文化传统和模式使日本迅速恢复本国的经济，在世界经济体系中占有重要地位。企业办学是日本职业技术教育的一大特色。大企业兴办的"工学院"既为企业培养了急需的专门技术人才，又为客户提供了技术培训。在企业技能培训与学院教学时间的分配上，以企业为主、学校为辅。

日本高等专门院校更加突出学生的职业技术教育，鉴于高等专门学校紧密的社会联系性，很多企业、社会都会把最先需要解决的问题交给职业学校，各学校之间组成"产学官"联合项目，共同解决问题。"产学官"中的"产"主要指企业，"官"主要指政府，而"学"则是大学等学术机构。"产学官"创新创业模式即企业、政府、大学彼此联系互助，通过三者的共同合作，培养面向企业需求以及社会需求的技术人才。一方面，学生提供知识给企业；另一方面，企业又将需求直接传递给学生，实现了双方的互融互通。而政府在这之间起着主导作用，通过出台政策和设立专项机构来维持和促进这一关系。

日本"产学官"协同模式先后经历了三个阶段：第一阶段是"二战"后到20世纪70年代初，日本政府放宽了对大学与企业间的合作管制，间接促进了两者间的合作，从而推动了战后日本经济的复兴。第二阶段是20世纪80年代初到20世纪80年代末，日本技术实力迅速增长，政府积极推

---

① 邓存瑞.当前发达国家高等工程教育教学改革的几项措施[J].国外高等工程教育，1989(1): 19-21.

② 王玲，张义芳，武夷山.日本官产学研合作经验之探究[J].世界科技研究与发展，2006(4): 91-95.

动传统产业的改造和大力发展高新技术产业，培养技术人员，推动了日本经济的空前繁荣；第三阶段是 20 世纪 90 年代初至今，日本泡沫经济的崩溃迫使日本政府对现有经济体制进行改革，出台了一系列针对高科技发展和人才培养方面的政策，如 1995 年的《科学技术基本法》、1998 年的《大学技术转移促进法》等，"产学官"协同模式逐步走向了成熟。进入 21 世纪，日本的"产学官"协同创新创业模式的框架基本确立，促进了创新创业人才的培养，推动了日本的经济发展。与美、德两国相比，日本"产学官"协同创新创业模式的最大特点是政府的主导性强，政府在三者合作中起到了关键性的作用。泡沫经济破灭后，日本政府提出了"科学技术立国""知识产权立国"的战略，重视对高科技人才的培养和对知识产权的保护，对科技发展和高等教育相关政策进行了一系列改革，促使政府在"产学官"协同模式中更好地发挥"领头羊"的作用。同时，政府为了推进产学合作，积极主动地推进国立大学法人化，从而形成了一套以产学为主体、以政府为主导的"产学官"协同模式。日本"产学官"创新创业模式的另一大特点是职责分明、分工明确，形成了一种优势互补的协调机制。政府建立产学合作机构，解决了以前大学研究机构和企业间的信息不衔接和研究人员的热情不高等问题，促进了企业和大学间的信息交流，增强了创新创业教育的针对性，提高了学生的实践能力。另外，体制机制的法制化也是其一大特点。

日本的"产学官"协同高度重视法律的作用，国家通过立法和完善相关法律，使用强制手段来推进创新创业事业的发展，保证了这一模式在各个环节落到实处，又通过相关鼓励政策提高了积极性。根据 2018 年文部科学省的数据显示，截至 2017 年，日本民间企业的投资额达到 960 亿日元，是自 2003 年此项调查开展以来首次超过了 900 亿日元的大关。其中，与民间企业的共同研究费用达 608 亿日元，且近几年呈持续增长的态势，研究实行件数达到 25 451 件，为 2003 年的 4 倍左右。知识财产的收入额达 42.9 亿日元，与去年相比增加了 7.4 亿日元，受委托研究的费用为 126 亿日元，件数为 7 598 件。关于共同研究，与"产学官"协同本部等组织相关的数量达 8 425 件，约占全体的 28.2%。总的来说，每项研究的费用和件数都呈增长趋势，与 21 世纪初相比，十几年间增长了数倍。由此可见，日本"产学官"创新创业模式取得了不错的绩效，且处于稳步发展之中。一方面，随着投入研究的费用不断提高，国立大学与企业间的合作热情也不断高涨，推动了技术的转让。同时，日本政府对知识产权的维护力度逐年加大，保证了作者的权益，激发了他们的创作欲望。而且研究机构、技术转让机构的建设不断得到完善，使"产学官"三者间的联系更为紧密，信息流通更为舒畅。另一方面，政府对研究的投入和对知识产权的保护极大地鼓舞了学生及研究人员，让他们有信心和动力去进行研究和创业，加速了创新型人才的培养，形成了一套有效的人才培养体系。日本全国共有各类大学778所，其中16%属于技术类院校。日本高等职业教育产教融合合作方式主要包括以下几方面：企业与高等院校签署委托协议，共同研发项目，经费由企业承担；在人才培养方面，双方进行更深层次的交流，校方聘请企业的技术人员来校指导教学或来校学习，企业邀请校方的"双师型"教师进入企业访学；企业在学生毕业后接受其来企实习。另外，企业直接拿出一定额度的资金为学校建立实训基地，如东芝拨款350万美元在川奇建造了技术培训中心。日本的产教融合能够朝长久稳定的方向发展离不开日本政府近几十年来不断出台和完善的政策，校方的校办产业给学生提供了一个良好的学习平台，产业界对高职院校的大力支持提供了资金的保障。

日本产教融合策略在立法上也有体现，日本的《产业教育振兴法》和《职业训练法》均有对违法行为处罚措施的规定，违法者会被起诉。国家意愿和高等教育发展是产教融合法规的理念，时代背景和实际面临的问题是产教融合的根本。政府的客体是政策和立法，产教融合的法规强调各级政府的权力，建立了一整套职业能力发展体系，从中央到地方，既有利于现有的法律和法规，又能宏观管理。日本在法律中明确规定经费保障是产教融合得以持续发展的重要因素，企业、高校需要源源不断的资金来保障合作的继续。各级政府、高校、企业都应设立专项资金，并颁布税收优惠政策，有效地保障校企合作、产教融合的发展。

二、澳大利亚

（一）澳大利亚 TAFE 产教融合的研究

1.澳大利亚 TAFE 介绍

澳大利亚的职业教育历经100多年的发展变革，已经形成了一套特有的职业教育培训体系，其中以 TAFE 学院最为著名，澳大利亚的产教融合也大多依托于此。TAFE 全称是"technical and further education"，即技术与继续教育。TAFE 是澳大利亚高职教育体系中的重要组成部分，是全球较为成功的职业教育模式，也是最具特色的职业教育模式之一，是由澳大利亚政府、学生、TAFE 学院、企业及行业协会组成，与中学和大学有效衔接的综合性职业教育和培训体系。

由于职业教育实践性及职业性，职业教育的人才培养必须以"能力本位"为导向。能力本位教育理论（competency based education）兴起于 20 世纪 60 年代的美国，是教育家夸美纽斯在著作《大教学论》中提出的。能力本位指的是特定的岗位所必需的能力系统，能力本位的培训包括职业分析、工作分析、专项能力分析、教学分析及实施教学五个实施步骤，强调职业能力培养的重要性，重视职业教育过程中学员的自主学习，提倡采用灵活多样的教学方式，同时以岗位所需的职业能力作为评价教学质量的标准。20 世纪 70 年代，能力本位教育思想逐渐被引入职业教育的范畴。

澳大利亚 TAFE 学院坚持"以能力为本位"的指导思想。TAFE 学院人才培养目标注重岗位所需的实际工作能力培养，专业及课程设置上注重行业企业的职业需求。在师资队伍建设方面，TAFE 要求教师定期进入企业一线实践，掌握行业最前沿的技术知识，提升实践教学能力。TAFE 教学形式强调学生的主体地位，教学质量评估强调能力考核，重点考核学生分析问题以及动手操作的能力，并根据学生实际的技能水平颁发相应等级的职业资格证书。终身教育理论最初是由法国著名教育家保罗·朗格朗于 1965 年在教科文组织主持的成人教育会议上提出的。他认为教育具有终身性，是人一生中受到的家庭教育、学校教育、企业职业教育、政府短期培训等各种形式教育培养的总和，包括正规学校教育以及非正规社会教育，不受时间地点的限制。依据终身教育理论，职业教育是根据个人发展需要，通过理论知识与实践技能的学习，实现个人终身发展的一种教育类型。

澳大利亚 TAFE 符合终身教育的思想，TAFE 学院对学生没有年龄、能力及层次的限制。TAFE 课程教学方式多样，学生可以自由安排自己需要的课程内容。TAFE 教学不再是传统的课堂模式，不受场所和时间的约束。TAFE 学院在终身教育理念的指导下，建立了围绕学习和工作循环的终身教育体系。职业教育不局限于学历教育，以培养岗位工作能力为中心，使职业教育与社会岗位需求联系紧密。

TAFE 在实现全民教育及终身教育、调节就业问题、提高劳动者技能等方面起着重要作用。TAFE 注重学历教育与岗位培训的结合及职业能力的培养。TAFE 招生没有年龄限制，为学员提供阶段性或连续性的教育与培训课程，使学员可以在不同时期根据不同需求选择需要的课程。通过课程学分认证，TAFE 学员在提高个人技能或文凭、证书等方面自由选择。TAFE 学院是澳大利亚政府投资主办的最大的具有百年历史的职业教育与培训组织。澳大利亚各州政府均建有专门的 TAFE 学院。TAFE 学院拥有较为完善的教学体系、证书体系和管理体系，是企业员工及行业技术工人的职业培训基地。其办学规模大、课程种类多，学员通过考核可以同时获得技能证书和学历证书。

在澳大利亚职业教育的建构中，TAFE 学院扮演着主体的角色，针对不同的教育对象，采用多种灵活的教学方式，为一切愿意接受职业教育的人提供优质服务。TAFE 学院突破了传统的一次性教育的局限，建立了"学习—工作—再学习—再工作"的多循环的终身教育模式。在这种情况下，职业教育已经不再局限于传统的学历，其重点开始从知识中心向技术能力转移。教师按照 TAFE 学院的框架培养学生，使学生所学的专业紧密联系社会的岗位，不但培养了其职业性，而且发展了其能力，避免了学习与职业相脱节的问题，使学生毕业后都能顺利找到与自己专业相对应的工作。

澳大利亚高等职业学院产学研主要以企业为主导，企业不仅参与院校教学计划的制订，还对学校的办学质量和学生培养质量有决定作用，不但在资金上支持 TAFE 学院的运作，而且提供基地培训的设备，在 TAFE 学院的专业设置、教学计划、培养目标等方面都有较大的自主权。澳大利亚的 TAFE 学院均有自己的一级院董事会，董事会的主席和绝大部分成员均来自行业的资深企业专家，企业起主导地位。学院的另一主导方来自政府，政府对学院的经费支持达到 50% ～ 80%，促使学院更加深化与企业的合作。

2.TAFE 学院的机构设置

由于澳大利亚的教育行政体系均由各州管理，因此不同的州在机构设置上也略有差异。一般来说，TAFE 的组织机构分为三个层次：国家管理局，由行业代表为主组成的国家、各州管理 TAFE 的组织机构（国家培训管理局和州教育培训部）及 TAFE 学院院级董事会。国家管理局的成员由教育部长任命，任期为 3 至 5 年。由各行业代表为主组成的国家和各州管理机构对

TAFE 发展过程中的各项重大问题做出宏观决策，进行宏观布局，规定和调整办学方向，如适应就业市场、满足企业需要、争取经费等。院级董事会对学院的办学规模、基建计划、人事安排、教育产品开发、经费筹措等进行研究和做出决策，资金由州政府提供。

3.TAFE 学院的教学模式和评估方式

TAFE 学院的教学模式是以学生为中心，实践第一。TAFE 各学院设有实践课和理论课，但以实践课为主。大部分职业培训都是以现场教学代替课堂教学，如参加汽车培训的学员都是在实习场地而不是在课堂进行学习。教师进行现场教学，对学生进行边讲解边指导，学生根据教师讲解的内容和指导进行实际操作，如拆装、修理、安装喷漆等。对于缝纫培训的学生，操作间和教室设在同一场地，教师讲授完之后，学生可马上进行实际操作，把学到的知识当场用于实践。学生学习的过程就是实践的过程，实践的过程就是学习的过程。无论是理论课还是实践课，他们的课堂教学模式均是以学生为主体，以实践为主线，以提高学生的实际能力为目标。

TAFE 学院通常都没有固定的教材。课程设置、教学内容、培训专业都是根据地方经济、社会需求、行业需要等设置的，教师根据联邦政府国家培训管理局和州教育培训部总体规划及评估内容和标准选择教材，调整教学内容，这使各学院的教育具有极大的灵活性和自主性。同时，学制和学习时间都采用灵活机动的方式，给学员提供了极大的方便。能力培训是TAFE 职业培训体系的主要特色，其培养目标不在于学生在课堂教学过程中学习了什么，学会了什么，掌握了哪些理论知识，而在于学生经过培训后能够做什么。所以对学生的评估不仅着眼于学生知识的考评，还更注重实践考核，强调学生的动手能力、实践能力和操作能力。考试一般为现场实际操作。评估者根据其效度、速度、操作中的应变能力等进行全面审核和评估，所以评估过程具有极强的实践性。

4.TAFE 学院注重兼职教师的培养

TAFE 学院除对专职教师的严格选拔培养外，还非常重视兼职教师的选拔和培养。TAFE 学院规定：兼职教师必须在大学里接受相关专业的教育培训，并获得教师职业资格证，此外还需有不低于 5 年的相关行业工作经验和职业资格证书。比如，会计专业课程教师首先必须是注册会计师，在被学院选聘后必须加入该协会并定期参加行业协会的技术交流活动，以适应新形势、新情况。专兼职教师成立专门的教师小组，定期召开专业课程研讨会，互相交流教学经验，取长补短，实现专兼职教师的良好互补和交融。目前，学院有将近三分之二的兼职教师。兼职教师一般来自行业企业的专业技术岗位，具有丰富的工作经验，熟练掌握相关行业技能，了解行业的最新信息，但没有接受过师范相关的教育，因此需要额外接受教师技能培训，以适应教育教学需要。TAFE 学院师资队伍的一大特色就是专职教师越来越少，聘用的兼职教师越来越多。这样做的好处就是教师的积极性和主动性会大大提高，时刻注意提高自己的能力和水平。当然，专职教师的减少也与政府投入有很大的关系。20 世纪 90 年代，政府投入削减，专职教师的招录出现了困难，面对这一困境，学院大量招聘兼职教师以解决师资力量缺乏的问题。TAFE 学院在招聘兼职教师时注重他们的实践能力，其任职标准可以概括为经验、资格及能力：经验指的是要有五年以上专业工作经验，资格是指有相应的专业技术资格证书，能力指有较强的现场实践操作的能力。当然，注重实践能力并非唯一要求，作为教师还必须具备一定的教育教学能力，因此兼职教师还需要接受一段时间的师范教育，以满足教学岗位需要。显然，专兼职教师互融共同对学院的教学有明显的促进作用，但专兼职教师的比例还不十分合理，学院正着手研究这个问题，以确定恰当的比例，优化专兼职教师的配置。

5. 教师积极参与企业培训

TAFE 学院教师积极参与企业相关培训，不仅可以追踪行业发展动态，了解最新进展，还可以反哺教学，为教学提供最新的技术和行业经验。与此同时，学院与企业之间的联系也更加紧密，促进了校企之间的合作交流。行业企业在 TAFE 学院的师资培训培养方面做了大量工作，大大提高了教师队伍的能力素质。行业企业参与 TAFE 学院教师的聘用和选拔工作，定期为学院教师提供生产实践的平台，同时，一批技能专家还被选派到学院进行讲学或者担任兼职教师。除此之外，企业的培训咨询委员会和其他相关机构在教师的培训、进修和学习等方面发挥了重要的信息参考作用。TAFE 学院针对教师的培训主要有两种：职前培训和在职培训。职前培训指的是教师入职前的培训，主要由大学或培训机构负责进行，主要帮助教师掌握师范教育教学相关知识理论和技能，以适应教学岗位需要。新教师一般要在经历为期一年的培训后，参加教育部门和 TAFE 学院的全面考核，通过后才能获得教师职业资格证。在职培训主要有两种方式，一种是大学或劳动部门的培训中心对教师进行学历或教师职业资格的培训，教师可以根据自身需求选择相应的培训课程；另一种是行业企业安排的培训，主要是进入企业参加技术实践，了解行业发展动态，提高实践操作技能，往往不少于两周。政府十分重视对教师的培训，每年拨出专款保障此项工作的顺利进行。TAFE 学院鼓励教师要勇于走出去，多参与学习交流，包括不同文化之间、不同国家之间的交流，充实教学履历。同时，TAFE 学院还鼓励教学研究，通过发放奖金或安排带薪休假的方式对优秀的教师和团队给予奖励。TAFE 学院还凭借丰富的信息资源促进教师的教育培训，如在线网络课程、图书在线系统、澳大利亚职业教育和培训网站、免费的教育期刊等，极大丰富了教师学习培训的方式，促进了教师专业能力和素养的提高。

随着经济的发展，澳大利亚需要不同类型的熟练的技能型人才以应对技术革新带来的变化。但是许多行业相应的技能型人才都比较缺乏，需要提高其技能的熟练程度。另外，女性参与培训的比例相对较低。受训生制的确立对学徒制进行了一定的补充，使职业选择更加多样化，这可以确保女性也具有参加高层职业培训的资格。政府虽然积极鼓励女性参加学徒制培训，但是女性参与的人数及层次并没有明显增加。

澳大利亚政府非常重视职业教育与培训，并进行了教育改革，建立了包括 TAFE 学院在内的职业教育体系，新学徒制度正是结合就业与教育改革而产生的。下面详细介绍澳大利亚现代学徒制的产教融合研究。

（二）澳大利亚现代学徒制产教融合的研究

为了帮助青年人、学校辍学者和失业者重返劳动力市场，满足经济建设对人才的需求和提高就业市场的灵活性，澳大利亚联邦政府整合学徒制和受训生制形成一个独立的国家体制，即新学徒制。澳大利亚新学徒制的确立不仅是对传统学徒制的继承和批判，还是为了促进国家经济发展、适应全球产业结构调整以及解决社会失业问题所采取的应对之策。其产生是多种力量交错推进的结果。澳大利亚新学徒制于 1998 年正式实施，并逐步取代了传统的学徒制度。从传统学徒制演变到现代学徒制，这绝不是简单的复制，而是一个渐进的过程，是螺旋上升的跃迁。新学徒制的确立标志着澳大利亚现代学徒制的产生。20 世纪 80 年代末，产业结构的巨变和新兴产业人才的匮乏严重影响了澳大利亚的经济。产业界要求非传统行业设立正规的培训体制来向他们提供劳动力。20 世纪 90 年代后，澳大利亚的经济重心逐步从制造业向服务行业转变。服务行业在国内生产总值（GDP）中占有重要位置，劳动力市场对服务业人才的需求日益增多。在产业界的强烈要求下，新学徒制需要进一步扩大其职业范畴，增强一般技能的培养，以满足经济社会对新型技术人才的需求。在此社会发展背景下，新学徒制需要根据产业结构的变化而及时作出调整。自 1998 年澳大利亚引入新学徒制以来，政府主要从以下几个方面进行宏观调控以主导现代学徒制的改革与发展，完善澳大利亚现代学徒制的组织管理与协作。澳大利亚联邦政府主要负责对职业教育适应社会经济发展变化的宏观需要进行研究，并提出改革方案；确定职业教育发展的战略重点，制定职业教育的宏观政策；规定国家教育的目标与标准，但不直接管理任何学校。

为了给青年提供工作与教育相结合的途径，并获得政府认可的资格证书，澳大利亚政府专门成立了一个核心机构——新学徒制服务中心。[①]2001 年参加人数为 5 755 人，2004 年底达 20 000 余人。2005 年 7 月 1 日起，澳大利亚取消澳大利亚国家培训局（ANTA），将其职责转移到教育、科学与培训部（DEST）。该机构是建立在政府与行业通力合作的基础之上的，同时也代表着真正意义上的澳大利亚职业教育体系的形成。至此，澳大利亚开始了职业教育培训体系新一轮的改革。DEST 于 2005 年 2 月出台了此次改革的指导性文件《构建技能型澳大利亚——职业教育与培训的新方向》。该文件对澳大利亚职业教育与培训体系提出了许多新的改革建议，加强了澳大利亚现代学徒制培训立法。澳大利亚于 2005 年 8 月 24 日通过了《2005 年澳大利亚劳动力技能开发法案》。该法案确定了澳大利亚职教发展的国家规划、管理、目标、拨款等制度，是一部新的职业教育与培训立法，为职业教育与培训的改革提供了法律保障。在政策上，澳大利亚政府引导行业企业积极参与学徒制培训，通过立法保障其培训利益；在具体实施过程中，主要采取经济措施激励行业企业。只要经过国家培训局（ANTA）认证并成功注册，任何机构都可以参与现代学徒制培训。澳大利亚政府采取了税收减免制度和现代学徒制培训补贴等激励措施，进一步促进了行业企业接受更多的学徒。

① 邢莹莹. 澳大利亚现代学徒制改革研究 [D]. 南昌：江西科技师范大学，2014:25.

近几年，全球经济竞争、新技术的兴起、就业不足及技能短缺的矛盾、人口老龄化等国内外因素不断推动着澳大利亚经济进入重要的转型时期。经济的结构性转型使澳大利亚进入机遇与挑战并存的时期。2010年，澳大利亚政府任命一个专家小组为澳大利亚学徒制提出相关发展策略和改革建议。该专家小组于2011年2月提交了最终报告——《共同的责任：面向21世纪的澳大利亚学徒制》。该专家小组认为为现有和未来的行业培养一大批训练有素、技术娴熟和充满活力的学徒是行业和政府的共同责任，并向政府提出了14条改革建议。其中，包括建议国家建立一个国家监管机构监管澳大利亚学徒制的改革；为雇主和学徒提供结构性支持服务；提升学徒的地位；改革学徒激励计划等。政府根据该报告的建议一一作出回应，并开始着手澳大利亚学徒制的改革。澳大利亚政府投资2.01亿澳元用于澳大利亚学徒制改革计划，这也是澳大利亚政府针对21世纪学徒制专家小组的报告作出的首次回应。

目前以及未来几十年之内，澳大利亚都将处在前所未有的人口老龄化阶段，同时还存在就业不足与技能短缺的现象。在2011年第四季度，失业劳动力就超过全部劳动力的12%。同时，澳大利亚技能短缺现象也随着产业结构的转变和经济的复苏而日益明显。澳大利亚咨询署（Consult Australia）于2011年指出，澳大利亚技术工人短缺，特别是中高级水平的人才短缺，已经达到了全球经济危机之前的水平。近年来学徒制发展不景气，入学人数呈下降趋势。而且澳大利亚学徒制的完成率也非常低，只有48%。未完成学徒制培训的原因通常是由于工作场所或雇主的问题、缺乏支持、工资低以及不喜欢当前的工作等。为了适应和促进社会发展，澳大利亚需要做出一些变革，改变学徒制的萎靡现状，让更多的人参与学徒制培训，并提高学徒制的完成率，以期为澳大利亚的劳动力市场添加动力和活力。2011年，澳大利亚政府为指导及支援学徒的服务设立资金，以提高学徒制完成率和完成总数。澳大利亚政府每年直接花费大概12亿澳元来支持澳大利亚学徒制。2011年5月10日，澳大利亚政府公布在2011—2012年的财政预算中，将为"构建澳大利亚未来劳动力计划"投资30.2亿澳元。"澳大利亚学徒指导一揽子计划"就是构建澳大利亚未来劳动力计划的一部分，政府投资约1.01亿澳元，该一揽子计划包括澳大利亚学徒咨询和澳大利亚学徒指导两个补助计划。该计划的首要目的是提高澳大利亚学徒制的保留率，特别是在学徒培训的第一年，要提高学徒的完成率，为现行或新兴的技术短缺的行业提供熟练的技术工人。学徒咨询计划主要是为了帮助学徒在选择路径时为他们提供具体的行业和学徒制的相关信息，以帮助他们做出正确的选择。2011 年 12 月 6 日，澳大利亚教育、就业与劳资关系部（DEEWR）部长克里斯·埃文斯公布了澳大利亚学徒制改革计划。澳大利亚政府希望借此提高学徒制参与度和完成率，提升劳动力市场技能水平，以更好应对日益增长的技能挑战。澳大利亚学徒专家小组在 2011 年的最终报告中也强调了强化澳大利亚现代学徒制体系简化的必要性。根据对雇主的调查，发现澳大利亚联邦政府与各州和领地政府的职责有部分重合，因此当下需要建立一个全国性的"最佳实践性"的澳大利亚现代学徒制体系。政府分为两个阶段资助该计划，分别是 2011—2012 年，出资 1 150 万澳元；2012—2013 年，出资 930 万澳元。该计划于 2013 年 6 月 30 日截止。学徒指导计划主要是针对参与学徒制培训可能面临障碍的学徒进行指导，以便更好地帮助学徒成功地完成学徒制培训。澳大利亚政府指出学徒指导计划与最近的专家小组报告一致认为，提高学徒完成率的最好的方法就是通过指导和精神关怀为学徒和雇主提供更有效的支持。该计划已经为成千上万的学徒提供了有针对性的指导。政府连续四年对该计划进行出资，分别是在 2011 年，出资 2 000 万澳元；在 2012 年、2013 年和 2014 年，连续三年出资均是 1 980 万澳元。从 2015 年至今，政府仍然不断地出资激励学徒雇主实行学徒制建设。政府对符合资格的澳大利亚学徒的雇主提供激励，从而使他们为员工的技能培训和发展提供真正的机会。传统意义上的学徒培训主要是 14 至 15 岁的中学毕业后的男孩参与的培训，而现在学徒培训的机会已经延伸到成年人，还包括在校生。为了提高学徒的培训率和完成率，澳大利亚政府对学徒和受训生提供了更多的资助政策。为了改善学徒的形象和地位，鼓励更多的人了解学徒经历的价值，并帮助他们获得工作机会，澳大利亚政府启动了澳大利亚学徒大使计划。实践证明，很多学徒都通过学徒培训获得了一份更好的工作、更高的薪水和一个更好的工作生活。该计划通过评选将各行各业的优秀学徒、明星学徒作为学徒大使，并把他们的优秀事迹发布在澳大利亚学徒制的官网上进行宣传，这样既可以激励学徒和受训生，又可以提升学徒制的社会形象和地位。

　　澳大利亚学徒完成现代学徒制培训后的就业情况是评价澳大利亚现代学

徒制培训质量、改革成效的重要指标。衡量澳大利亚现代学徒制是否为一个成功的培训制度，最终要看社会的接受程度，即学徒的就业状况和工资待遇。现代学徒制被公认为是成功就业的人才培养模式，它比其他学校本位的职业教育更能有效地促使学生成功地由学校过渡到工作。根据澳大利亚和新西兰标准职业分类（ANZSCO），把职业群分为管理者及专业人员、技术员及行业人员、社区及个人服务工作者、文职及行政人员、销售人员、机械操作员及司机等。澳大利亚现代学徒制和受训生在很多领域都受到重视，这一点也不足为奇，因为在15～24岁年龄段技术员和行业工作者行业具有超高培训比率。澳大利亚传统学徒制主要集中在工艺技术或其他就业比较狭窄的相关职业，如汽车生产、金属制造和其他产业部门；木工、水管工人和其他建筑行业；美容美发；电工以及食品行业等。澳大利亚现代学徒制的培训行业除了传统的行业之外，还扩展到信息技术和服务行业等非传统行业领域，不仅扩大了现代学徒制培训范围，还提高了澳大利亚劳动力市场的培训质量。澳大利亚的行业企业对实施现代学徒制培训的价值有比较统一的认识，普遍认为现代学徒制培训能有效地培养最符合劳动力市场需求的技术熟练工人，并且在现代学徒制培训期间，学徒的生产效能逐年递增，完全可以抵消实施现代学徒制培训的企业的培训成本。另外，澳大利亚政府的鼎力支持以及现代学徒制培训本身给企业带来的经济利益，使澳大利亚行业企业参与现代学徒制培训的意愿较强、积极性较高。

第三节　产教融合办学中外比较

一、产教融合中外办学总体比较

产教融合和校企合作是中国现代职业教育体系中极具中国特色的重要内容，也是高职教育的特质体现。高职教育的实施是一个复杂的系统工程，其教育性与经济性的双重属性决定了其在实施过程中要实现教育与产业发展的紧密对接，实现学校与企业的密切合作，这也是世界高职教育发展的普遍认识。纵观职业教育发达的国家，其共同特点和成功经验无不是职业教育与产业相互融合、相互促进的结果，企业在人才培养中起到了重要作用。通过对比研究发达国家的产教融合与校企合作的思想理念、模式、方法及质量保障体系，以期对我国高职教育产教融合与校企合作的顺利实施与运行有所借鉴与启示。

在对中外进行比较的过程中，我国可以借鉴其他发达国家的教育优点，通过比较各国职业教育校企合作的方式特征，梳理我国职业教育校企合作的发展历程，借鉴国内典型院校的先进经验。同时笔者发现，各国取得成功的关键是构建了一个符合国家和时代特征的校企合作整体推进运作机制，使校企双方在合作过程中能够各尽所能、各取所需和互利共赢。

从各国经验来看，德国、日本等国的校企合作机制最为紧密，其拥有一个共同的特点，都是趋于企业主导型，校企合作教育中的受训人员都具有双重身份，既是学生又是企业员工，此时，企业为培养自己员工，自然会积极投入校企合作。我国在计划经济时代的校企合作也是紧密的，其特征与日、德两国有类似之处。虽然受训学员不一定是企业员工，但是由于职业院校的定向分配机制和院校、企业间本来存在的同属一部门的兄弟关系，使得校企合作得以顺畅进行，彼此也不会斤斤计较利益得失。

美国等国的模式和我国改革开放时期校企分家后的运行机制相似，校企合作教育都是学校主导的，学校根据需要将企业请进来，参与技术指导、决策咨询等工作。相比我国，西方国家的校企合作稳定性更好，这既得益于这些国家的校企间双主体合作机制建设更为合理科学，又得益于政府部门的积极参与和有利于促进校企合作的社会文化与法律环境。而我国现阶段推行的校企合作则问题重重，虽然内容丰富、形式多样，但其中很多尝试都未能使校企间建立紧密的互利共赢关系，也未能达到最佳的教育效果。

由于语言表述的差异，国外许多学者也会使用"合作教育""产学合作"等词汇来阐述产教融合的概念。校企合作是一种国家行为，这种国家行为对国家经济发展和竞争力的提高显示出了巨大的作用。合作教育是一种通过将学术训练与在工业、商业和政府服务部门中的实践工作经验结合起来，为学生的职业生涯做准备的教育项目。后来，美国国家合作教育委员会将合作教育定义为一种将学生的课堂学习与其学术或职业目标相关领域的有益工作经验学习结合起来的结构式教育策略。大学和企业的发展需要更多的综合性知识为职业教育产教融合的发展提供一定的理论借鉴。国外职业教育开展较早，关注产教融合，尤其是关注职业院校与企业的深度合作，是职业教育取得成功的关键。德国、美国、英国、日本等职业教育发达国家已形成了较为成熟的产教融合制度体系和运行机制，并取得了世界瞩目的效果。纵观国外发达国家深化产教融合的政策与模式不难看出，虽然不同国家推进产教融合的方式不同，但也存在一些共性。第一，都注重立法，注重以法律法规的形式为产教融合提供各类制度保障与经费支持；第二，注重根据本国经济的发展制定符合本国国情的融合措施，切实考虑到生产与教育相结合、产业界与教育界相联合的发展路径；第三，注重利用社会力量参与学校职业教育，强调社会与职业学校的结合，切实提高职业学校的教学质量；第四，强调企业参与学校职业教育，提高企业的参与动力和保障企业的利益，强调通过校企合作共同推动职业教育的发展。这些成功经验对我国产教融合的发展具有一定的借鉴作用。

国外对于产教融合、校企一体化的研究起源并发展成型于欧美国家。产学合作教育的产生最早可追溯到 1903 年的英国桑德兰特技术学院的教育模式，1906 年美国俄亥俄州的辛辛那提大学首创合作教育理论，诞生了产教结合的教育模式。之后，合作教育从英国、美国发展到欧洲、亚洲等地区。合作教育与政治经济、文化相融合，在形式、内容、层次和功能等方面得以进一步发展完善，在不同国家呈现出不同的教育模式。

各国对于产教融合的形式命名虽然不同，但理解都是一致的。产教融合是将课堂学习与在公共或私营机构中有报酬、有计划和有监督的工作经历结合起来；它允许学生走出校门，到社会中获得基本的实际技能，增强学生的信心，确定职业方向。产教融合教育是一种将校内的学习与校外真实的工作经历结合在一起的教育策略，学生在校外的工作与他们所学的知识有直接的联系。不同国家和机构对于产教融合教育的解读虽然略有不同，但有一定的共性：产教融合是一种教育模式，学校与企业是一种合作关系，核心任务是让课堂学习与校外企业实践相结合，即理论与实践结合。

日本教育内容多样化，开设了能够让学生亲自动手参与互动的实践型课程，如"企业计划的制作练习""创办企业经验者经验谈""见习指导"等；开设了有助于开展商务活动、进行商务沟通、拓展商务渠道方面的课程，如"商务礼仪概论""商务谈判技巧"等；此外，还聘请校外具有实务经验者进行相应的授课，主要是风险投资企业的经营者（有创办企业经历者）、金融机构或基金管理机构的从业者、企业经营顾问、律师、会计师、税务会计师等。日本教育模式多样化，根据学生的需求并结合自身的师资力量，逐渐形成了不尽相同的产教融合教育模式，其最终目的是在社会人员重新学习的时候，使他们能够接受良好的教育，能够重新迎接挑战，积极地应对在复杂多变的现实社会中遇到的问题。

从我国产教融合角度谈人才培养模式可以发现，我国传统的职业教育课程模式受普通教育影响较深，缺乏职业教育的特点主要体现在：一是在课程结构上，实行"文化课、专业基础课、专业课"三段式课程结构，致使学生接触职业世界较晚，不能理解自己所学与未来所从事职业的关系，不利于学生职业能力的形成；二是课程设置以学科课程为主体，关注的是学生知识体系的建构，强调的是知识体系自身的完整性、系统性，虽然学科课程有利于教师组织教学和学生学科知识的掌握，但是却缺乏与工作世界的联系，不利于学生对技术知识和工作过程知识的掌握，而这两类知识却是职业教育内容的核心。为了改变这种状况，需要建构具有职业教育特色的课程体系，自20世纪80年代中期以来，我国一直进行职业教育的课程改革，进行了大量的实践探索，为人才培养模式的创新奠定了实践基础。

通过文献梳理和国际经验对比可以发现，德国的双元制、美国的CBE模式以及英国的BTEC模式等都非常值得我国学习。近些年，我国在产教融合方面也取得了一些成绩，早期的产教融合以校企合作的形式存在，其中几个典型模式分别是"学院＋创业中心区""专业＋大型企业""专业＋龙头企业＋企业联盟""专业＋校办企业""专业＋行业协会"。上述五种模式都是职业院校结合当地经济发展而创造出来的，具备了初步的产教融合特性。这些模式都不同程度地促进了高等职业教育的发展和产教融合的深入，但主要侧重于产、学结合，结合的内容没有达到"产教融合"的广度，也没有体现高等职业教育的高度和校企合作的深度，整体上不能达到"产教融合"的效果，其成功经验也难以推广和复制。

为适应社会主义市场经济中产业结构的不断调整和变化，高等职业教育的"产教融合"必须是行业、产业、企业和专科以及应用型本科院校等多方主体活动特点的融合和体现，并具有新的特质和功能。在我国的教育体系中，产教融合的两个主体是学校与产业行业，通过产学研一体化的深度合作，可以提高人才培养的产教融合的水平，从而实现双赢。

在传统的人才培养中，虽然学校也非常重视校企之间的合作与协同培养，但是校企合作的层次有限，无法实现深度的人才培养和发展。产教融合与校企合作的最大区别在于双方合作的程度，产教融合的形式多种多样，最核心的就是双方要形成稳定、高效、深层次的合作关系，通过提升人才培养的产教融合的水平促进企业发展和办学实力的提升。在调研中笔者发现，有的产教融合助推校企双方建立新的实体创新人才培养模式，有的产教融合侧重研发和学术升级。从调研的结果来看，不论哪种形式的产教融合最终都能提升学生的个人素养和就业能力，企业也因此获得了更多宝贵的人才，缩短了人才与企业之间的磨合期，最终所能产生的连锁效应会不断助推区域经济向前发展，从而实现共赢。

二、澳大利亚 TAFE 和我国办学的比较

（一）考核评价比较

行业的岗位职责是澳大利亚 TAFE 教学考核标准，重点考核工作流程中的实践能力。TAFE 学院有具体的考评标准，课程技能有规范的评价框架，教师根据课程特点设计以实践为主的考核方案，方式多样，学生须满足能力考核要求。通过 TAFE 考核方式与传统的考核方式比较发现，TAFE 对整个教学过程都要进行考核，考核方式因为知识点的不同而变化。在学习过程中，学生明确必须掌握的目标及实践能力。学生在考核过程中，可完成教师评价及自我小组评价；通过考核评价及时发现不足，加强知识技能的学习。经过不同方式的考核，实践能力及综合知识在期末成绩表中得以体现。因此，澳大利亚 TAFE 评估的标准是职业能力、考核实践能力，具有职业性体现。而我国职业教育由于体制不同，以考试作为主要形式进行考核。澳大利亚 TAFE 考试的目的是学生对技能的掌握，学生如果不达标，则需要重复学习进行掌握。在澳大利亚国家标准框架中，TAFE 对学生主要的评估依据是技术水平。根据评估指南及课程特点，TAFE 教师有多种考核方式。而在我国的高职教学中，虽然强调了考核的重要性，但理论与实践联系不紧密，考核方式依然单一。

（二）课程设置内容比较

澳大利亚 TAFE 学院能力本位的课程开发，注重动手操作能力，突出职业岗位能力的重要性，并以能力分析为主进行课程设计教学。而我国高职教育课程开发注重知识体系完整并以知识为中心。澳大利亚 TAFE 根据行业

企业需要来确定课程编排及课程内容，根据个人需要进行课程调整。澳大利亚 TAFE 课程内容以能力模块进行组合。而在我国，专业及基础理论是课程开发的主要部分，以学科结构安排的课程内容包括文化课、专业基础课，各学科难以渗透，知识实用性不强。根据岗位需要，澳大利亚 TAFE 学制灵活，模块式课程学习时间不固定，学生根据自己的需求进行培训。而我国高职课程学习时间固定，一般是 3 年左右。即使是高职学分制，修业年限变化也不大。

（三）课程设置实用性比较

澳大利亚 TAFE 课程设置教材不固定，学院根据国家能力标准及实际情况自编教材，内容根据企业需求进行设置。澳大利亚重视学生实践能力培养，TAFE 理论课程主要以够用为准。澳大利亚 TAFE 以实践课为主，课时总量达至三分之二以上。而现阶段我国高职院校课程设置没有凸显职业性、技能性，没有突出学生的技术实践能力。课程以知识为本位，学生动手能力及实践经验不足，难以满足技能型人才的需求。这几年高职专业课时增多，教材落后及实践场地不足，实践课时满足不了实训需要。

（四）教师实践指导能力比较

澳大利亚 TAFE 学院的专任教师现场实训技能强，具有 3～5 年或以上的行业企业实践经验。在教学过程中，教师可以定时下企业实践，及时更新技能知识。TAFE 学院专任教师理实一体化，既传授知识，又指导学生实习。而我国高职院校很多教师专业扎实，但行业实践经验有所欠缺。由于企业实践不足，专业知识逐步落后，技能水平没有得到相应的提高，指导学生实训效果不明显。由于企业参与不足，缺乏学生动手实践场地，学生难以获得职业岗位工作经验。澳大利亚 TAFE 对于实践经验丰富的教师，可以放宽学历要求。而且澳大利亚高职师资重视行业经验，入职后定期到企业实践，及时更新技能知识。而我国高职教师任职资格标准注重学历，岗位经验及教学能力没有引起足够的重视，入职后的定期实践也不足，导致部分高职教师实践指导能力不足，学生职业能力提高效果不明显。

（五）教师任职资格比较

通过对我国高职院校与 TAFE 学院教师任职资格比较，可以看出我国高职院校教师任职资格与 TAFE 学院有很多的不同之处。澳大利亚 TAFE 学院师资标准要有实践经验及四级资格证书。四级资格证书具有职业资格证书和学历证书的双重身份，经过全国资格认证体系的"培训包制度"即TAA培训合格后取得证书。"培训包制度"规定了教师各项能力，包括教学与实践能力，因而教师取得证书的同时也获得了职业教育能力。而《中华人民共和国高等教育法》规定我国高职院校教师任职资格需要岗前培训、高校教师资格证、本科以上学历，并通过高校教师技能课程考试。我国高职院校师资准入标准中没有严格要求实践经验，有的仅要求硕士以上学历，导致选聘教师实践能力较弱。

（六）企业参与课程开发比较

在校企合作中，TAFE学院与企业联系紧密，学院中的专业设置、课程安排等都是由行业企业制定，并且与社会中的行业有很好的接轨。澳大利亚TAFE董事会有与学院合作的企业代表，这些代表也积极参与学院相关专业的建设与课程安排。TAFE学院积极邀请企业代表对学生进行职业教育和培训，通过座谈会等方式完善自己的教学体系。如今，我国高职院校专业与课程主要是由教育专家、政府官员和相关领域的讲师等参与设置，形式比较单一，没有反应现实社会中的需求。并且，我国高职院校与企业合作交流不够。在大部分的校企合作中，学校处于被动地位。企业更喜欢有一定经验的工作者去企业工作，不喜欢没有任何工作经验的毕业生去实习，很少主动参与高职院校的专业设置与课程安排。出现上述情况的根本原因是：缺乏政府的领导、企业文化不够完善以及行业协会力量薄弱等。

（七）企业参与实践基地建设比较

在澳大利亚TAFE学院，企业投入一定的资金与设备，帮助学校建立培训基地，加强学校的基础设备建设，提升学生们的专业操作技能。并且，行业内企业也接受学校实习生进入企业顶岗实习。有的企业在实训基地投入新的设备，让员工熟悉新设备使用以及获得最新的技术，这样让TAFE学院的技能培训紧跟行业的发展方向，让学生有更多的机会接触新的技术和知识。而我国高职院校所建立的实训基地，无论是在校内还是校外，企业都没有积极参与到基地的建设中，即使学校与企业之间存在着合作关系，企业也只是安排一部分高级技工和技师到实训基地去做实训指导教师，教授学生社会实践知识。建立一个共享、良好的实训基地，就要充分发挥学校、政府和企业的积极性，但是通过我国现有情况可以看出，企业并没有积极地参与建设实训基地，导致我国实训基地效率不高。而且政府在引导培训基地建设过程中作用不明显。

（八）行业企业投资比较

近几年，澳大利亚政府对 TAFE 的扶持力量不断减弱，经费的投入也呈逐渐减少趋势，其目的就是为了能够有效刺激高校自筹办学，不断增加企业与个人对教育领域的投入。其中，企业的资金支持是 TAFE 经费的主要来源。一方面，企业提供资金支持可以帮助 TAFE 建设实训基地；另一方面，TAFE 院校可以依据企业设定的能力标准进行课程设置，从中实现利益的双赢。而我国企业对于高职教育的资金支持较少，企业参与高职办学的积极性偏低，如在企业办学中，企业拨款的资金总额仅占全国高职总经费的0.8% 左右。现阶段我国高职教育经费主要是通过政府拨款与学生学费获得，此外也包括少部分的银行贷款和减免税等，并未全面发挥出社会力量投资高职教育的积极性。

澳大利亚是一个勇于和善于学习的国家，它的思想体系、文化传统和政治制度都是在过去数百年间从其他国家（主要是英国）移植过来的。英国的职业资格分等级，采用国家职业资格证书体系（NVQS），而澳大利亚建立了资格框架体系（AQF）；英国的各等级职业资格试图与普通教育相沟通，澳大利亚也将职业教育与中等教育以及大学教育紧密衔接；英国用"学习包"，澳大利亚就用"培训包"。澳大利亚的职业教育在各个方面都是脱胎于英国，但是它能够去其糟粕、取其精华，根据本国的国情适当地本土化，在英国已有的基础上改进，在实施过程中比英国更有效，因此走出了一条源于英国但又不同于英国的具有澳大利亚特色的现代学徒制的成功之路。纵观其他国家的职业教育与培训，具有代表性的是英国和德国，它们都是以企业为本位的，而澳大利亚却另辟蹊径，以学校为本位。其具体做法是以学校为基地，用培训合同来约束，完全由联邦政府和州政府出资向企业购买培训。这种商业化的拨款方式在职教领域是比较新颖的，而且实践证明它是成功的，对于像我国这样政府占主导地位的国家来说，特别具有借鉴意义。

第四节 国外产教融合对我国的启示

随着经济的全球化发展和世界市场的产业融合，国际竞争格局也出现了十分巨大的变化。我国正处在传统制造业向新型制造业转变的重要阶段，需要越来越多的高质量专业技术工作者来实现产业转型升级，因此，我国的职业教育也要根据国外产教融合的教育模式进行本土化建设，借鉴国外的优秀教育模式，创造符合中国实际国情的产教融合模式。就国内研究现状而言，产教融合的研究主要集中于人才培养模式、产教融合模式、教育行政组织等方面。就国外研究现状而言，主要从课程体系衔接、专业建设等方面对人才培养模式进行研究。国外对于产教融合的动力机制研究相对成熟，如德国的"双元制"通过立法对企业、学校等利益相关者的权责利进行明确界定，美国和澳大利亚也具有健全的制度保障体系。国外发达国家的经验对我国的启示主要包含优化立法机制、优化政策执行机制、完善评价考核机制、建立健全课程体系建设、经费投入机制和成果转化机制等。

一、从不同角度谈国外产教融合对我国的启示

（一）国外保障体系和动力机制对我国产教融合的启示

发达国家产教融合的研究对我国的一个启示为资源保障体系的建设。美国社区学院和一贯制科技高中在课程体系建设、师资建设和科技成果转化等方面具有良好的借鉴作用。一贯制科技高中为适应美国经济社会的发展，设计出了以6年贯通学习为特色的自成一体的课程体系，将知识学习和技能培养融会贯通，学校与企业共同治学，共同承担人才培养的任务，共同完善师资，校企双方共同促进科技成果转化。对于我国的产教融合动力机制而言，首先是需要完善经费投入机制，优化经费资源的使用途径，其次是建立健全师资保障机制，完善课程体系建设等。

国内产教融合动力机制的理论研究尚待深入，国内对于产教融合动力机制的内涵并无确切的定义，因此在经典理论的运用上相对贫乏。学者在探究产教融合动力机制的同时，较少运用到激发要素动力的理论，如博弈论、系统论、资源依赖理论、自组织理论等。只有少数学者采用自组织理

论中的耗散结构理论分析了学校和企业层面的内外部动力因子。基于宏观而言，产教融合的顺利运行离不开产教融合生态系统的构建，我国学者可以将生态系统的理论和成果应用到产教融合动力机制的研究方面，诸如产教融合命运共同体的研究、产教融合生态系统的研究等。

我国已有研究普遍认为职业教育的发展需不断推进产教融合，对于概念、理论、途径、机制的研究也日益深入，尤其自 2014 年以来，在我国宏观政策的引领下，相关研究剧增，为我国职业教育产教融合的深入研究提供了更多的参考文献和研究方向。但是，我国产教融合的研究仍然存在一些问题，具体表现在以下几个方面：第一，我国学者虽从不同角度阐述了产教融合的概念，但学术界还未形成有效共识，易导致研究者对产教融合的内涵和外延缺乏深入了解，在研究中出现片面性；第二，在产教融合的理论模型研究上，尽管当前我国学术界运用多种理论分析产教融合问题，并进行跨学科的综合研究，但是在理论与具体实践的结合上仍显生硬，理论支撑仍显匮乏；第三，当前我国产教融合主要存在企业参与动力不足、校企合作深度不足、融合程度不够紧密等问题，学者们也针对问题提出了不少解决措施，但总体而言，宏观政策罗列的较多，微观措施分析的较少，缺乏对宏观政策多角度、多方位的具体细化措施；第四，产教融合协同育人机制研究多停留在顶层设计层面，虽然很多地区也开展了产教深度融合的实践，但对其内部具体怎样融合、融合路径、参与者在不同阶段的具体职责等微观问题研究得较少；第五，产教融合的实证性研究较少，现有研究多侧重于逻辑思辨和经验总结，运用调查法、案例法探索产教融合实然性问题的研究较少。

从产教融合动力体系来看，产教融合动力体系不够健全，基于目前少量的产教融合动力机制的文献而言，学者对于产教融合动力系统的构建尚未呈现系统化趋势，研究内容不够系统，每项研究仅针对产教融合动力系统的某一方面。产教融合动力系统是一个产教融合各类利益相关者共同参与且相互作用的运行系统，既包含利益相关者等各个自组织的运行，又包含它们之间的相互关系以及促使它们有效运行的条件。因此，产教融合动力系统的构建既需要产教融合生态系统的营造，又需要在自组织的"上游"构建动力因子，即供给侧改革，还要优化整个产教融合动力系统的运行机制，对各要素的功能进行清晰界定，搭建对话平台，优化博弈条件。

（二）国外职业教育师资建设成功经验的启示

1.注重校企合作，充分发挥企业在师资建设中的作用

职业教育培养的是适应生产、管理、建设等一线的技术型、技能型人才。企业是检验这种人才是否合格的主要场所。因此，要想保障职业教育培养的人才满足企业、行业的需求，必须引导企业参与职业教育。具体来讲，企业是生产教学实习基地，承担着学生职业基础知识学习和基本技能培训的任务，它能为职业教育提供所需的人力、物力和财力，是职业教育教学的组织者之一，并对职业教育的教学成果进行考核评价。国外成功的职业教育模式无不充分发挥了企业在职业教育中的作用，注重校企合作。在德国以"企业为主"的职业教育模式中，企业发挥主导作用；日本的产学研模式实现了在企业中的培训。而我国职业教育现状偏重传统的学校一元主体，对于企业这一重要主体尚没有足够的重视。在职业教育中，企业可有可无，导致企业积极性较低。企业与职业教育应该是紧密结合的，只有充分发挥企业的作用，找准企业在合作中的定位，才能保证职业教育的质量。

2.聘用大量的兼职教师

国外发达国家或地区的职业教育师资均有"兼职教师多"这一特点。在德国，兼职教师的聘任比较普遍，一般是专任教师占教师队伍的40%，兼职教师占教师队伍的60%，有的甚至高达80%。在澳大利亚，终身聘用的教师越来越少，合同制和临时性教师越来越多。有些职业院校专兼职教师的比例达到1：1。这些国家明显地都以兼职教师为主。兼职教师因来自企业生产一线，具有丰富的工作经验和精湛的行业技能，能够很好地把实践与理论结合起来，教授的内容也正是学生最需要的。因此，我国在职业教育师资建设中必须重视对兼职教师的聘用与管理，充分发挥兼职教师的作用。但我国职业院校以专职教师为主，兼职教师较少，尤其是来自企业的兼职教师更少。这与《中共中央国务院关于深化教育改革全面推进素质教育的决定》中"注意吸收企业优秀工程技术和管理人员到职业学校任教，加快建设兼有教师资格和其他专业技术职务的'双师型'教师队伍"的要求有很大的出入。为解决部分兼职教师教学能力差这一问题，各职业学校可以根据具体情况对其进行一段时间的师范教育，提高其教育教学能力，保证兼职教师职业功能的最优化。

3. 重视教师工作经验的积累和实践能力的提升

现代工作的特殊性对劳动者所掌握的理论知识和实践本领提出了更高的要求，只有经过实践的历练，才能保证技术、技能型人才的培养。此外，除了入学标准规定的硬性学历要求外，在实践经验上要求至少3年的工作经历；未通过"双元制"职业培训的，工作年限提升到8年。在澳大利亚TAFE学院中，要求教师有5年职业工作经历，并且教师每年有两周以上带薪到企业进修的时间，以保证教师的专业技能适应社会发展和技术进步的需要。教师专业能力的实时更新，有利于教师把新技术、新工艺、新设备等状况引入课堂教学，保证学生能及时了解、接触、掌握行业最新需求信息，有利于学生职业能力的培养以满足企业需求，为学生将来进入企业做好准备。

4. 政府的重视和支持

当前校企合作的模式可分为两种：一种是以企业为主的合作模式，如德国的"双元制"、英国的工学交替式培训与日本的产学研合作；一种是以学校为主的合作模式，如美国的社区学院。无论哪一种模式，都离不开政府的重视支持。没有政府的适当干预，职业教育中的校企合作就不可能建立，如德国政府为鼓励企业参与职业教育的积极性，明确规定参与企业可获得国家经费补助；日本政府则制定了相关的法规，要求企业负责职业教育教师培训，建立学校与社会紧密结合的师资培养系统。我国的职业教育在一定程度上可以称之为"内生设计型"的职业教育，尤其是在职业教育尚不够发达的阶段，更需要政府通过强有力的手段为职业教育的发展保驾护航。下面就具体国家的教育模式进行详细阐述。

二、德国"双元制"对我国的启示

（一）我国对德国"双元制"的借鉴

我国借鉴德国"双元制"经验，进行综合课程体系的实践探索。德国"双元制"教育是以理论知识为基础，以应用为目的，教学活动在企业与高校交替进行，双方共同培养应用型人才的职业教育制度。德国的职业技术教育法规定，80%的青年必须接受不同类型的职业技术教育。德国的学生多在完成基础教育后，一方面在工厂做工，接受师傅的指导；另一方面进入职业高等学校，接受相关职业理论学习。学生做工与理论学习交替进行。

做工时，以企业为主，合作学校派出教师进驻企业给予理论指导；理论学习时，以学校为主，企业派出技术专家到学校协商课程的设置与教学。德国高校与企业的产学研合作关系一旦建立，将是长期、稳固和紧密的，其合作非常注重实效。

自20世纪80年代中期开始，我国在不同层面上进行了多种形式的借鉴德国职业教育经验、改革传统职业教育模式的探索和典型试验，主要有3种类型：从1983年开始，我国与德国在技术合作的框架内建立了30余个"双元制"模式的企业培训中心或职业学校，进行"双元制"模式的典型试验；苏州、无锡、常州、沈阳、芜湖、沙市6个城市在教育部和地方政府的支持下，开展区域性的探索；在3个职业教育研究所指导下，多所职业学校开展了典型试验，该试验对促进我国职业教育教学领域的改革产生了深远的影响。其成果主要体现在以下4个方面：其一，与企业合作共同确立了以职业能力为导向的培养目标，拓宽了专业学习面，增强了学生的适应能力，并强化了环保意识和关键能力的培养；其二，打破了原有的学科体系，精简了课程门类，围绕培养目标设置了综合化的课程；其三，确立了"职业基础培训、专业培训、职业岗位培训"新的三段式课程结构；其四，引入了以学生为中心的教育方法，对以讲授法为核心的传统教学进行了改革。

近几年，我国加大了在职业教育方面的投入，全国教育事业发展统计公报显示，2018年高职（专科）院校1 388所，比2017年增加29所，普通专科招生368.83万人，比2017年增加18.09万人；毕业生351.64万人，比2017年增加14.82万人。

（二）德国职业教育体系对我国的启发

近几年，我国加大了在职业教育方面的投入，2019年3月5日发布的《政府工作报告》更是宣布高职院校要大规模扩招100万人。高职院校学生激增给职业教育的发展和改革带来了不少压力，加上我国国情、教育体系与德国大不相同，不可直接照搬这种模式，但却可以从这种成熟的体系中借鉴一些有利于我国职教改革的相关经验。

1.加大国家与社会对职业教育的支持

德国的职业教育推动了当地社会的经济发展，并且德国的失业率在欧盟所有国家中是最低的，职业教育获得社会的高度认可，每年有160万学生主动接受职业教育。而中国的高等职业教育发展缓慢，社会普遍对职业教育存在偏见，认为只有差生才去职业院校，教育环境不利于学生的发展和就业。因此，我国要加强对职业院校的管理，在大力推动职业教育改革的同时，也要加强宣传，改变社会对职业教育的刻板印象。另外，德国对职业教育的管理和监督主要采用立法的形式来保证。我国也应该加大对职业教育的法律支持，制定相关法律，使职业教育的发展有法可依、有章可循。同时各地政府部门也可颁布一些鼓励政策或激励制度，鼓励企业主动参与到学生的培养当中。例如，接受学生实习的地方企业可以免交部分税费，或给予企业相应的实习补贴；对于校企合作的企业，银行适当放宽贷款政策等；对于没有足够的资源和能力进行系统的员工培训的中小型企业，可以借助大型企业的课程和经验，实现资源共享。

2. 改变教育重点，注重能力培养

德国"双元制"职业教育模式的核心内容是让学生进行更多的专业性职业技能训练，拓宽学生对未来职业的选择性，帮助他们迅速地适应当前复杂多变的市场环境，增强他们自身的竞争力，毕业后顺利实现从企业培训到企业雇佣的平稳转变。其教育体制的本质是就业导向，这种教育模式的评判标准就是就业，学生毕业后能够迅速地转化为市场劳动力，对劳动力流动具有重要意义。而我国的职业教育仍然是传统的成绩导向，学生在校期间所学内容无法运用到实际工作中，导致企业没有符合岗位需求的高质量人才可用，而大量毕业生找不到心仪的工作。因此，我国的职业院校要改变过去的以课堂为中心、成绩为中心的模式，大力加强教育和就业的联系，注重对学生职业能力的培养，尤其是独立学习、自我革新、适应市场变化的能力。学校要加强与企业之间的合作，特别是在寒暑假和企业"用工荒"期间，鼓励学生到企业一线实习，使学生深入了解自己所学的专业，同时加深他们对工厂实际生产车间的认识，将所学理论知识与实际生产密切结合。部分高职院校可以与企业签订相关协议，企业接收学生实习，只要学生顺利通过相关考核，毕业后就能到培训企业工作，既解决了学生的就业难问题，又降低了企业的招聘成本和培训成本。

3. 专业设置和课程体系改革

随着社会发展和科技进步，产业结构出现调整，许多传统产业不断消失，新兴产业不断崛起。因此，职业教育的专业设置和课程设定要满足实际市场的需要。在德国，职业学校必须根据德国工商总会（AHK）职业技能资格培训中心提出的要求随时调整课程计划，优先进行部分专业课程的学习。因此，我国职业学校要大力推行教学改革，调整专业设置和课程体系建设，与企业共同制定课程标准，合作开发实训课程和实训教材，培养能够满足实际岗位需求的高质量人才。

4.加强师资力量建设

德国的职业技术专任教师，除了取得相应的学历，获得职称资格以外，必须有3年的校外企业工作经历。而我国高等职业教育发展缓慢，优秀教师不愿意从事职业教育行业，近几年部分学校大力引进的高学历人才，毕业即成为教师，但缺乏社会工作经验。因此，我国近些年也提出要大力建设"双师型"教师队伍。所谓"双师型"教师是指既具备深厚的专业知识，又有丰富的教学理论，同时具备实操技能的综合性人才，本书第一章已进行了详细介绍。因此，职业院校对于优秀人才引进也要摒弃过去的"唯学历论"，可以从企业一线聘请实践经验丰富的技术人才作为实训指导教师。另外，职业院校可以制定相关鼓励政策，如设立实践教学基金，或将企业实践经历纳入职称评审考核标准之中，提升教师自我革新、自我进步的积极性。

5.改变考试考核标准

考试考核能够有效检验职业教育质量，也是促进职业教育质量提升的有效手段。德国的"双元制"体系由学校和企业共同参与课程管理和考核评价。学生既是学校的学生，又是企业员工，因此在德国，毕业生除了参加学校的理论考试外，还要通过企业设定的实践技能测试。而我国大部分高职院校仍然以试卷考核的形式对学生进行评价，模式单一，不能全面评价学生能力。因此，我国职业教育应该结合自身特点，将实践技能的考核加入对学生的评价体系当中，鼓励学生考取国家技术资格认定证书，提高职业院校毕业生的质量。

三、美国 CBE 课程模式对我国的启示

我国借鉴美国 CBE 课程模式，进行模块式课程体系的探索。CBE 教学模式，即以能力为基础的教育教学模式，这种模式的基本特征表现为：突出能力的基础性、突出学生的自主性和突出教学的灵活性。CBE 模式的本质是一种以职业综合能力为基础、以胜任岗位要求为特点的教学体系。它

注重方法、过程以及反馈，学生学习成效较好。将学生的专业学习同实际工作相结合，是美国 CBE 模式的一大特点，也是产教融合的一种重要方式。其基本做法是：学生在完成一定的专业学习后，被安排到与所学专业有关的合作公司、企业等进行有酬工作，学生从事实际工作的时间一般为专业学习时间的 50%。学校负责联系实习单位，用人单位付给学生工作报酬。学校跟踪检查学生的实习业绩，用人单位负责对学生工作实习进行指导和鉴定。学生可以在与本专业有关的用人单位实习工作中获得实际工作经验，为毕业后就业奠定了基础，同时获得了用以支付学习费用的报酬；用人单位发现优秀学生，并在实际工作中考核、录用未来员工，减少了培训职员的费用，有机会雇佣随时可得的临时工作人员，使年轻的技术人才加入企业中来；高校则可以通过加强与企业和社会的联系，了解社会对毕业生的需求情况，不断改进人才培养策略，吸引优秀生源，提高学校知名度，增加办学资源，扩大办学规模和效益。

四、日本"产学官"模式对我国的启示

（一）我国"产学官"协同模式的成效

我国也学习日本及其他欧美国家的创新创业模式，开创了中国特色的"产学官"协同的创新创业模式。我国开始"产学官"协同模式的时间虽然比日本晚，但经过几十年的发展，也取得了不错的成效。自 21 世纪开始，我国长三角经济迅速崛起，特别是以上海为中心，多所名校与海外公司开始共建联合研发中心、实验室等产学合作的设施，对外的合作项目也大大增加，还吸引了各国企业前来投资合作。2001 年，我国加入世界贸易组织，开始紧跟世界经济的步伐。为此，我国大力开展经济体制的改革，适应市场需求，激发经济发展活力。一方面，政府开始制定各项对"产学官"协同的鼓励政策，放宽管制，推进外企和高校的合作，以推动高科技的进步和高端人才的培养；另一方面，政府积极鼓励高校、国企以及民企间的合作，利用政府职能，为三者间的交流开辟道路，提升了三者间的联动性，为其长久的合作保驾护航。除此之外，政府对知识产权的保护工作也不断完善，出台了一系列的政策和制定了一系列法律，积极推进创新创业人才的培养，提升了学生的创新创业能力，推动了创新创业教育的发展。

（二）我国创新创业模式的不足之处

1.法律政策还不够完善

虽然我国的"产学官"协同模式取得了一定的成效，但仍然存在一些缺陷和不足，如法律政策等不完善。虽然经过几十年的发展，我国出台了一系列的法律及相关政策，但在一些细枝末节的过程和规定上还存在漏洞，法律责任也不够明确，从而导致部门之间对各种工作文件的批示程序烦琐，上传下达效率低下。这就会造成学术机构一方获取的信息不足以及时间、人手不够的问题。而对于学生来说，创新创业项目的申请程序仍然比较烦琐，还缺乏对项目信息的认知，承担的风险仍然较大，让学生望而却步。

2.产学双方参与合作的积极性并不高

对于企业来说，即便在法律的强制措施和政策保护下，参与产学合作也不能获得很多利益，因此，它们对于与大学的合作一直保持较为谨慎的态度。加上在当前劳动力较为充足的情况下，企业拥有一定的主动权，对于主动寻求合作的高校也就显得热情不高。而学校内缺乏相关的设备和专门管理机构，又得不到企业的信赖，资金来源较为单一。另外，学生对政府相关政策和学校政策不够了解，加之实践经验缺乏，积极性也不高。

3.创新创业教育师资力量缺乏，课程设置不合理

虽然经过国家的号召，大部分大学都设立了创新创业教育课程，但是此类课程形式不一。有的学校为必修课程，有的学校为选修课程，而且即便是必修课程，任课教师人数较少，大课堂上课的形式居多，很难保证每位学生都能掌握课堂知识。大多数学校对于此项课程的设置也偏向于两周一次或一周一次，学生和教师的沟通较少，基础知识掌握不牢固，对创新创业的态度也比较消极。

（三）日本"产学官"协同创新创业模式对我国的启示

1.完善相关法律法规，制定和落实相关政策

我国应进一步制定和完善创新创业模式的相关法律，采取强制性的措施让企业和大学担负起创新创业人才培养和协同模式构建的责任，强化两者的法律意识。同时，政府需要进一步落实各项政策到每一小步，既要职责明确又要保证效率；通过政策扶植，保证大学等学术机构创新创业研究、教育工作能顺利开展。

2. 积极构建和利用中介机构

创新创业模式的构建需要产学双方信息互通、合力互助，因此社会化服务设施的构建必不可少。我国要积极建立和利用中介机构，为双方的交流互通、资金流动等提供方便高效的服务。

3. 大力培养创新创业师资力量

我国要积极推进创新创业课程形式与内容的革新，通过政策鼓励和资助，扩大全国范围内创新创业教育、实践、研究等方面的教师队伍和力量，优化创新创业课程的安排，适当增加每周课程设置，扩大听课的学生人数，严格课堂管理，实现创新创业课程、教师、学生三位一体的创新创业教育模式。

总之，日本的"产学官"协同模式经过多年的发展日趋成熟，取得了较好的成效。而我国创新创业模式虽然起步较晚，但在"产学官"三者的不懈努力下，不断发展，受到了广泛的重视，也取得了一定的成功。但同时，由于经验不足和国情不同等方面的原因，其仍有许多需要改进和完善之处。我国要认识道自身的不足，积极学习日本"产学官"协同模式的成功经验，反思发展过程中的教训，不断推进高校、企业、政府的合作，完善创新创业各方面的体制机制，为创新创业人才的培养创造一个优良的环境。

五、澳大利亚现代学徒制对我国的启示

我国和澳大利亚的历史文化和国情都不尽相同，不能盲目借鉴，只能灵活变通。笔者在研究澳大利亚现代学徒制改革发展的基础上，再结合我国国情及对我国高职院校产教融合发展的思考，得出以下启示。

（一）以政府为主导的宏观调控制度

澳大利亚现代学徒制之所以能得到社会的认可和政府的重视，很大一部分原因在于澳大利亚现代学徒制具有明确的法律保障。澳大利亚职业教育主要由劳动部门负责，且其作用逐渐加大。在职业教育责任上，我国是一个行业企业参与职业教育意愿和责任感较低、社会对职业教育不够重视且存在诸多偏见的国家，要想推动职业教育工学结合，政府必须在职业教育中发挥主导作用。经过近几年示范院校的建设发展，我国在制度层面已经确立了职业教育校企合作、工学结合的办学思路，并且在实践中已经验证是行之有效的道路。在职业教育今后的发展过程中亟待解决的问题就

是如何在制度上固化和坚定这条道路，为职业教育的进一步发展提供制度保障。

根据目前我国现代学徒制推行的进展情况，以及在此过程中遇到的诸多问题与困难，我国应尽快出台相关的法律、政策以扶持我国现代学徒制的实施，政府应修订《中华人民共和国职业教育法》，明确现代学徒制是我国职业教育体系的一个重要组成部分，另外还应制定学徒培训条例等，为推动我国现代学徒制的实施提供根本性的保障。我国政府虽然也提出了一些建设性的建议，但是却缺乏一定的法律效力和约束力。我国应借鉴澳大利亚的先进经验，把所有的法律条文、政策文件、建议等整合起来形成一部紧跟时代步伐的专项立法。要使我国职业教育取得长足健康的发展，我国还应像澳大利亚一样特别关注弱势群体，为他们提供同其他群体一样享有接受职业教育及培训的平等的权利和机会，并通过制定相关法律制度使之得以保障。我国的市场经济体系受制于政府的宏观调控，校企合作模式也在政府主导下进行。任何制度的改革都需要政府的宏观调控。职业教育制度的改革与发展，现代学徒制的开展与推进，都需要政府的支持才具有政策性。因此，政府应该把该负责的部分管好，其他领域则可以更多地鼓励社会各界参与，进而把握好重点作为、有所作为、委托作为和不需作为的区别。

（二）建立有机协调的管理机制

澳大利亚从成立国家培训局（ANTA）、教育、科学与培训部（DEST）、教育、就业与劳资关系部（DEEWR）直到今天的教育部和就业部，这一系列的改革都是为了使联邦政府、地方政府和产业界以及职业教育机构更密切地合作，也使政府更好地对职业教育与培训进行管理。我国在《中华人民共和国职业教育法》《国务院关于大力发展职业技术教育的决定》《中共中央关于教育体制改革的决定》和《国家中长期教育改革和发展规划纲要》等一系列法律法规和方针政策的指导下，不断推进职业教育管理体制改革，以期可以逐渐形成政府统筹领导、教育部门综合管理、部门分工协作、行业企业参与的职业教育管理机制。要解决现行管理体制中存在的问题，必须进一步深化职业教育管理体制改革，逐步建立"在国务院领导下，地方负责，分级管理，政府统筹，以市为主"的职业教育管理体制。在职业教育改革发展的重要阶段，我国应因势利导、乘势而上，及时调整职业教育管理体制。在机构设置中,我国缺乏像澳大利亚国家职业教育与研究中心(NCVER)这样强有力的研究机构。在未来的改革发展过程中,我国应该考虑建立这种统领性的职业教育研究机构,或把教育部职业技术教育中心研究所打造成像澳大利亚国家职业教育与研究中心(NCVER)这样独立的统筹性的研究机构,统筹安排全国有关职业教育与培训研究的项目。另外,目前我国职业教育是由教育部门负责的,在未来的职业教育发展中,我国应借鉴澳大利亚的经验,扩大劳动部门的作用,促进各类培训的发展。我国可以考虑成立国家职业教育委员会或国家职业教育总局,主要负责制定职业教育与培训的发展规划、发展战略以及相关标准,及时发布职业预警和劳动力市场需求信息,以便职业教育活动为适应经济和社会的发展而迅速做出调整,最终实现统筹教育部门、人力资源和社会保障部门,行业协会和企业的资源综合配置、协调发展。

（三）构建完善、统一的职业资格体系

澳大利亚建立了国家统一认证的证书、文凭和学位框架,将中等教育、职业教育和高等教育很好地衔接在一起。澳大利亚的成功之处在于建立了国家统一的职业资格框架体系和对应的职业资格证书制度,构建了双证沟通的有效管理模式和运行机制。这种制度促进了劳动力市场上的职业资格证书的互认,促进了职业教育的发展。目前,虽然我国的国家职业资格体系已初步建立,但是还有很多地方不太完善。我国应借鉴澳大利亚的成功经验,将职业教育与职业培训结合起来,发挥职业院校和培训机构在推进职业资格证书制度中的作用。在职业院校大力推行职业资格证书制度,促进学历证书与职业资格证书相互沟通、衔接及转换,加强学校专业设置、教学内容与劳动力市场的结合。同时,职业资格证书的获得应与学历教育紧密结合,减少重复,提高效益。另外,构建职业资格框架将职业教育与高等教育衔接起来,完善我国的职业资格体系,尽快制定国家职业标准和职业资格制度,建立全国统一的职业资格认证制度。我国可以考虑把职业资格证书的颁发与证书内容的修订统一集中由教育部门管理,而人力资源和社会保障部门可以协助教育部门,根据行业、企业实际需要及用人岗位的需求,提供教育培训应达到的全国统一的标准,以保证我国职业教育的质量和教学内容的一致性、有效性和可操作性,从而使职业教育得到全社会各行各业的肯定和认可,真正使学历证书与职业资格证书"双证融通"。

（四）优化经费机制

经费是保障职业教育顺利发展的最关键的因素。澳大利亚一方面加大对现代学徒制的经费投入，另一方面对职业院校和培训机构主要通过购买培训，采用商业化的拨款机制，同时利用行业、企业等的资金投入，不断提高职业教育与培训的资金利用率，同时调动了各方的积极性。因此，我国一方面应加大对职业教育的总经费投入，确保职业院校具备办学的软硬件资源。目前我国应借鉴澳大利亚的经验，引入竞争机制，优化经费体制。同时应借鉴澳大利亚购买培训的拨款机制，改革政府对职业院校的财政拨款机制。另一方面，我国政府应出台相应的政策，明确学校和企业各自的权利和义务，对积极参与培训的企业以及培训效果显著的企业给予一定的经济奖励。我国一方面要保证政府财政的主渠道作用，使经济发展与职业教育经费的投入同步增长；另一方面还要广开经费来源渠道，多方面筹措资金，完善职业学校自身筹资和投入机制。

（五）建立校企合作长效机制、行业深度参与指导机制

职业教育与行业企业的关系最为密切。由于文化传统、政策制度等原因，我国企业对深度参与学校职业教育的兴趣普遍不高。虽然政府很鼓励企业参与职业教育，也出台了许多相关的政策文件，但是我国缺乏校企合作的长效机制和制度保障，真正具有可操作性的实施细则少之又少。因此，我国尽快出台能切实保障校企合作的法律法规制度，为校企合作提供一个有效的法律保障和制度平台。地方政府也要出台推进校企合作的地方法规，颁布与国家政策文件相配套的、具有可操作性的具体实施规则，建立像澳大利亚的行业培训咨询组织、新学徒制培训服务中心等这种类型的相关中介机构，搭建校企合作的服务平台。各职业院校也要发布推动校企合作的激励政策，建立有效的激励机制，形成互动、双赢的校企合作体制，从而使企业积极、深度有效地参与学校职业教育过程，使学校学习与工作现场学习真正结合起来，如培养"双师型"教师队伍的激励政策、教育专项资源配置的激励政策等。行业的参与和指导是我国加快发展现代职业教育不可或缺的重要力量。行业参与和指导职业教育的质量、水平、能力和力度是我国职业教育发展情况的一个重要体现。各地方政府与职业院校应积极响应《教育部关于充分发挥行业指导作用推进职业教育改革发展的意见》（教职成〔2011〕6号）的文件，成立行业职业教育教学指导委员会，为各教育

行政部门提供咨询和建议，帮助和指导职业院校开展教学改革，为职业教育政策的制定提供建议，推动校企合作。行业作为职业教育发展的第三方，可以最大限度地发挥监督和管理的职责，保证校企合作快速有序地进行，切实推动职业教育的改革与发展。目前，我国的行业协会还很不发达，发挥作用的范围也相当有限。因此，政府应加强制度建设，通过颁布相应的法律法规来明确规定行业参与职业教育的责任、权利和义务；出台具体的政策措施，完善行业深度参与机制，并明确、细化行业参与职业教育的"参与机制""激励机制"以及"保障机制"等具体的制度。借鉴澳大利亚现代学徒制的改革发展经验，建立长期稳定、和谐的校企合作关系，建立行业、企业等利益相关者积极参与职业教育的激励机制，这是国际上许多国家实施职业教育过程中总结的成功经验，也是我国在未来职业教育校企合作发展中的趋势。

第六章　产教融合视域下高职教学管理实践

第一节　产教融合视域下的校企合作教学实践

一、从不同角度谈校企合作教学实践

（一）订单式教学模式加强实践教学

在产教融合指导思想下，为了使人才的培养事半功倍，并突出高职院校的教育特色，下面笔者以高职教学中英语教学为例进行说明。英语教学要进行创新，人才培养模式可根据企业需求采用订单式教学模式，以企业对英语人才的实际需求为目标，研究制定相对应的教学内容。

在教材方面，学校应加强教材内容与现实需求之间的联系。英语教师在选择教材时要树立正确的理念：一是教材要偏重实践，偏重应用，结合国家战略下市场的实际需求等因素综合考虑；二是教材要有时代的前沿性，要与时俱进；三是树立正确的人才培养目标——培养时代需要的英语实用性人才。只有把握以上三点，才能真正做到教材和现实紧密相连。在师资方面，教师要走进企业实践。要想培养出应用型英语人才，英语教师既要有高水平的专业知识，又要有丰富的实践经历。高校教师的专业知识和科研水平毋庸置疑，但缺乏企业的实践经验，因此培养"双师型"教师队伍是培育实践型人才的关键。英语教师要走进企业，熟悉企业对英语人才的要求，积累实战经验，从而在课堂上更有针对性地提高学生的应用能力和知识水平。

（二）增强企业产教融合观念

企业要以互利共赢为理念指导，增强参与校企合作的意识与能力。企业作为构建产教融合命运共同体的关键主体，既是资源与实践平台的供给者，又是人才与产品的获益者。在校企合作过程中，企业的参与度与配合度直接影响工程人才的质量与水平。高职院校产教融合建设反复提到要加

强与企业的合作，打造共商、共建、共享的工程教育责任共同体。然而，要实现企业的深度参与，除外部保障与激励措施到位外，企业还要做到以下几个方面。

首先，企业要树立正确的校企合作观，提高社会责任意识，充分认识自身在校企合作、产教融合中应承担的责任，明确自身作为产教融合主体的地位。其次，企业还要强化自主创新与品牌建设的意识，深刻理解产教融合对企业人才储备与技术创新的重大意义，激发其参与校企合作的内部动力。当然，企业仅有参与意识还不够，还需对自身发展进行科学长远的战略发展规划，多方探索不断提高服务校企合作的能力。校企双方作为合作的主体，不仅要明确自身需求，还应了解对方所需。特别是在新经济发展背景下，产业经济调整升级对企业发展与高职院校人才培养都产生了深刻的影响。

在校企合作中，校企双方所提供的应是各自发展最需要也最欠缺的，因而企业相关部门在与高职院校进行合作之前，需与合作院校进行全面深入的沟通与交流，在对其优势与不足进行客观分析的基础上，结合自身需求与能力，与合作院校共同商讨制定翔实可行的校企合作方案。只有这样，才能使校企双方资源得到最大程度的发挥与利用，提高合作的效率与质量，真正实现教育与产业的深度融合，契合产教融合下的校企合作教学发展目标。

在校企合作过程中，派遣企业优秀工程人才到高职院校任职，这样既有利于提高高职院校工程人才培养质量，又有利于将企业的发展需求准确传达给学校，促使高职院校工程教育改革更具有针对性；既有利于加强校企之间的交流与合作，又有利于提高企业服务校企合作的能力，实现校企之间的良性互动，深化产教融合。我国高职院校发展至今，已经进入内涵建设的攻坚阶段。在国家大力倡导进一步深化产教融合的背景下，产教融合下的校企合作教学建设为高职教育发展提供了全新的发展方向与发展契机。政府、学校、行业、企业作为深化产教融合的重要主体，在对高职院校产教融合发展现状进行深入了解的基础上，应进一步明确各自承担的责任与义务，通过构建产教融合命运共同体，在各司其职的前提下相互支持，推动高职院校产教融合向下一个全新阶段不断迈进。同时，要培育高素质的工程技术人才，建设属于高职院校的产教融合下的校企合作教学建设行动。

（三）探索"工作室制"教学模式，推行研究式教学改革

1. 面向社会开放校企合作办学

以高职院校设计学院的"工作室制"教学模式为例，该模式具有典型特征，是产教融合成功的实践案例。下面就详细地分析一下"工作室制"教学模式是如何在产教融合视域下推行研究式教学改革的。

职业教育中的"工作室制"教学组织形式主要是指在项目教学理念的指导下，根据学生专业和知识结构的不同，将学生分到若干工作室，在工作室负责人主持下，带领几名专业教师对工作室的学生实施教学。其实质就是以项目为中心，以项目操作为主导，以最终成果为载体的新型教学组织形式。目前，众多职业院校在艺术设计、影视编导、动漫绘画等专业广泛运用工作室教学。"工作室制"教学组织形式以企业真实项目为中心进行教学，教室相当于企业车间，教师相当于师傅，学生相当于学徒。在这样的教学环境下，通过教师的指导，学生依靠自身的努力和相互协作，从而完成预定的项目。这种教学组织形式不但有利于学生熟练掌握专业技能，培养学生团队协作精神，而且学生可以依靠工作室这个学校内部窗口，了解企业真正的工作环境和技术需求，发现自己的不足，实现学校和企业的无缝对接。

建立"工作室制"的教学模式，对于设计学院毕业的学生来说可以直面就业，设计面对的工作以工作室的方式展开，既方便又快捷，工作针对客户一步到位，非常适合学生实习。工作室或开放性应用型人才教育的主体包括学生、教师和企业，只有处理好三者的关系，一切才能顺利发展。专业要面向行业企业，校内外师资必须互补，因此聘请设计机构一线设计师参与教学是一项重要举措。由于企业设计师都有其所在单位的本职工作，他们来校参与教学的时间、担任的教学任务和开展教学的方式与学校的专职教师有所不同。过去，聘请企业设计师担任课程教学任务，像学校专职教师那样进行管理，既不科学，也不合理，难以持续。而"工作室制"的教学模式为持续开展提供了可能，可以做到因人而异、灵活选择，定期带课教学、点评环节预约参与、讲座交流等多种形式就成为设计类课程教学的特点。它既发挥了企业设计师实践经验丰富的优势，又避免了企业设计师的时间碎片化的客观问题。比如，设计课除了期末公开展评外，中间也穿插校企合作的过程展评，还邀请宁波、上海的有关企业设计师参加，既给学生带来了行业企业设计一线的经验和动态，又化解了企业设计师的时间档期问题，获得了师生的一致好评。

2.打破课程壁垒，强化实践教学

由"工作室制"教学模式改革实践可知，若要对学生综合素质的提高产生积极影响，就必须在课程设置和组织教学方式上进行调整。如果仍然沿用原有人才培养方案，以一门一门的课程进行教学，显然有所不适。因此，高职院校要以学生能力培养为核心，对人才培养方案进行研讨和修订，注重学生的综合素质培养，使技术类课程、理论课及人文课程在课程体系中得到足够的重视。比如，在设计课中专门安排有关绿色、节能和生态等自主实验环节，学生经过实验操作，将模型、样品、方案图册、成果展板一起作为最终成果在期末展评中展出，在工作室进行校、企、生多方评价交流。而专业课程的设置，也要强调各专业间的融会贯通。从近几年学生设计作品来看，普遍比往届的成果要丰富很多，可以说为其今后的专业学习、毕业设计，直至走进行业企业打下了扎实的基础。

3.打造公共平台，促进交流合作

基于核心能力培养的"工作室制"下的任务驱动和项目化教学模式为师生之间、高低年级之间的交流与合作创造了条件。首先，专业的工作室就是专业的研究所、准设计机构。在工作室中，校内教师、企业设计师带领和组织学生参与设计项目，师生之间形成了良好的师徒关系。其次，工作室内部不同的团队之间也需要合作，而且高年级工作室与低年级设计课相结合。在各个专业设计课程的阶段性展评考核环节，工作室的高年级学生作为教师的助教参与课程展览等教学环节。身份的转化和交流评价既促进了学生自身的学习，又为专业教学添加了"助教"资源，这些"助教"学生是设计类专业不可或缺的教学资源。更重要的是，这种文化可以流传，低年级学生将来会延续这种传统，具有可持续发展性。

4.教科研项目化，稳固"专""兼"职队伍

应用型人才培养的定位，专业所对接行业企业的快速发展，要求高职院校必须重视、建立和稳定具有一定数量和较高质量的外聘兼职教师队伍。以某设计学院为例，该设计学院的外聘兼职教师队伍来自其他高校同类专业优秀教师和相关行业企业的一线设计师。近几年，该设计学院加大了以相关行业企业设计师为主的兼职教师队伍的建设。考虑到学生项目设计能

力的培养需要和企业设计师自身的实践经验优势，设计学院安排企业设计师重点负责专题讲座、专业实习、毕业设计等实践性较强的项目化的课程。考虑到教学的规范性、持续性和可操作性，根据年级高低和专业的不同，他们实行教研组"理论教学"与"工作室制教学"紧密结合的方式，使理论与实践相结合，实现了设计构思、设计表现和设计物化等方面的充分融合。工作室人员构成项目团队，实行进出动态管理，极大地调动了学生的学习热情。"工作室制"运行期间吸引了相当数量的校内教师、企业设计师和优秀学生共同参与教科研项目，建立了比较稳定的"专""兼"职队伍，营造了良好的专业学习氛围，通过"工作室制"实现了校企合作、师生合作、生生合作。

5.加强教学项目设计，提高学生实践能力

从教学改革与实践角度谈，"任务驱动+项目化教学"的"工作室制"是学校与企业的合作平台，是教师与设计师以及学生在此开展专业知识学习和设计能力训练的地方。在这里，设计师把企业的任务或需求以项目的形式发布。教师根据项目的种类、规模和缓急情况，组建由学校教师、企业设计师和学生组成的项目团队，然后以项目为导向，以师傅带徒弟的形式在"干中学、学中干"，边学边做，开展真题真做或真题假做，进行项目化的实践教学，训练学生的综合能力和快速设计能力（也称即战能力）。

传统的设计实践教学比较关注设计题目的类型变化，并在各种类型的设计实训中解决其基本问题或单一问题。在"工作室制"的教学模式下，项目往往是企业的实际问题或行业的热点问题。而且项目的开展和结果还受到来自市场带给企业的竞争压力。因此，任务驱动下的项目化实践教学对教师、设计师和学生团队提出了更高的要求。一个项目下来，学生能够得到更多的综合能力方面的训练。"工作室制"的教学模式可以将理论基础教学与实际项目相结合，学生在教师的带领下进行实际的具体项目操作，在操作中消化理论知识。同时，该模式通过实践解决设计过程中的问题，为学生实践提供了良好的环境，将设计的实践性凸显出来。

"工作室制"教学模式是研究性教学与过程性考核为一体的创新教学模式。它不仅是引进项目，突出实践，还为研究性教学创造了良好的条件和氛围。首先是研究问题的导入和驱动。由于项目多是企业的实际问题或行业的热点问题，项目进展中必然针对这些问题进行研究。其次是确定研究框架，建设考评体系。有效控制项目推进过程是教学的难点。项目用研究框架引导、控制过程的关键点，并建立分阶段的考评内涵指标，以保障研究性教学的推进。随着项目的推进，每个项目设计作品都需要经历多次汇报交流。这样做的目的是，一方面可以整合多方智慧、提高作品的水平，另一方面锻炼了学生的表达和沟通能力，更重要的是开放的教学氛围充分调动了学生学习的积极性和自主性。在这样的教学模式下，各种角色发生了变化，提高了教学效果。

合作教学形式多样，包括校企合作、课程间合作和高低年级合作教学等多种方式。开放式教学表现在教学组织、师资队伍和受众者学生的开放，即教学场地和教学环节向企业开放、向其他高校开放、向不同年级开放。比如，请企业设计师、其他高校同类专业教师定期带课教学、点评环节预约参与、讲座交流等多种形式。工作室除了期末公开展评外，中间也穿插校企合作的过程展评交流，以及与专业学习有关的学术讲座，营造出合作、开放的氛围和良好的人文环境。

6."职业核心能力"课程教学实践

所谓职业核心能力，在国外被称为"职业关键能力"。职业核心能力是人们职业生涯中除岗位专业能力之外的基本能力，它适用于各种职业，适应岗位的不断变换，是伴随人终身的可持续发展能力，是人们从事任何职业和岗位都不可或缺的基本能力。1998年，我国劳动和社会保障部在《国家技能振兴战略》中把职业核心能力分为八项，包括与人交流、教学应用、信息处理、与人合作、解决问题、自我学习、创新革新、外语应用。如果学生具备了这些能力，将对他们今后的就业和职业生涯发展具有十分重要的意义。

7.教学课程实践探索

在教学实践中，教师们采用"实践—总结—反思—完善—再实践—再总结"的研究思路，进行了以下几个方面的探索。其一，研究适合中职学校学生的核心能力课程的内容及学习目标。其二，探索适合中职学校学生的核心能力课程的教学方法与模式。其三，研究适合中职学校学生的核心能力课程的教学设计、组织形式及反馈评估方式。其四，研究核心能力课程对中职学生日常行为的影响并进行效果评估。

8.提高学生素质，增强核心竞争力

职业教育要提高学生职业的社会竞争能力，即与人合作、与人交流、解决问题的能力，进而通过训练提高他们的就业能力。其主要做法如下。

（1）以培养学生的就业意识为先导。职业核心能力的培养不同于一般的知识理论系统的教学。其教学目标不在于掌握核心能力的知识和理论，而在于培养学生的就业意识、行为习惯、良好的心理素质等。

（2）以职校学生的爱学乐学为基础。职校大部分学生的特点是对学习缺乏主动性，贪玩、好动、静不下心。由于专业课大多采用讲练结合，加之学生对自己的专业还算感兴趣，学习起来还不算痛苦。但是，他们对文化课的学习可就是另一番态度了。因此，核心能力课的教学方法必须改变以往文化课的教学模式，才有可能达到提升学生就业能力的目的。

（3）以游戏活动为载体。针对学生的实际情况，教师在许多方案中选择了学生最想要、最愿意、最高兴的一种方式，那就是让他们在玩中学。教师可以游戏活动为载体，采用角色扮演、分配任务、拓展训练等形式进行本门课程的教学。在整个教学活动中，教师只是一个主持人，而学生是主体、参与者。他们通过积极主动地参与、体验、感悟、分享，最终增强"与人合作""与人交流""解决问题"这些方面的意识，养成一些良好的个人习惯，进而使自己的就业能力有所提升，为今后的就业服务。

（4）根据学生的反馈而不断改进。教师在教学过程中应随时征求学生的意见和建议。由于是两位教师同时在一个班上课，针对学生提出的建议，两位教师总是及时交换意见，研究、改进教学内容和方法，不断总结教学经验，在摸索、创新、改进、总结中前行。在一轮教学完成后，学生的反映相当好。学生在学期总结中写道："核心能力课由最初的迷惑、不懂，到现在的喜爱、渴望，让我们学到了好多书本上根本学不到的东西，感受到了什么是齐心协力、什么是团结友爱、什么是无私奉献，使我们真正感悟到与人合作、与人交流、解决问题的重要性。在玩的过程中我们懂得了许多人生的哲理，这是我们人生当中最重要的一门课程。毫不夸张地说，在这门课上所学、所感、所悟、所思将会使我们受益一生、享用一生。"有几个学生在总结中是这么说的："核心能力课是在快乐中度过的，在盼望中迎来的""核心能力课不仅仅让我们懂得了一些东西，更多的是给我们心灵上的撞击""核心能力课是我们就业前实战演练的平台"。

二、产教融合视域下的校企合作教学实践模式

产教融合视域下的校企合作有很多，通过学校和企业多年的合作，双方互相信任、互相支持，勇于解放思想，打破常规，大胆创新，以相互服务为宗旨、以共赢为目标，热情的付出得到了回报。归纳起来，笔者针对企业的特点，寻找校企合作的结合点，成功创建了多种校企合作的实践模式。

第一种模式是挂职锻炼，培养"双能型"学生。校企合作是培养"在校能学习，在企能工作"的"双能型"学生的最好课堂。"双能型"学生素质的培养离不开高校，更离不开企业。根据校企全面合作协议，为在读学生制订挂职顶岗计划，选派优秀在读学生到生产第一线挂职锻炼，历时半年到一年，充分接触企业的生产实际，探索理论知识与生产实践的结合点，最大限度地发挥自身的学习能动性，在实践中发现自身理论学习的不足，采取"理论—实践—再理论—再实践"的学习模式。挂职学生深入生产实际，直接参与一线生产和技术工作，实现与一线技工的充分接触，参与事故调研、分析、处理，参加企业技术研发、培训、科研等实际工作。具体的工作实践不仅能够提高学生的专业技能、社会工作经验，还能够密切高校与企业的技术联系，稳固教学实践基地。

第二种模式是校企共建研发平台。高校具备较强的科研团队和完善的科研体系，企业具备较强的生产制造和市场运作能力，两者拥有不同的特点，恰好使两者具有较强的互补性。以郑州某高职院校为例，该院校为更进一步促进产教融合的有序高效进行，在校企合作之初，双方就组建成立了"郑州某热能设备研发中心"，在此基础上，校企双方签订合作协议，建立中心管理制度，完善校企交流机制，全面推进校企合作的高效开展。这样在校企合作的框架下，结合企业生产实践中存在的技术问题，充分发挥高校较强的科研能力，相继在企业与高校建立若干实验平台，已取得多项科研成果。

第三种模式是校企互聘互派，携手共发展。为实现更深层次的校企交流，更充分地实现资源共享，高职院校可以与企业共同创建校企互聘模式。在企业方面，企业聘请高职院校资深教授作为企业技术顾问，并通过政府渠道，派驻企业作为科技特派员，实现日常对企业的技术和理论指导；定

期为企业技术人员举办理论技术培训讲座，讲解专业理论知识，介绍本行业理论研究与国际最前沿科技成果状况，使企业员工增长了见识，加强了理论学习，对企业综合知识水平的提高有巨大的促进作用。在高校方面，学校聘请企业领导与高级工程师作为学生的兼职导师或生产实践指导员，实现对挂职在读学生的生产实践活动的技术指导；定期为学校师生介绍当今行业生产制造能力、行业市场行情和发展前景等行业知识，对高校了解专业行情、促进学生择业就业具有宝贵的指导意义。

第四种模式是拓展渠道，建设"双基地"创新模式。在研发中心功能框架下，校企合作可以创建高校"科研培训基地"与企业"生产实践基地"的"双基地"创新模式。高校基地充分利用自身科研与教学实力，充分开展企业新型产品的开发与研究，同时肩负企业员工理论技术培训的责任。企业基地重点为高校在校生提供参观实习与工程实践实习的场所，提高在校生认识实践的能力，提供动手实习的机会。在充分发挥"双基地"工作模式的基础上，校企双方利用在各自领域的影响力，进一步扩大基地范围，为对方提供更大的学习成长空间。比如，高校为企业引荐更多学界专家教授，通过培训进一步提高企业员工的知识水平；企业为高校学生协调其他实习基地，丰富高校师生的实习内容等。这些校企合作的教学实践模式都充分体现了产教融合的优势，在产教融合的过程中使学校、企业双方都受益，最终获得了双赢，同时在学生的学习生活、就业实践等方面也起到了促进作用，使社会对人才的需求得到充分满足，是现代社会成功的教学实践案例。

三、学生在校企合作实践中受益

实习是每一位毕业生必须拥有的一段学习经历，它使学生在实践中了解社会，在实践中巩固知识；实习又是对每一位大学毕业生专业知识的一种检验，它让学生学到了很多在课堂上学不到的知识，既开阔了视野，又增长了见识，是学生走向工作岗位的第一步。学生在产教融合下的校企合作中收获很多，体会也很深刻。学生得到的益处可概括为以下六个方面。

第一，促进了理论知识与实践知识的有机结合。在实习中，学生可以更细微地认识到专业知识在该行业的应用，也认识到理论应用与生产实践之间的差异，见识了生产中理论与实际的结合，学会了如何用理论指导实际、如何用实际反馈理论。

第二，增长了见识，对相关行业有了更清晰的认识，对自己的职业目标有了更明确的定位。在企业的实习过程中，学生对现实的生产有了系统的认识，了解了生产中各个环节的难点和重点；在日常的工作中，更有机会随企业领导到其他企业、展会参观学习，及时了解同行业的发展程度及与同行业内不同企业间的发展差距；通过与不同企业的接触，了解了相关行业的职位设置和职业需求，及时修正自身设定的职业规划，对自身的择业就业规划有重要的指导意义。

第三，强化了专业技能，增加了职业竞争的砝码。进入企业实习之后，校企双方为学生制定了详细的实习方案，从刚开始的了解和熟知企业各个生产环节的认识实习，到老员工带教辅导性实习，再到最后的独立工作，整个过程由简到繁、由浅入深，使学生逐渐掌握工作所需的各项技能，也为将来毕业之后在激烈的职场竞争中增加了有力的技能砝码。

第四，提供了独立思考的机会，提高了解决问题的能力。企业的发展在于产品的不断创新，研发中心要在现有成熟产品的基础上不断推陈出新。为满足设备各种工况要求，学生需要在实践过程中解决各种各样的问题。学生通过在企业独立承担工作任务，加强了自身的独立思考能力，提高了解决问题的能力。

第五，提前了解学校生活与职业生活的差异，促进了自身角色的有效转变。通过一年多的驻企实习，学生充分认识到职业生活与校园生活的巨大差异，以及职业生活与校园生活的不同需求，为毕业后身份的转变提前做好相应准备，进一步保证了工作后角色转变的适应性，以便尽快适应职业生活，提升竞争力。

第六，形成了吃苦耐劳的作风。学校的生活节奏相对较慢，与职业生活中追求速度、追求效率有很大的差异，校企合作提供的实习机会能让学生形成吃苦耐劳的作风。比如，在某公司实习过程中，为了完成繁重的工作任务，学生往往需要较多的加班时间，这个过程可以有效考验学生承压的能力等。

第二节　产教融合视域下高职不同专业教学实践

国家经济社会发展进入了新常态，工业化、信息化深度融合带来新业态、新技术、新模式等新经济蓬勃发展。新兴产业发展对人才的创新性、实践性需求日渐渗透融入人才培养的各个环节，迫切要求高职院校创新教育培养模式、组织形态和服务供给，将教育内容向社会延伸，加快校企协同育人。当前，国家高度重视产教融合发展，旨在发挥教育变革发展与产业转型升级相互引领、互为支撑的重要作用，共同推动经济社会协调发展，但实施过程中却存在着各方参与积极性不强、融合难以深入的现实问题。大多学者对其原因的探讨多是从产教融合的顶层设计、制度层面的宏观状态分析，而缺少对企业、学校、政府、行业等实施主体进行深入的微观原因分析。作为实施产教融合的重要主体，高职院校要深刻认识产教融合的发展内涵，找到制约产教融合发展的现实困境与解决方案。

一、服装设计与工艺专业教学实践

（一）专业特点

高职服装设计与工艺专业的目标是培养德、智、体、美全面发展，具有广泛的专业理论知识和扎实的专业技能，具有良好的职业素质，面向设计、掌握结构、熟悉工艺的能适应社会主义市场经济需求的服装生产第一线高等技术应用型专业人才。高职院校服装设计与工艺专业的最大特点是专业的应用性、实践性很强，要求学生具有较强的专业技能和创新能力。如何将服装设计的理论教学与服装工艺的实训教学更好地、更有效地融合是高职院校服装设计与工艺专业实践教学的重点和难点。

（二）校企双主体教学平台建设

以"专业融入产业、教学融入企业"作为办学理念，学校高度重视产教融合工作，经过多年的研究，包括针织专业在内的纺织专业群积极探索与纺织行业企业的合作办学模式，创建的四种校企双主体教学平台分别是职业教育集团平台、政校企共建校内实训基地平台、校企共建校外实践教学基地平台、企校联合搭建项目平台。

1.联合组建职业教育集团平台

由学校与纺织协会联合牵头成立纺织职业教育集团，以纺织产业和纺织专业教育为纽带，集聚了纺织类大中专院校、行业协会、研究院所、检测机构及省内外纺织服装企业等100多家成员单位。集团充分整合各方优势资源，深化校企合作，创新学校与企业协同育人的体制机制，以协同创新为突破口，构建协同育人新模式，校、企、行共建纺织专业群实习实训基地，在订单培养、实习实训、招生就业、师资队伍建设、员工培训、技术研发等方面开展校企深度合作，形成了资源共享、互利共赢、共生发展的良好局面。

2.政校企共建校内实训基地平台

平台充分利用省财政资金、学校专业建设经费、企业支持等，围绕"专业训练、技能提升、技术先进"的要求，持续推进校内实训基地建设。校企合作开发校内实验实训项目，既为学生夯实专业理论知识、提升专业实践技能、接受系统性专业教育提供了保障，又为校企合作开展技术研发、技术技能培训等创造了条件。

3.校企共建校外实践教学基地平台

依托纺织产业集群优势，通过校企共建、共享、共管的合作方式，针织专业可以与多家关系稳定、资质优良的企业联合，共建大学生校外实践教学基地。企业不仅为学生的基地教学实习和顶岗实习提供真实的环境和岗位，选派技术、管理骨干和生产技术能手担任实践教学指导教师，还选派技术或管理骨干参与专业人才培养方案制定、实践教学课程体系构建、实践教学标准制定、人才培养质量评价等工作，实现校企双主体办学。

4.校企联合搭建项目平台

省、市、区行业协会或商会通过牵头组织相关企业和学校，以行业技能竞赛、标准制定、教材编写等项目为纽带，共建项目合作平台，如针织专业教师与纺织行业协会合作开展送教入企、技术咨询、技术鉴定、项目论证、培训教材编写、职业技能大赛等项目或活动，组织学生参观企业、参加或观摩相关职业技能大赛等。这些项目或活动平台不仅极大地提升了专业教师的实践教学能力，帮助专业教师及时了解和掌握产业发展的新动态，还促进了学生对行业技术和企业文化的了解，帮助学生提升职业岗位技能，更好地增进了专业与产业、学校与企业的融合，为校企合作办学发挥了积极作用。

二、针织技术与针织服装专业教学实践

（一）校企双主体办学实践教学体系的构建与实施

在高职教育教学中，实践教学是培养高素质技术技能型、管理型人才的关键，也是提升学生职业岗位能力的关键。高职针织专业的实践性很强，主要面向针织及服装行业培养具有良好的职业素养和职业技能、创新理念和实践能力，以及具有针织产品和服装服饰设计、生产管理、贸易销售、营销管理等岗位能力的技术技能型、管理型专门人才。结合针织行业企业岗位能力需求及创新型人才需求的特点，按照人才培养方案"基本技能培养—专业技能培养—综合技能培养"的递进培养顺序，突出专业学习的职业性、开放性和创新性，针织专业充分依托校企双主体办学平台，构建了一套以"专业认知实践、专业课程实训、技能竞赛实践、基地教学实习、顶岗实习、毕业综合实践"为核心内容的阶梯递进式实践教学体系。

（二）纺织服装类的顶岗实习

通过阶梯递进式实践教学体系实施，当学生对纺织行业企业的相关岗位职责有了一定的认识后再进行顶岗实习。学校提前遴选校企合作基础好的纺织服装类企业、贸易公司、检测机构及研究院所等到学校召开供需见面会，让学生与这些单位进行双向选择，学生到用人单位的实际岗位进行顶岗实习。企业作为顶岗实习管理工作的第一主体责任方，须安排学生的实习岗位，指定专人对学生进行实习指导，帮助学生在真实的工作环境和岗位上尽快适应岗位职责要求，提高工作能力。同时，企业还须对学生在工作、学习及生活方面进行监测和管理，对学生在实习过程中遇到的问题及时跟进和处理。顶岗实习是专业教学的重要组成部分，学校对顶岗实习工作同样负有主体责任，学校专业教师须与学生、企业保持紧密联系和沟通，并经常下企业现场指导，对学生的实习情况进行监管，与企业师傅共同对学生的实习情况进行考核和评价。由于学生在顶岗实习时需要履行其实习岗位的大部分职责，基本是独当一面，因此对学生具有较大的挑战性，对培养学生的专业技能、工作习惯、职业道德等都有极大的促进作用。

（三）针织技术与针织服装专业毕业综合实践

在学生开始顶岗实习时，针织技术与针织服装专业教学计划中的最后一个实践教学环节是毕业综合实践报告的撰写。此项任务在学生顶岗实习时即已布置，学生在针织技术与针织服装专业教师的指导下，根据实习期间的岗位和职责，选择与针织技术与针织服装专业相关的课题撰写总结报告。经过多年的实践，笔者发现高职院校学生的文字组织能力普遍较低，撰写实践报告对学生及其指导教师都是一项挑战，从教师指导学生如何选题、查资料、撰写提纲及内容，到对学生的报告反复进行审阅、批注、修改，过程极其艰苦。教师对每个学生的报告都需批阅和修改2～3遍，花费大量的时间和精力。但是此番训练不但极大地提高了学生观察学习和思考总结的能力，而且提升了学生将相关实际问题构建起针织技术与针织服装专业知识框架和撰写针织技术与针织服装专业报告的能力，实现了从针织技术与针织服装专业知识到实际生产、从针织技术与针织服装专业技能到岗位技能的转化。学生在发现问题、分析问题及解决问题的过程中，提升了对针织技术与针织服装专业、能力、岗位、管理、人际关系等方面的认知。

三、时装零售与管理专业教学实践

（一）企业真实项目融入课程项目

时装零售与管理专业在进行产教融合教学实践的过程中，探索将企业真实项目融入课程项目进行实践操作，并将大学生创新创业能力培养融入其中。在项目的组织过程中，专业师生积极与合作企业达利集团的各个部门进行沟通、联系，企业专家全程参与人才培养方案、课程标准的编写，共同寻找合适的企业项目，结合课程项目一起进行设计并实施。例如，服装陈列课程中的"店铺陈列调整"项目，专业教师与企业专家结合项目特点和实训场地的实际情况，除安排学生在专业实训室进行实践操作之外，还承担了"达利丝绸杭职店"每周的陈列调整工作，真正让学生将课堂所学运用到实际工作中。在每周的陈列调整中，学生根据企业的要求，结合自己的创意进行陈列，每周给店铺增加新的创意和新的元素，有效提升了该店铺的进店率。

（二）项目的分解及实施

在实施过程中，课程项目将企业真实项目融入进来是一项系统工程，只有通过企业真实项目的实践，才能更好地培养学生的创新创业能力。一方面，项目内容需要设计，针对学生和企业的实际情况进行系统分析和整合；另一方面，企业真实项目融入课程项目的推进又涉及整个项目的经费预算、场地、人员、计划和实施。

例如，时装零售与管理专业服装店铺管理课程中的项目之一"校园奥特莱斯"联合特卖项目，该项目在实施过程中，由上课班级承接合作企业在校内开展的各类品牌服装的新品展示会和特卖会。学生联系合作企业、选定特卖品牌、策划特卖整个流程和安排，利用各种媒介向外界进行宣传和推广，通过发放宣传页、微博、微信等多种宣传手段，对合作企业的服装、服饰品牌进行宣传和推广。

该项目通过学生的努力为合作企业消化库存、盘活资金贡献力量，也为广大师生带来便利和实惠，做到不出校门就能淘到自己心仪的"宝"。这一项目就是结合课程项目进行的，在整个项目的实施过程中，教师带领学生团队负责人直接与企业进行项目的沟通和衔接，学生参与并负责项目实施的全过程，包括与服装企业前期沟通、市场调研、拟定特卖方案、多途径宣传、现场铺货、销售、盘存、结算等各个环节。通过多次的实践，学生团队在特卖活动的货源组织、与企业沟通、特卖策划、组织、现场销售各方面的能力得到快速提升，也为自己今后的自主创业做了铺垫。项目在考核方面亦引入企业的考核机制，采用"团队考核 + 个人考核"的形式，即在各个项目的推进过程中，以团队考核为主，以对个人销售及应变能力考核为辅。根据不同项目的要求，团队与团队之间进行对决，项目总分由团队成员之间的互评（40%）、成员个人的自评（20%）和校企双方教师的共同评分（40%）三方面组成，并根据项目的可实施性给予加分，鼓励班级成员良性竞争，为将来踏上工作岗位和自主创业做好准备。

评分比例构成为 50% 项目练习 +30% 期末考试 +20% 职业素质考核（含常态）。项目评分为 20% 自评 +40% 学生评委评分 +40% 教师评分（校企双方的老师共同打分）。

（三）突出项目，重点扶持

时装零售与管理专业每年都会对课程项目中的实践项目进行筛选。根据各个班级以及学生的发展意愿和项目的可持续发展，该专业组织教师团队给予技术上的支持，并重点扶持、长期跟进。专业教师根据自己的研究方向，与学生团队进行一对一指导和技术支持，使项目得以持续发展。项目实施过程注重学生团队的搭建、管理和项目运作，注重学生之间的互动、师生之间的互动，突出团队的合作和协调能力。在项目的实施过程中，指导教师注重学生创新创业能力的培养，对重点项目进行重点帮扶。

通过实践，企业实际项目融入课程项目的做法取得明显成效。项目可实施性强，不但提升了教学质量，而且将对学生创新创业能力的培养融入其中，带动了更多的学生走上自主创业的道路。当然，大学生创新创业能力的培养不是一蹴而就的，需要一个长期的过程。这期间，教师不仅要传授给学生理论知识，更为重要的是通过企业真实项目的实践，积累经验，向学生灌输自主创业的意识，解析大学生自主创业的优惠政策，鼓励学生踏上自主创业的道路。作为职业教育工作者，理应继续主动联系企业，挖掘更多合适的企业实践项目和课程项目，将其有效结合起来，整合专业资源，优化实践项目，持续推进学生创新创业工作。

第三节　产教视域融合下职业院校实践成效

一、杭州职业技术学院达利女装学院产教融合示范基地介绍

近年来，我国产教融合下高职院校取得了很多实践性的成效。下面以杭州职业技术学院达利女装学院为例进行详细说明。杭州职业技术学院与达利（中国）有限公司进行深入的产教融合，并且杭州职业技术学院达利女装学院被立项为浙江省高等学校省级产教融合示范基地（第二批人才培养类示范基地），示范基地名称即为达利女装学院，主要涉及服装设计与工艺、针织技术与针织服装、纺织装饰艺术设计、服装设计与工艺（时装零售与管理方向），经过十多年的努力，取得了非常好的产教融合实践成效。基地成员分为学校与企业两个方向，硬件条件也非常有实力，详细情况如表6-1所示。

表6-1 基地成员与硬件条件

基地成员基本情况	学　校					企　业		
	总　数	高　级	中　级	其　他	双　师	总　数	常　驻	兼　职
	38	12	19	7	30	20	8	12
硬件条件	基地面积/m²		设备总值/万元			企业投入总值/万元		
	13 800		3 477.52			1 200		

2009年，达利（中国）有限公司与杭州职业技术学院联合创建了"达利女装学院"，至今已合作十余年，形成了以培养女装行业所需的"双高"人才为特色的校企一体化人才培养模式。达利（中国）有限公司执行董事出任理事长和院长，定期召开年度、月度会议，同时把女装学院作为公司事业的组成部门，纳入公司全球化的发展战略，实施校内外办学资源集约化发展。校企共同组建理事会，明确"企业主体、学校主导"的关系，实行理事会领导下的二级学院院长负责制，推行二级学院院长与企业厂长（经理）联席会议制度、专业组长与车间主任、教师与师傅对接制度。

2019年，企业与杭州职业技术学院新的十年合作也已启航，进一步深化"达利女装学院"建设，不断完善"达利现象"，共同在合作育人、合作培训、合作科研、共建基地等方面加强和深化，持续为企业培养服装设计、制作等高等人才创造良好条件；选派学校专业带头人、骨干教师、教学能手到企业轮训，推进实施教师企业经历工程；配合院校邀请国际知名设计师、制版师举办讲座，加强国际双向互动交流；支持师生参加国际时装周、世界时装设计大赛等国际交流活动，进行双向交流学习，拓宽师生国际视野；共同组织开展企业客户参观学习和业务培训；制定课程标准，编写培训教材，校企共同为中高职教师开展新技术培训。

二、产教融合示范基地建设详述

（一）目标规划

杭州职业技术学院达利女装学院依托达利集团全球资源，创新"校企共同体"人才培养模式，政校企共建全国一流的时尚女装工程创新中心等平台，将达利女装学院打造为时尚女装技术技能人才培养的"新高地"，在体制机制创新、人才培养、社会服务等领域取得重大突破。

杭州职业技术学院达利女装学院服务于中国"世界纺织强国"和杭州"国际女装之都"建设，深化校企命运共同体教学模式，依托达利集团全球资源，将达利女装学院打造为产教融合体制机制创新的"先行者"和时尚女装国际化人才培养的"新高地"；主动对接产业发展，实施"1+X"证书制度改革，成为产教融合模式下教育教学标准的制定者；联合行业、高校共建全国一流的女装制版技术教育创新中心等平台，成为杭州女装产业发展的"新引擎"。

（二）建设内容与计划

1. 创新人才培养模式改革

学院以"精技能、重复合"为目标，创新"校企共同体"人才培养模式改革。一是推进人才培养模式改革，助推达利国际申报产教融合型企业，构建基于女装产业链的专业建设发展机制；重构课程体系，试点基于"1+X"的人才培养模式改革；实施"金顶针"计划，培养拔尖创新人才。二是以"课堂革命"为突破口，深化教材与教法改革，对接企业技术创新，更新课程教学内容，开发数字化新形态教材；推进智慧课堂和虚拟工厂建设，构建新型教学生态。三是以"建标准、促交流"为主线，开发女装职业教育教学国家标准。依托与全球知名丝绸女装企业——达利国际集团共建的产业学院体制机制优势，率先试点"1+X"证书制度改革，实现"岗位基本能力"和"岗位拓展能力"培养双线并进，对接 X 证书标准实施课证融通，以研促学推进专业互融，"双线双融"推进高技能复合型人才培养模式改革。

（1）"1+X"的人才培养模式改革。梳理逻辑架构，试点基于"1+X"证书制度的人才培养模式改革，第一学年开设专业群共享课，第二学年同步开设专业分立模块课程和专业互融模块课程，一线基于"岗位基本能力"设置职业知识、技能、素养等能力递进的专业分立模块课程，对接职业能力标准，实现课证融通；一线基于"岗位拓展能力"设置适应力、竞争力、创新力等能力递进的专业互融模块课程，跨专业组建学生团队和导师团队，从磨合期到成长期，再到成熟期，秉承项目产品从简单到复杂的螺旋形设计理念，开发初级产品研发项目、创意产品研发和承接中小微企业的产品研发项目，融入创客理念的教学模式，建立过程评价和市场认可度相结合的评价体系，提高学生的创新能力，实现专业互融；通过"双线双融"达到以研促学、以学促研的目的，增强学生的岗位拓展能力，如图6-1所示。

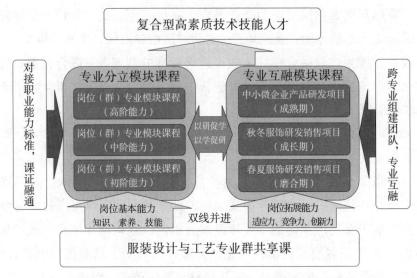

图6-1　基于"1+X"证书制度的人才培养模式建构图

（2）"金顶针"计划。实施"金顶针"计划发挥时尚优势，占据女装技术技能人才培养高地，多渠道培养国际化女装技术技能拔尖创新人才。学院依托全国技术能手大师工作室、全国教学名师工作室，采用"导师制"培养专业群拔尖人才，组织参加国内外技能大赛，通过以赛促教，实现职业技能和职业素养互融互促，建设期内，学生参加国家级大赛并有4项获奖；联合国际服装院校共同开展时尚女装工作坊的研发项目，外籍教师、技术能手及教学名师组建指导团队，中外学生组建研发团队，采取国际开放和协作交流的培养方式，通过成果展览、产品研发交流等形式，激发学生的创新意识；发挥名师名匠的榜样引领作用，培养学生"精益求精、耐心专注"的工匠精神，通过参加境外研学、国际时装展演等活动，拓宽学生国际视野，提升审美鉴赏能力，建设期内，学生连续3年参加国际大学生时装周。

（3）强化"美育"融入，重构时尚特征突显的专业群课程体系。以女装产业链的女装面料开发、女装产品研发、产品销售等岗位能力需求为导向，按照"宽基础、精技能、重复合"原则，以"1+X"证书制度改革为引领，系统构建"基础共享、专技阶进、研学交融"的专业群课程体系；根据时尚女装产业岗位群之间既各自独立又相互依附的特性，搭建专业群共享课程平台，培养学生时尚女装产业基础知识与基础技能；对接时尚女装产业面料设计、女装针织、梭织产品研发、女装营销四个方向建设四大模块化课程，培养学生不同专业方向的岗位技能；开设专业互融模块课程，培养学生可持续发展、多岗迁移的职业能力。

学院强化类型教育思维，将思政教育、劳动教育、美育教育、工匠精神融入课程体系，通过"党课团课""团日活动"等融入思政教育，强化立德树人，坚持社会主义办学方向；通过"志愿服务""公益活动"等融入劳动教育，传承中华民族传统美德，弘扬劳模精神；通过"艺术论坛""师生优秀作品展"等融入美育教育，提升学生美学修养和鉴赏能力；通过"技能比武""创意设计大赛"等融入工匠精神，塑造学生精益求精的职业素养。通过四年建设，学院以专业群共享课夯实"宽基础"，以专业群模块课锻造"精技能"，以专业群互融模块课实现"重复合"，重构时尚特征凸显的专业群课程体系，如图6-2所示。

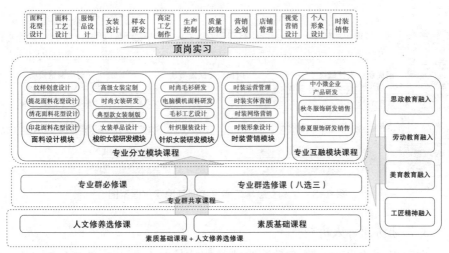

图6-2 服装设计与工艺专业群课程体系架构图

2.创新实践实训平台

学院以"建载体、创机制"为举措，构建技术技能创新实践实训平台，强化产教融合模式下的教学资源库与实训平台建设。一是以"开放、共享"

为重点，建设与时俱进的动态教学资源库与"实物展示、新技术体验和技术研讨"三位一体的特色资源中心。二是以"融产教、通育训"为路径，打造高水平实践教学基地，完善共享基础实训室建设，优化岗位技能实训室建设，同时共建达利女装研发中心、日本岛精电脑横机培训中心等"校中厂"。利用学校和企业资源共同建设"校中厂""厂中校"等生产性实训基地，为人才培养提供真实的学习环境；深化企业真实生产环境的实训基地建设，校内"引厂入校"，校外"厂中建校"；全面推行面向企业真实生产环境的任务式培养模式；鼓励达利女装学院实训工场（工厂）在企业的支持与协调下进行真实化生产，以真实生产项目实现生产过程和教学过程的有机一体化；完善达利产品研发中心建设，聚焦时尚女装产业"时尚、科技、绿色"转型升级需求，以提升自主创新能力为核心，以加强时尚女装产业技术研发和成果转化为抓手，构建多层次、宽领域、高水平的科技创新、产教融合平台体系。三是以"建载体、创机制"为举措，打造技术技能创新平台，提升师生技术技能服务创新能力。达利女装学院实习实训基地建设框架如图6-3所示。

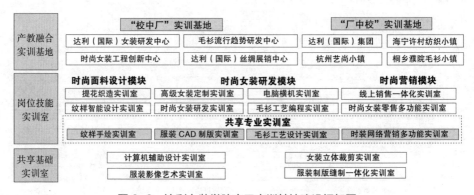

图6-3 达利女装学院实习实训基地建设框架图

3. 构建协同育人机制

学院以"建平台、融产教"为路径构建校企互惠共赢的协同育人长效机制。学院发挥校企共同体办学体制优势，完善校内外师资、基地、设备多方协同管理机制和绩效导向的日常管理机制，提升社会服务水平，增强自我造血功能，确保可持续发展。一是以"强协同、融资源"为宗旨，完善校内外师资、基地、设备多方协同管理机制，增强自我造血功能，完善毕业生质量跟踪调查机制，健全可持续发展保障机制。二是以"建平台、创品牌"为抓手，提升社会服务水平，总结"达利现象"成功经验，校市（湖州）共建"中国童装学院"，探索"混合共建、委托共管、发展共赢"的混合所有制办学，打造"全国女装高技能人才培训中心"，建成女装职业体验中心。三是完善绩效导向的日常管理机制，出台产教融合基地绩效评价办法，保障基地使用成效。图6-4为政校企协同共建达利女装学院示意图。

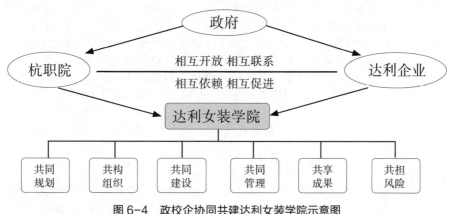

图6-4　政校企协同共建达利女装学院示意图

4.按时完成建设计划

学院以"目标明确、进度可控、指标可测"为要求，高质量按时完成建设计划。学校结合实际，根据各项目的建设内容和建设目标，按2020、2021两个年度梳理出各单项任务，合理安排建设进度，确保项目建设的有序性、时效性和建设质量。浙江省产教融合示范基地（达利女装学院）建设进度如表6-2所示。

表6-2　浙江省产教融合示范基地（达利女装学院）建设进度表

序号	建设任务		年度目标	
			2020 年	2021 年
1	人才培养模式改革	深化校企命运共同体建设，同步更新教学内容，构建基于女装产业链的专业群建设发展机制	①深化校企命运共同体建设，及时调整人才培养定位，同步更新教学内容，明晰专业群人才培养方向定位；②出台《专业群建设与管理办法》《个性化培养方案管理办法》等制度，规范专业群建设	①推动达利国际等紧密合作企业申报产教融合型企业；②提高企业参与专业群人才培养的主动性和积极性，在现代学徒制培养、"1+X"证书制度改革、双师教学团队建设、企业设备资源投入等方面有新突破
		重构时尚特征凸显的专业群课程体系，试点基于"1+X"证书制度的人才培养模式改革	①基于"校企共同体"的人才培养模式有所新突破，重构"基础共享、专技阶近、研学交融"课程体系；②以"1+X"证书为引领，创新人才培养模式改革，调整专业群人才培养方案，制定专业群教学标准	①完善专业模块课程建设，对接岗位能力证书标准，及时更新课程资源；②完善专业互融模块课程建设，优化课程组团队和教学组织，开发初级产品研发、创意产品研发和中小微企业产品研发项目
		通过技能大师引领、项目研发、境外研学等实施"金顶针"计划，培养国际化女装技术技能拔尖创新人才	①依托全国技术能手大师工作室、全国教学名师工作室，采用"导师制"培养专业群拔尖人才，制定"金顶针"个性化人才培养方案，选拔学生开展导师制培养；②参加省级以上竞赛，获奖4人以上	①制定拔尖人才培养管理办法，以外籍教师、技术能手及教学名师组建指导团队，中外学生组建研发团队，开展国际时尚女装工作坊项目，培养学生创新能力；②组织学生参加国际大学生时装周

序号	建设任务		年度目标	
			2020 年	2021 年
2	课程教学资源建设	对接女装产业技术转型升级，整合各方资源，优化升级国家级专业教学资源库，建成专业群教学资源库	①基于国家服装设计专业教学资源库，对接"X"证书技能考核要求，以"全覆盖、精制作"为要求，重点增加面料、针织服装、营销等资源，丰富专业群资源库；②对接岗位要求开发课程标准，科学设计典型教学项目	①开发国家课程标准，融入新技术、新工艺、"1+X"证书、国际化等元素，完成 18 个模块化课程教学资源包；②对接"1+X"证书技能考核要求，推进专业群典型教学项目库、实践操作试题库等建设
		聚焦引领女装产业发展，建设"实物展示、新技术体验和技术研讨"三位一体的特色资源中心	①聚焦引领女装产业发展，制定特色资源中心建设方案；②提升国家教学资源库的线下使用，建成时尚女装馆，完成国际新型面料、高端定制样衣，杭派女装代表作品，大师手工艺饰品等 500 件的收集展示	①推进资源库线下教学中心的建设，建成三维试衣区、服饰品 3D 打印、智能制造数字化展示等新技术体验区，展示国际前沿服装行业高科技；②开展交互式体验，青少年职业体验活动 1 000 人次
		对接女装产业发展，建立课程教学资源共建共享机制和动态管理机制，确保教学素材源于企业、用于行业	①发挥主持国家级专业教学资源库的平台优势，联合全国共建单位，成立资源库建设领导小组；②建立《服装设计专业国家教学资源库建设管理办法》等共建共享制度，确保专业群课程教学素材源于企业、用于行业	①完善《国家职业教育专业教学资源库服装设计专业建设项目专项资金管理办法》等专项制度，规范项目建设和资金使用；②完善资源库建设资源开发激励机制，鼓励院校、行业企业积极更新资源

序号	建设任务		年度目标	
			2020 年	2021 年
3	教材与教法改革	成立服装职业教育教材研究分中心，对接企业技术创新，开发数字化新形态、活页式、工作手册式教材	①依托华东师大国家职业教育教材建设研究基地，成立服装职业教育教材研究分中心，召开高水平教材研究会，系统构建专业群教材体系；②完善《服装职业教育教材更新管理办法》，完善教材选用机制	①基于专业群教材体系，以高标准的微课和视频资源为载体完成新形态一体化教材初稿 20 本；②融合新技术、新工艺、时尚资讯等信息编制"活页教材＋活页笔记＋功能插页"三位一体的新型活页教材 36 本
		强化教学时空变革，采用虚拟仿真等手段，推进智慧课堂和虚拟工厂建设，构建新型教学生态	①系统构建硬件环境，建成 5 个集统一身份认证、多屏互动、精品录播、互动教学、远程教学等于一体的智慧教室，构建智慧课堂信息化环境；②完成服装三维试衣等虚拟工厂建设方案	①新建 10 个智慧教室；②完成"服装生产管理""服装工厂模拟生产"等虚拟仿真实训项目建设，构建新型教学生态，破解信息化手段和课堂教学创新相融合过程中的难题
		深化线上线下融合，建设智慧课堂优质示范课程，推进导生制、真实项目教学等教学方法改革	①改革教学组织形式，跨专业组建专兼结合的混编教学团队，明确各自分工，利用信息手段共同实施教学，促进双师素养整体提升；②完成 16 门专业模块课程的信息化教学设计，选优参加信息化教学技能大赛	①推进导生制、项目教学等多形态教法改革，实施 CDIO 任务模块教学；②完成企业产品研发任务，拓宽学生的知识面，增强团队合作能力，实现职业素养和职业技能"双达标"，举办课程项目的成果展 6 次以上

序号	建设任务	年度目标	
		2020 年	2021 年
4	高水平教师教学创新团队	聚焦"双师"能力培养，错峰安排教师进企业顶岗实训，打造"身份互认、角色互换"的高水平"双师"队伍	①完善"双师"培养保障机制，建立职业教育教师标准体系，明确新引进教师必须有三年以上企业工作经历；②实施"教师进企业，大师进课堂"计划，错峰安排教师每年进企业顶岗不少于1个月	①聘任企业方负责人4名，引领专业发展；②建成教师企业工作站2个，实施教师企业服务工程，推动专业教师深入企业参与生产实践与技术创新服务
		聚焦领军人才培养和人才梯队建设，实施教师能力提升"四大工程"	①搭建教师成长平台，开展骨干教师与青年教师结对，加快青年教师教学能力提升；②通过企业课题项目研究，提升专业教师技术研发能力；③组织骨干教师参加国家级教师信息化教学技能大赛	①选派3人进行为期三个月以上的海外研修访学，拓展教师国际化视野；②聘请国内外专家、大师担任导师，组建工作室，选派教师下企业锻炼，培养名师、名匠各5名；③柔性引进50名企业能工巧匠，建成技能大师人才库
		聚焦教师引领发展能力，整合浙江省服装行业协会服装制版师分会等资源，共建国家级"双师"培育基地，培育一批教学名师	①整合浙江省服装行业协会服装制版师分会、设计师分会、达利国际及在杭品牌企业等资源，建立学校教师、企业技师共享共培师资发展平台；②制定师资发展平台共享机制	①遴选深度合作企业建立"双师"培育基地2个；②组织教师参加面料开发、时尚女装款式、女装结构、毛衫设计、时装搭配和服装陈列等专业领域的职业资格培训4期，培养一批技术能手

序号	建设任务	年度目标	
		2020 年	2021 年
5	高水平实践教学基地	针对女装产业岗位群共通的基础能力需求，围绕"厚基础"，完善共享基础实训室建设	①基于服装设计与工艺专业群现有的专业实训基地，完善女装立体裁剪实训室、服装制版缝制一体化实训室；②建立专业群实训室的共享机制	①结合时尚女装产业发展趋势，建成服装影像艺术实训室；②升级完善计算机辅助设计实训室
		针对女装产业岗位群专项专业技能需求，注重"精技能"，优化岗位技能实训室建设	①针对女装产业岗位群专项专业技能需求，对接国际先进标准，以"精技能"为目标，建成纹样手绘实训室；②稳步完善时尚女装研发实训室	①仿真企业岗位，完善时尚女装研发实训室；②全面优化毛衫工艺设计岗位技能实训室、电脑横机岗位技能实训室，提升学生专业技能
		针对真实生产环境的任务式培养需要，突出"重复合"，与企业共建"校中厂""厂中校"	①完善达利女装研发中心、日本岛精电脑横机培训中心等"校中厂"建设；②基于达利集团的"厂中校"，在体现教学性方面有所突破：新增仿真、界面类数字教学媒体多功能室，完善达利女装产学研中心	①推进以"厂中校"为典型特征的校外实习基地：建成桐乡濮院毛衫小镇、海宁许村纺织小镇、杭州艺尚小镇等产业园区的教学区，提升学生岗位实战技能；②完善"校中厂""厂中校"的准入和退出管理制度

续　表

序号	建设任务	年度目标	
		2020 年	2021 年
5	高水平实践教学基地	行校企共同研制专业群实训室建设标准，健全实践教学基地共建共享机制	①联合中国纺织服装教育学会、浙江省服装行业协会服装制版师分会及达利国际等紧密合作企业，成立共建共享实训基地工作委员会；②完善《共享实训基地管理办法》《实训基地安全管理条例》等有关制度	①根据女装产业的智能化发展方向制定产教融合实训基地建设方案；②根据共享实训基地教学质量评价和教学质量监控信息反馈，改进实训基地的管理工作，进一步促进实训基地建设的规范化
6	技术技能创新平台	依托"三大平台"，制定（参与）行业标准，服务中小微企业，增强支撑女装产业发展能力	①深化产教融合，建成"女装创意设计协同发展中心"，首期重点服务 50 家以上品牌企业和中小微企业，促进时尚女装产业的改造升级；②制定（参与）行业标准 2 项	①建成"全国女装制版技术教育创新中心"，开展女装制版理论研究和应用研究，服务女装原创品牌发展；②完成技术改进项目 20 个，服务女装中小微企业 100 家
		建设"四类中心"，提升师生技术技能创新能力	①建成女装工程教学中心 2 个，拓宽创新型人才的培养途径和方法，提高师生的产品研发能力；②培养学生 200 人，开发时尚女装产品 300 款	①稳步推进"技能大师技术服务中心"建设，带领学生组建团队开展产品研发服务；②开展技术服务项目 20 个、高级定制服务 20 项

序号	建设任务		年度目标	
			2020 年	2021 年
6	技术技能创新平台	建立健全创新激励机制，促进师生技术技能成果积累转化，获授权专利 100 件	①联合达利国际、浙江省服装行业协会、杭州（中国）女装产业园区共同建成技术开发与服务联盟；②发挥杭州女装产业的区域和技术优势，面向全国女装企业收集技术改革课题	①建立创新激励机制，制定《女装创意产品与技术创新奖励办法》等激励性文件；②构建项目研发合作组，实现师生与企业技术专家无缝对接，共同参与企业生产实践与技术攻关
7	社会服务水平	校市共建中国童装学院，探索"混合共建、委托共管、发展共赢"的混合所有制办学	①政校签订《共享共建中国童装学院协议》，建立多方协同育人议事制度，推动湖州市童装产业高质量发展；②开展童装产业调研，制定《中国童装学院建设规划》，完成场地和实训室建设	①行企校共同制定人才培养方案，构建课程体系，培养童装开发、策划、智能化生产、管理、营销等技术技能人才；②完成中国童装学院专业教学标准
		依托杭州市公共实训基地，整合在杭品牌女装企业资源，打造全国女装高技能人才培训中心	①建成"全国女装高技能人才培训中心"，组建国内一流培训团队，开发培训课程 20 门，培训员工 2 000 人次；②举办全国制版师技术交流大会，促进女装产业制版技术革新	①建成全国教师服装技能培训中心，联合行业协会、知名院校为中高职教师开展新技术培训；②完成培训 8 期，社会服务到款额 600 万。师资培训能力全国领先

序号	建设任务	年度目标	
		2020 年	2021 年
7	社会服务水平	服务精准扶贫、军民融合等国家战略，打造一批社会服务品牌项目，建成女装职业体验中心	①成立两支"美丽乡村"专业志愿者队伍，实施手绘、剪纸等项目，助力乡村旅游，美化乡村；②推进对口支援西部院校，开展课程建设、师资培养等方面的帮扶对接，带动中西部地区职业教育协调发展	①稳步推进女装职业体验中心建设，开发优质职业体验课程 20 门，开展反哺教育 1 000 人次；②服务国家"精准扶贫"战略，与贵州黔东南开展合作，助力当地产业发展，精准扶贫惠及 150 人
8	国际交流与合作水平	依托服装国家级专业教学资源库，开发女装职业教育教学国际标准，提升专业群建设国际化水平	①与英国曼彻斯特时尚学院等国际知名服装院校开展合作办学，签订合作意向书；②引进国际优质教学资源和教师资源，加强专业建设、师资建设、教学管理等方面的交流与合作，建成国际交流课程 10 门	①开发与国际先进标准对接的服装专业标准和课程体系，推出有国际影响的高质量专业标准、课程标准、教学资源；②开展服装设计与工艺专业国际合作办班教学，引进外籍教师 4 名
		服务"一带一路"建设和国际产能合作，携手达利国际，建成柬埔寨"鲁班工坊"和尼日利亚"西泠学堂"	①依托达利国际，制定柬埔寨"鲁班工坊"建设方案；②开展中非合作，服务"一带一路"沿线国家服装企业建设和国际产能合作	①推进尼日利亚"西泠学堂（丝绸）"的培训和交流；②开展中非文化交流，举办丝绸技术、扎染蜡染等技术交流活动

序号	建设任务		年度目标	
			2020 年	2021 年
8	国际交流与合作水平	联合杭州市丝绸与女装产业发展领导小组办公室，筹建国际丝绸女装文化交流中心，加强国际双向互动交流，拓展师生国际视野	①邀请国际知名设计师或制版师到校举办讲座 1 次；②提升教师专业国际化水平，选派 10 名以上教师赴海外服装教育发达国家开展双向交流学习，在专业领域、教学水平方面提升教师国际化水平	①积极探索学生国际化培养方式，选拔 40 名学生出国学习；②组织参加世界时装设计大赛等国际交流 1 次，拓宽学生国际视野
9	可持续发展保障机制	分院学术委员会主任担任专业群负责人，成立专家委员会，完善校内外师资、基地等多方协同管理机制	①由分院学术委员会主任担任专业群负责人，推进校内外师资、基地、设备协同管理，协调群内专业师资与实训资源的交叉使用；②建立专业群管理机制，加强课程管理、教学管理和质量管理	①成立由行业协会、高校专家和合作企业组成的专业群专家委员会；②聘请中国纺织服装教育学会会长担任委员会主任，发挥其全国职教资源的整合能力，负责为专业群项目建设提供决策咨询，对项目建设进行指导
		多方协同推动经费持续投入和师资、设备等资源集聚，增强专业群自我造血功能	①制定《教师社会服务管理办法》，鼓励教师为企业开展科技服务、培训服务和继续教育；②充分利用人力、物力资源，面向行业，引入企业资金，吸纳社会资金，逐步建立专业群建设经费的自我投入机制	①依托政行校共建的中国童装学院，通过承担政府购买服务项目，汲取政府财政投入；②依托全国服装高技能人才培训中心，加大社会培训服务能力，提升社会培训服务收入

序号	建设任务	年度目标	
		2020 年	2021 年
9	可持续发展保障机制	建立具有预警功能和激励作用的专业群内部质量保证机制，完善毕业生质量跟踪调查机制	①成立包括学校督导员、达利公司高管和行业专家组成的质量监督委员会；②完善毕业生质量跟踪调查机制，关注毕业生群体与个体职业发展状况，把学生满意率、企业满意率、社会满意率作为评价的核心指标	①稳步推进具有预警功能和激励作用的专业群内部质量保证机制，健全教学常规管理制度并执行到位；②改革教师教学质量评价办法，充分利用网络和现代教育技术推行信息化管理；完善顶岗实习跟踪监控机制

（三）产教融合，实现校企深度合作

1.完善"校企共赢"长效合作机制

实施理事会领导下的院长负责制，深化和完善"校企共赢"长效合作机制。优化校企合作治理结构，实施理事会领导下的院长负责制；完善院长与厂长、专业组长和车间主任、教师和师傅的对接联系制度，推进产教融合深度发展，如图 6-5 所示。

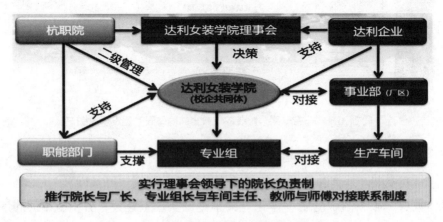

图 6-5　校企共同体之达利女装学院治理架构图

2. 校企共育高端人才

完善女装立体裁剪等共享基础实训室建设，优化成型服装制版等岗位技能实训室建设，引企入校，共建达利女装研发中心等培训中心，创新校企多元合作育人模式，渐进式拓展专业外延，动态调整专业结构，确保人才链与产业链精准对接；在学校建立企业工作室，实施"教师进企业，大师进课堂"计划，打造一支高水平"混编"实战型教学团队，推进现代学徒制改革；校企共育成型服装"高端工匠"，填补国内全成型服装制版人才培养的空白。

3. 深化校企合作，提升社会服务能力

校企携手打造全国女装高技能人才培训中心、申报服装制版师职业技能鉴定考评点，面向区域、产业开展技术技能培训；合作共建纺织服装工程创新中心，致力于解决企业生产中的关键性技术难题，促进成果转化。

4. 打造"一带一路"服装职业教育共同体

依托达利国际集团的国际产业背景和资源优势，服务"一带一路"建设和国际产能合作（图6-6），发挥"校企共同体"办学优势，形成"走出去"发展战略。

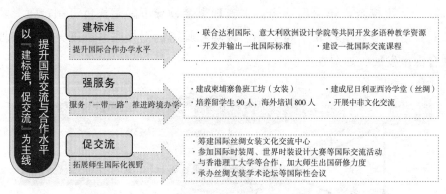

图6-6 "一带一路"服装职业教育共同体服务建设示意图

5. 校企共建标杆实训基地

针对女装产业岗位群共通的基础能力需求，围绕"厚基础"，完善女装立体裁剪、服装制版缝制一体化等共享基础实训室建设；针对女装产业岗位群专项专业技能需求，注重"精技能"，优化时尚女装研发、毛衫工艺设计、成型服装制版等岗位技能实训室建设；针对真实生产环境的任务式培养需要，突出"重复合"，引企入校共建达利女装研发中心、日本岛精电脑横机培训中心等"校中厂"，与杭州艺尚小镇等产业园区共建"厂中校"。

（四）共享策略

加强政府、行业、企业和高职院校的"政行企校"多方联动，围绕教学、培训、研发、大赛、技能鉴定等，通过拓展教学资源共享的深度和广度，逐步构建起多方合作共赢的新型资源共享平台。

1. 建设服装专业"教学资源"共享平台

聚焦引领女装产业发展，共建全国一流的女装制版技术教育创新中心、特色资源中心等平台（图6-7），依托国家级职业教育服装设计与工艺专业教学资源库及时将新技术、新工艺、新成果转化为教学资源，建立动态更新机制，推动服装国家级专业教学资源库高质量优化升级，辐射国内职业院校。

图6-7　"教学资源"共享平台建设示意图

2. 建设服装产业"区域资源"共享基地

完善与优化"三大平台"（女装创意设计协同发展中心、女装制版技术创新教育中心、女装产业大数据平台），建设"四大中心"（工程教学中心、大师技术服务中心、女装销售服务中心、学生创新中心）、"五个实训室"（女装立体裁剪、服装制版缝制一体化、时尚女装研发、毛衫工艺设计、电脑横机等岗位技能实训室），实现优质资源辐射产业的共享效应。政、行、企、校共同研制实训基地建设标准，健全实践教学基地共建共享机制。提升师生技术技能创新能力（图 6-8），致力于解决企业关键性技术难题，实现优质资源辐射产业的共享效应。

图 6-8　"区域资源"共享基地建设示意图

（五）政策措施

1. 组织保障

为切实落实和完成建设项目，学校成立由党政领导班子领导的基地建设项目领导小组，强化组织保障，指导和协调基地建设，下设办公室，主抓项目实施，成立建设项目监察组，严格监控经费使用情况。

2. 经费保障

学校各项收入稳定，于 2019 年入选中国特色高水平高职学校和专业建设名录，各级财政拨款充沛，且学费收入稳定。同时，学校充分开展科技服务、培训服务和继续教育，增强造血功能，提高办学效益。达利集团在产品研发、技术服务、师资培养和学生活动等各方面也给予了一定的资金支持。

3. 政策保障

学校制定《产教融合示范基地建设项目实施管理办法》，采用循环法进行项目全过程监控，做到"项目计划周密，建设程序规范，督促检查有力，信息反馈及时，整改措施有效"。建立项目月报制度，监管项目落实进度。按照基地建设要求，构建科学合理的制度体系，构建项目专项管理制度、项目责任制和绩效考核制度、专项经费使用管理制度等。

4. 质量控制

建设内容实行项目管理，建立目标责任制，确定具体责任人。制定绩效考核办法，建立考核机制；对项目建设进程、资金投入与使用进行动态监控，重点考核项目实现的功能目标和建设效果。建设过程中注重对原始资料的保存与管理，便于建设领导小组检查。

三、杭州职业技术学院产教融合实践成效

（一）校企合作教学育人成效

1.“校企共同体”全国示范

杭州职业技术学院与达利国际集团校企合作的“达利现象”已成为全国高职典范。杭州职业技术学院与全球最大的丝绸女装企业达利国际共建了达利女装学院，学院实行理事会领导下的院长负责制，找到了校企合作利益共赢点，极大地促进了产教融合，提出了“打造世界一流女装学院”的目标。学校联手达利国际在全国首创“校企共同体”，荣获2014年“全国教育系统先进集体”和2015年“全国纺织行业技能人才培育突出贡献奖”（2015年，杭州职业技术学院达利女装学院是全国唯一获得此殊荣的高校）。

2.入围国家“双高计划”

杭州职业技术学院达利女装学院专业建设成效显著。服装设计与工艺专业群入选“双高计划”“杭州市属新型专业群”；服装设计与工艺专业已建成“国家骨干高职院校重点建设专业”“省级优势专业”“省级特色专业”；服装设计与工艺专业申报的项目荣获2020年全国纺织工业联合会教学成果一等奖。

3.“重要办学指标”全国领先

杭州职业技术学院达利女装学院人才培养质量显著提升。学校获评2018年度“全国创新创业典型经验高校5”；专业群学生毕业三年后自主创业率为20.48%（全省为7.44%），每年毕业生就业率在98%以上。学校取得的教学成果如下：荣获国家级教学成果一等奖1项；主持国家级专业教学资源库2项；全国优秀教师1人；全国技术能手1人；获全国教学能力大赛二等奖、全国微课教学比赛一等奖各1项；学生连年获全国服装技能大赛金奖，被评为全国技能标兵，获技师职业资格；学生与艺术大师陈家泠合作的作品被国家博物馆永久收藏。

4.多方位推动教学建设

根据女装产业向“时尚＋科技”转型发展的趋势，学校围绕女装产业品牌化、个性化、智能化发展新需求，及时调整人才培养定位，并同步更

新教学内容；根据杭州市产业及企业发展的需求，合作设置专业，研发专业标准，开发课程体系、教学标准以及教材、教学辅助产品，推进专业的现代化建设。

5. 校企共建产业链

企业与学校共同设计并实施达利女装学院人才培养方案，积极推进现代学徒制改革，落实工学结合，强化协同育人。根据时尚女装岗位链对人才的新需求，渐进拓展专业群外延，适时增设新专业，动态调整专业群结构，确保人才链与女装产业链精准对接。

6. 加强顶岗实习质量管理

学校组织毕业生参加供需洽谈会，优先为企业输送德、智、体、美、劳全面发展的优秀学生。建立顶岗实习跟踪监控机制，校企共同实施顶岗实习质量管理。建立毕业生质量跟踪调查机制，关注毕业生群体与个体职业发展状况。

7. 开展共享资源建设

开展共享资源建设，以"全覆盖、精制作"为要求建设素材库，制定素材开发技术标准，联合浙江理工大学、萧山第三职业高中等共建生产案例库，请集团技术能手共建操作视频库，引入服装行业发展的前沿技术和最新成果，以视频资源建设为核心，开发微课、大师操作视频、新技术应用视频等。

（二）校企合作科研技术成效

1. 技术服务

学校与行业企业深入合作开展产品研发和技术服务，承担横向课题 35 项，技术服务到款额 800 余万元，承担西博会项目流行趋势发布会等服装制作 120 余套。

2. 科研项目

已完成"基于校企共同体下针织专业产教融合教学模式的构建与实践"等教科研项目共 27 项，其中国家级 1 项，省部级 5 项，总经费 50 万元。

3. 专利授权

申请获得"一种服装深度印染环保设备"等实用新型专利 35 项，外观设计专利 28 项，软件著作权 3 项。

4.学术专著

公开发表《塑型材料在服装造型中的应用研究》等学术论文31篇；编写《服装款式大系》等教材4部。

5.科研获奖

"理性消费视角下时尚品牌跨界合作研究"等科研课题荣获市厅级及以上优秀成果奖11项。

6.合作科研

依托双方人才、技术、设备等资源优势，合作共建纺织服装工程创新中心。联合开展课题申报、产品研发、技术攻关等，通过产品推广、技术服务等方式，积极开展科技项目合作。通过开展应用型课题项目研究，解决企业生产中的关键性技术难题，积累技术经验和研发成果，培育具有引领产业技术革新与创新能力的复合型师资队伍。

（三）基地社会服务成效

1.产教融合精准有效

学校被评为杭州产学对接重点突破学院，并取得特需专业、名师工作室、实训基地、中青年教师进企服务等6个市级建设项目；校企共建纺织服装工程创新中心，在人才培养定位精准、产学研平台筑高、技术革新与创新引领能力拔尖方面再次发力。

2.社会服务力不断增强

学校依托职业技能鉴定所，联合杭州市人社局，市总工会，杭州市丝绸与女装产业发展领导小组办公室，省、市服装行业协会等面向杭州女装产业开展了高技能、新技术培训和技能鉴定，尤其在女装制版技术等方面进行推广，共计开展"服装高级人才研修班""服装品质管理培训班"等培训项目15项，开展技术培训与技能鉴定35 307人次；成立毛衫快速制版研究中心，开展毛衫智能生产（AI智能）培训，2017年、2018年开展全国针织服装设计专业师资建设培训班。

3.同行辐射力显著加强

"达利现象"成为高职教育校企合作典范，三年来近300所高职、2 000余人次来基地考察学习，办学经验辐射到了全国。

4.服务国家战略，打造对口帮扶、精准扶贫等品牌项目

学校深化对黔东南民族职院、漯河职院、兰州职院、新疆轻工职院等

院校的对口支援，在专业建设、课程开发、师资培养等方面开展帮扶对接，带动中西部地区职业教育协调发展。依托专业群优质教育资源，建设女装职业体验中心，面向中小学师生，开发优质职业体验课程，将专业群打造成反哺基础教育的示范基地。

（四）课程教学资源建设成效

1. 整合各方资源，完善专业群国家级教学资源库建设

学校邀请教学名师、企业专家组成教学资源建设小组，对接岗位要求开发课程标准，科学设计典型教学项目，融入新技术、新工艺、国际化等最新建设元素，通过项目操作实现教学目标，形成典型教学项目库；对接"X证书"技能考核要求，合作开发实践操作试题库；精细化推进课程实施，以行动导向的任务引领教学为主线，进行课程整体设计和单元设计，实现课程建设"三对接"（课程目标对接岗位要求、教学内容对接工作任务、评价标准对接岗位能力）。

推动服装国家级专业教学资源库高质量优化升级，建成服装专业群教学资源库。以"全覆盖、精制作"为要求建设素材库，制定素材开发技术标准，联合企业共建生产案例库、协同时尚传播公司共建流行信息库、聘请企业技术能手共建操作视频库，引入服装行业发展的前沿技术和最新成果，以视频资源建设为核心，开发微课、大师操作视频、新技术应用视频等，颗粒化资源达 10 000 件以上。以"结构化、强应用"为要求开发标准化课程包和个性化课程包，发挥辐射引领作用。以视频、动画、课程学习项目、任务实训项目等组建模块化课程教学资源包 18 个，开发企业培训资源包 100 个。依托达利国际集团的全球资源优势，联合英国曼彻斯特时尚学院、意大利欧洲设计学院等国际知名服装院校，共建多语种"服装专业国际教学资源库"，引进国际先进的时尚女装产业技术标准、人才标准、教学和管理理念，制定教育教学标准，包括专业标准、课程标准、行业标准等，秉承合作、开放的理念，更好地服务"一带一路"沿线国家职业教育发展。

2. 引领产业发展，建设"三位一体"特色资源中心

联合资源库共建院校，以优化服装设计国家专业教学资源库应用提升为导向，建设多个实物展示、新技术体验和技术研讨"三位一体"的标准化国家教学资源库特色资源中心，满足师生教学、研发的需求，服务中小微企业，拓展青少年职业体验服务。一是建设时尚女装馆，展示国际前沿新

型面料、高端定制样衣、杭派品牌女装代表作品、大师手工艺饰品等。二是建设新技术体验区，应用高科技展示手段和交互式体验，建设三维试衣区、服饰品3D打印区、智能制造数字化展示区和服装款式数字化拼接区等，体验者可以亲身体验这些制作和设计过程。三是建设交流互动区，联合设计师协会、服装制版师协会、针织工业协会等定期开展服装设计沙龙、制版技术交流培训、工艺设计交流培训等一系列学术交流活动。

3. 强化结果导向，构建课程教学资源共建共享机制

充分发挥主持服装设计国家级专业教学资源库的平台优势，联合全国资源库共建学校，成立资源库建设领导小组，完善资源库共建共享制度。制定资源建设激励机制，鼓励院校、行业企业积极建设新的优质资源，充实资源库，及时将企业资源、学校技术开发及科研成果转化成教学资源。充分运用需求导向，面向企业开放，支持企业利用教学资源库对员工开展女装技术技能提升培训，开展岗位技能等级认证考前培训，拓宽企业员工学习提升路径，提升女装行业人员整体素质。充分发挥专业群资源库对行业、企业、高校发展的引领作用，建立教学资源库动态管理机制，确保服装设计与工艺专业群教学资源库资源年更新比例不低于10%。

（五）课堂、教材与教法改革成效

1. 对接企业技术创新，开发新型活页式、工作手册式教材

依托华东师范大学国家职业教育教材建设研究基地，聘请职教专家、教学名师成立"服装职业教育教材研究分中心"，应对新时代职业教育改革发展要求，研究开发高水平教材，以教材改革推动教法改革。制定教材动态更新机制，完善教材选用机制。联合高等教育出版社、国家专业教学资源库共建院校，成立教材编写委员会，系统构建服装专业群教材体系，以高标准的微课和视频资源为载体，及时融入企业技术研发和创新成果，开发20本数字化新形态教材，实现线上与线下学习有效衔接，使学习者可通过各种终端随时学习，拓展教学时空，满足学习者的个性化学习需求，力争建成国家规划教材5本以上。为适应时尚女装流行信息和技术更新迭代快的特征，开发活页教材实时更新教学内容，融入新技术、新工艺、时尚资讯等编制"活页教材＋活页笔记＋功能插页"三位一体的新型活页教材36本。引入企业真实工作任务作为教学内容，联合企业开发与岗位工作实际

配套的项目任务书，引导学生按企业标准进行任务操作，同步开发设备使用、保养手册和工艺标准手册等，通过资源库引领全国同类院校专业建设。

2. 强化教学时空变革，推进智慧课堂和虚拟工厂建设

系统构建硬件环境，建设 20 个集统一身份认证、多屏互动、精品录播、互动教学、远程教学等于一体的智慧教室，以"互联网 +"的思维方式和大数据、云计算等新一代信息技术打造智慧课堂教学。改进教师传统授课方式和方法，融入师生互动与教学评价，结合远程互动和教学场景的数字化手段，打造新型教学生态系统，实现课前云平台备课、发布学习任务以及分层教学的辅导习题，课中即时提问、随堂测试、学生演示等多种交互模式，课后学情分析、个性推送、复习巩固，最大限度地提升教与学的效果。与达利国际等企业合作，采用虚拟仿真、虚拟现实（VR）、增强现实（AR）等技术手段，在校内建立服装虚拟仿真实训室和虚拟工厂（实训室），模仿服装企业生产环境，虚拟增设一些企业岗位，让学生在实训过程中担任一定的角色，开展"服装生产管理""服装三维试衣"和"服装外贸跟单"等虚拟仿真实训项目，使教学内容和方式与企业的实际工作情境相吻合。全面破解信息化手段和课堂教学创新相融合过程中的难题，实现全天候教学时空环境，促进教与学、教与教、学与学的全面互动，使课堂教学工作的开展更加高效，进一步提高人才培养质量。

3. 深化线上线下融合，推进多形态教学方法改革

适应女装产品开发"多部门协同、多循环反复"的特性，重构模块课程教学组织，从单一教师授课向团队教师授课转变，不同专业研究方向的教师与企业专家组成混编教学团队，负责款式设计、结构设计和工艺设计等各个环节的任务实施，课程教学团队制定教学实施方案，明确各自分工，相互间既相对独立又相互衔接，每位教师深入研究自己所负责的单元，通过真实项目实施和与企业专家的切磋，大幅度提升专业教师的实践技能，促进双师素养整体提升。针对专业互融模块课程，跨专业组建学生团队和教师团队，承接企业产品研发任务，完成全品类的女装产品设计，不同专业的学生可以接受品牌研发相关岗位更多的知识，拓宽学生的知识面，增强团队合作能力，为学生的可持续发展和迁移能力的提高打下扎实基础。

学校根据企业转型升级对员工技能和素质的新要求新标准，全面推进教学改革。对接女装产品研发流程，实施 CDIO 任务模块教学，使学生完成

从构思、设计到实现、运作全过程，营造真实生产环境，开展真实任务实训，实现职业素养和职业技能"双提升"。以学生的真实获得感和职业生涯发展为导向，推进导生制教学、真实项目教学、模块化教学等多形态教学方法改革，更加高效地提高课堂效率和活力。依托国家职业教育服装设计专业教学资源库，全面推广线上线下混合教学法，以学生为中心，促进自主、泛在、个性化学习，进一步提高学生的学习质量和效率。建成智慧课堂优质示范课程10门。

（六）高水平教师团队建设成效

学校以"双师型、结构化"为导向，打造高水平教师教学创新团队，以建立一支善教学、精技能、能研发的专兼结合的双师结构教学团队为目标，校企共建"双师培育基地"，建立双师培养保障机制，实施教师能力提升"四大工程"，构建教师队伍分层分类培养体系，提升专业群教师的教学、科研与技术服务能力。建设期间，学校引进培育国家级教学名师1名、国家级技术能手1名、国际时装技能大赛裁判1名、博士5人，教师海外培训10人次/年，专业教师完成企业经历工程30人次，为企业提供技术服务项目30项/年，"双师率"达到95%以上。

1. 依托校企共同体，打造"身份互认、角色互换"的双师队伍

建立校企"双向兼职、双方培养、双重身份、双重保障"的双师培养机制，实施"教师进企业，大师进课堂"计划，打造一支高水平"混编"实战型教学团队。建立教师企业工作站2个，实施教师企业服务工程，错峰安排教师进企业顶岗实训每年至少1个月，推动专业教师深入企业参与生产实践与技术创新服务。企业专家在学校建立企业工作室，常驻学校，将企业真实任务引入教学，组建教师师傅团队，共同开展教法研究和技术服务，打造"身份互认、角色互换"的双师队伍。

学校聘请企业符合担任高等学校教师条件的专家、技师、管理者到达利女装学院任兼职教师（兼职教授），开设课程、举办讲座传授技艺；兼职教师须遵守《中华人民共和国教师法》等法律法规，遵守《高等学校教师职业道德规范》。

2. 实施"四大工程"，培养女装专业群领军人才

（1）实施专业群及专业带头人"登峰工程"。在政策与资金上加大支持力度，引进和培育具有国际视野和统领能力的专业群带头人，支持其参

加国际一流服装高校研修培训和国际高端学术交流，担任国际知名服装企业的技术总监或设计总监，使之成为国内一流的教学名师；培育学术水平高、行业权威专业带头人4名，支持专业带头人开展国内外高等学校访问研修和学术活动，开展本专业领域的技术攻关和成果推广，使之具备全面提升、引领专业发展的能力；培养具有一线丰富实践经验、在行业内有一定影响力的企业专业带头人，定期邀请其参加教学研究活动，高水平引领专业发展。

（2）实施骨干教师"名师工程"。聘请国内外职教专家、技能大师担任骨干教师导师，每年选派2～3人进行为期三个月以上的海外研修访学，参与海外合作项目，开展校际交流等，掌握国外先进技术，拓展骨干教师国际化视野。通过组建工作室、下企业锻炼、教师进企服务等形式，培养名师、名匠各15人，打造优秀创新团队7个，包括3支双师教学创新团队，2支技术创新团队，1支创新创业导师团队，1支人生导师团队；鼓励教师参加现代信息技术教学应用能力培训和信息化教学比赛，开展全员职业技能等级证书培训，提升骨干教师引领企业技术革新和时尚信息技术应用能力，积极参加国家级教师信息化教学技能大赛。打造一支课程开发能力、技术服务能力和产品研发能力强的骨干教师队伍。

（3）实施青年教师"青蓝工程"。开展骨干教师与青年教师结对活动，充分发挥骨干教师的"传、帮、带"作用，为青年教师的发展创造良好的平台，促进青年教师专业成长，提升青年教师育人能力，通过"筑师魂、育师德、带师能"，加快青年教师职业教育教学能力的提升。

（4）实施兼职教师"名匠工程"。建立与优化行业企业技能大师人才库，从国内外知名服装企业柔性引进一批实践经验丰富、技术技能水平过硬的企业专家、能工巧匠，充实专业群教师队伍。定期开展兼职教师教学业务培训，提升兼职教师授课水平和信息化教学能力；实施企业兼职教师与专任教师结对构建"教学拍档"，共同承担课程开发、课程教学和工作室建设等任务。建设期间，兼职师资库人数达50名，聘任常驻校内企业师傅20名。

3.聚焦教师引领发展能力，打造国家级双师培育基地

整合浙江省服装行业协会服装制版师分会、设计师分会、达利国际及在杭品牌企业等资源，建立学校教师、企业技师共享共培师资发展平台，

遴选深度合作企业建立双师培育基地2个，每年组织教师参加专业领域职业资格培训，在面料开发、时尚女装款式、女装结构、毛衫设计、时装搭配和服装陈列等领域培养一批技术能手。通过应用型课题项目研究，解决企业生产中的关键性技术难题，积累技术经验和研发成果，培育具有引领产业技术革新与创新能力的复合型师资队伍；通过4年建设，建成1个国家级双师培育基地，培育一批善教学、精技能、会研发、能面向全国职业院校服装类专业教师开展培训的教学名师。

4. 创新教师教学团队

聚焦领军人才培养和人才梯队建设，实施教师能力提升"四大工程"，培育行业有权威、国际有影响的专业（群）带头人、名师名匠。整合行业企业资源，共建国家级双师培育基地，培育教学名师（图6-9）。

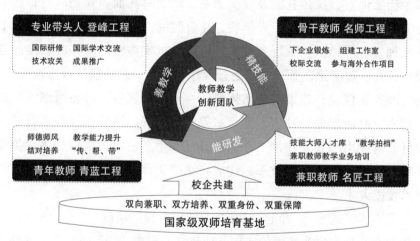

图6-9　校企双栖型教师教学创新团队构建示意图

（七）高水平实践基地建设成效

学校以"融产教、通育训"为路径，打造高水平实践教学基地，围绕时尚女装产业链，构建符合服装设计与工艺专业群人才培养定位的实习实训基地。以"厚基础、精技能、营造真实生产环境"为建设思路，重构共享基础实训室、岗位技能实训室，推动产教融合实训基地建设，夯实专业群岗位基础能力，强化基于岗位能力证书的岗位技能实训，提升学生可持续发展能力，建成高水平实训基地8个。

1. 围绕"厚基础"，完善共享基础实训室建设

针对女装产业岗位群共通的基础能力需求，基于服装设计与工艺专业群现有的专业实训基地，结合时尚女装产业、岗位职业技能发展趋势，学校升级、改建、完善共享基础实训室（计算机辅助设计实训室、女装立体裁剪实训室、服装影像艺术实训室、服装制版缝制一体化实训室），面向群内所有专业开放，开展服装设计通用软件操作、服装制版与工艺、服装立体裁剪等实训，夯实专业群学生专业基础，培养学生安全意识和劳动精神，为后续课程及技能学习提供保障，提高学生可持续发展能力。

2. 注重"精技能"，优化岗位技能实训室建设

针对女装产业岗位群专项专业技能需求，学校对接国际先进标准，建设专业群岗位技能实训室。依据时尚面料设计模块，建设提花织造实训室、纹样手绘实训室、纹样智能设计实训室，培养时尚面料花型、色彩、工艺设计人才。依据时尚女装研发模块，建设时尚女装研发实训室、毛衫工艺设计实训室、毛衫工艺编程实训室、电脑横机实训室，培养服装设计与工艺设计、女装数字化制版、时尚毛衫设计、毛衫工艺智造的技术技能人才。依据时装营销模块，建设时装实体营销一体化实训室、时装网络营销多功能实训室、时尚形象设计实训室，培养具有女装店铺管理、视觉营销、形象设计管理能力的技术技能人才。营造真实生产情境，以信息化设备与管理手段促进模块课程教学改革，建成高水平实训基地，培养技艺精湛的女装技术技能人才。

3. 突出"重复合"，推进"校中厂""厂中校"建设

深化企业真实生产环境的实训基地建设，校内"引厂入校"、校外"厂中建校"。"校中厂"充分体现生产性，"厂中校"充分体现教学性，两者结合全面推行面向企业真实生产环境的任务式培养模式。完善达利国际女装研发中心、日本岛精电脑横机培训中心、达利国际丝绸展销中心等"校中厂"建设，将时尚女装企业真实的生产任务融入教学任务，培养学生的实战能力。依托校企共同体合作企业，在达利国际集团、桐乡濮院毛衫小镇、海宁许村纺织小镇、杭州艺尚小镇等企业和产业园区建立教学区，建设以"厂中校"为典型特征的校外实习基地，使更多的实践课程外移到企业进行教学，通过企业师傅和学校教师共同指导，提升学生岗位实战技能和职业素养。

4.强化行企校联动，健全实践教学基地共建共享机制

联合达利国际等紧密合作企业、行业协会，健全专业群实训室共建共享机制。根据女装产业的智能化发展方向制定产教融合实训基地建设方案，制定服装设计与工艺专业群岗位技能实训室实训条件建设标准，规范实训室建设的标准要求，吸引企业在培训师资、设备等方面的投入，完善服装设计与工艺专业群"校中厂"和"厂中校"实训管理制度。根据产业转型升级对从业人员整体素质的新要求，行企校共同开发企业员工培训项目，开展企业学徒的专业化培养；对接"1+X"证书能力考核要求，面向社会开展岗位技能培训，健全"开放、共享"的校内外实训基地运行和管理机制，建立校外实训基地的准入和退出机制。

5.优化资源整合，建设全国女装高技能人才培训基地

依托杭州市公共实训基地，整合在杭女装企业资源，打造全国服装高技能人才培训中心。组建由专家教授、行业企业的顶尖专家、全国技术能手、全国大赛的优秀裁判组成的培训教师团队，面向区域、产业和服务女装产业国际化发展，开发一系列培训课程，进行综合素养提升培训、服装制版和工艺技术培训、岗位证书培训、信息化和智能化生产技术培训、行业发展趋势培训、世界技能大赛培训等，制定课程标准，编写培训教材，培训员工 10 000 人次，每年举办全国版师技术交流大会 1 次；联合中国纺织服装教育学会成立全国教师技能培训中心，校企共同为中高职教师开展新技术培训；依托服装专业资源库建设全国网络培训中心，开展"线上 + 线下"企业员工培训，校企共建微课 100 门，录制标准化工艺操作视频 500 余个，通过线上线下相结合的教学模式，在线学习人数达 5 000 余人。

（八）创新平台建设成效

学校以"建载体、创机制"为举措，打造技术技能创新平台，聚焦时尚女装产业"时尚、科技、绿色"转型升级需求，以提升自主创新能力为核心，以加强时尚女装产业技术研发和成果转化为抓手，构建多层次、宽领域、高水平的科技创新、产教融合平台体系，发挥带动时尚女装产业结构调整和经济增长方式转变的引擎作用，推进企业科技进步，带动时尚女装产业整体升级，建设期内培育 5 个以上技术服务团队，技术服务到款额 800 万元，技术推广效益 5 000 万元。

1. 依托"三大平台"，增强支撑女装产业发展能力

（1）女装创意设计协同发展中心。联合达利国际、浙江理工大学共同组建"女装创意设计协同发展中心"，中心下设女装版型与工艺研究中心、丝绸面料花型设计中心、旗袍传承与创新中心、针织花型组织开发中心，立足于服装设计与工艺创新设计、技术攻关、产品研发、非遗文化传承等研究，面向杭州时尚和旅游产业发展需求，促进时尚女装产业的改造升级，通过多方创新力量联合，加强时尚女装创意设计与技术应用，服务品牌企业和中小微企业，在建设期内制定或参与制定行业标准 2 项以上，完成专利授权 200 件，科技成果转化 10 项以上，申报省级以上科研项目 2 项。

（2）全国女装制版技术教育创新中心。联合中国服装行业协会、女装制版技术专家成立"全国女装制版技术教育创新中心"，组建由东华大学与浙江理工大学的专家教授、行业企业的顶尖专家、全国技术能手组成的研究团队，开展不同女装品类、不同造型、不同合体度的服装基准样板研究，服装各构成部位的最佳结构、各种特殊体型的版型结构、国际一线品牌的版型结构等方面的理论研究和应用研究，开展企业技术改进项目 80 项，服务女装中小微企业 200 家，着力促进女装自主原创品牌的发展，将中心打造成服务全国时尚女装版型技术的社会智库。

（3）时尚女装产业大数据平台。联合国内外知名研究机构、知名企业和权威专家，瞄准当前及产业发展趋势的核心领域，重点开展人体数据库、女装样板数据库、针织纹样数据库、面料纹样数据库、个性化定制数据库等大数据的研究与运用，为产品开发、理论研究、人才培训、产业发展等提供数据支撑。

2. 建设"四类中心"，提升师生技术技能创新能力

建设 4 个工程教学中心、12 个学生创新中心、3 个大师技术服务中心、1 个女装销售服务中心，提升师生技术技能创新能力（图 6-10）。

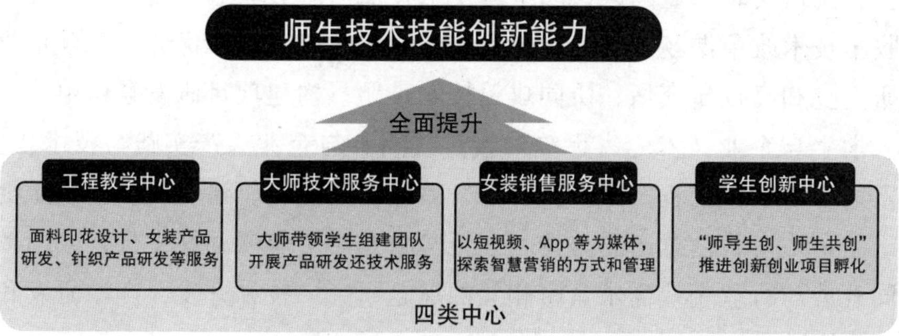

图 6-10　创新平台四类中心架构图

（1）联合杭州艺尚小镇、桐乡濮院毛衫小镇、海宁许村纺织小镇等产业园区共建女装制版、女装设计、针织技术、面料设计 4 大工程教学中心，由企业技术专家领衔，跨专业选拔一批创新创业意识强的学生，组建高水平创新团队，开展面料印花设计、女装产品研发、针织产品研发等服务，拓宽创新型人才的培养途径和方法，提高师生的产品研发能力。建设期内，工程教学中心培养学生 1 000 人，开发时尚女装产品 400 款 / 年，强化工程教学中心的运行管理，建立健全创新激励机制，提升教师参与企业技术创新的积极性和创造性。

（2）引进一批具有绝技绝艺的技术技能大师和全国著名女装设计师，建设"技能大师技术服务中心"，重点建设"曹桢大师工作室""郑爱煌大师工作室""陈闻设计师工作室"，带领学生组建团队开展产品研发和技术服务，培育一批具有国际水平的服装领域拔尖创新人才。建设"女装销售服务中心"，面对大数据、视觉营销等发展方向，研究以短视频、App 等为载体的营销渠道，探索智慧营销的方式和管理，促进中小微企业发展。

（3）建设"非遗技艺传承与创新中心""丝绸文化创意产品研发中心""创意服饰品研发中心"等 12 个学生创新中心，充分发挥教师在各自领域的专长，为师生的创新设计、劳动教育、技能大赛、挑战杯竞赛等提供支持，为女装中小微企业提供小批量、创意性、多品种的女装创意设计和产品，"师导生创、师生共创"，推进创新创业项目孵化，每年孵化学生创业项目 10 个。

3. 健全创新服务机制，促进技术技能成果积累转化

在各大创新平台中心的基础上，学校联合达利国际、浙江省服装行业

协会、杭州女装产业园区共同组建技术开发与服务联盟，面向全国女装企业收集技术改革课题，发挥杭州女装产业的区域和技术优势，联合企业技术研究院和高校研究所，协同攻关技术难题；构建项目研发合作组，让教师、学生与企业技术专家无缝对接，共同参与企业生产实践与技术攻关，丰富教师与学生工程实践经验，提升整体实践能力。建立健全创新激励机制，制定《女装创意产品与技术创新奖励办法》等激励性文件，鼓励教师协同开展与行业企业需求紧密相关的课题研究、技术开发、产品研发和成果转化等活动。

（九）促进行业发展成效

1. 支撑杭州女装产业发展，产业贡献力全面提升

一是人才培养质量显著提升，毕业生成为杭州女装企业招聘"首选"；二是集聚行业企业顶尖专家和技术能手，打造一批"产学研创"一体的女装技术技能创新平台，服务杭州女装产业发展能力全面提升。标志性成果：毕业生初次就业率超98%，雇主满意度达95%，学生毕业一年后自主创业率达13%，学生获国家级大赛奖2项；专利授权100件，完成技术技能培训5 000人次；服务中小微企业100家，技术推广效益达1 000万元。

2. 彰显女装人才培养中国特色，城市服务力全面提升

一是瞄准杭州女装产业发展趋势，建成全国女装制版技术教育创新中心和时尚女装产业大数据平台，打造服务杭州女装产业发展的高端智库；二是助力"后峰会、亚运会"的杭州打造"一城一窗"之城市战略，面向市民开展技术技能培训和时尚文化普及；三是聚焦丝绸女装产业，整合专业群优质教育教学资源，面向中小学师生开发职业体验课程，建成杭州青少年职业体验示范基地和杭州手工艺文化传承创新基地。标志性成果：承办市级以上大赛6项，提供时尚女装产业大数据报告2份，完成职业体验培训800人次，社会服务到款500万元。

3. 引领服装专业职业教育改革，同行辐射力全面提升

一是投资5亿元、混合所有制办学的中国童装学院试水成功，成为引领全国高职改革发展的新典型；二是聚焦"1+X"证书制度改革，基于服装国家专业教学资源库的共享教学资源建设引领全国同类院校，基于"1+X"证书制度的人才培养模式改革成为全国示范。标志性成果：力争获国家级教学成果奖1项，建成国家级专业群教学资源库1项，建设国家级双师培

育基地 1 个，国家级教学创新团队 1 项，国家"万人计划"教学名师 1 人，全国技术能手 1 人。

4.打造世界水平女装职业教育品牌，国际影响力全面提升

一是与国际知名院校共建服装专业国际教学资源库，引进和制定一批国际教育教学标准，输出女装职业教育"杭州标准"；二是携手达利等女装企业"走出去"，助力杭州女装产业海外布局，使跨境办学和留学生教育推进明显、专业群办学国际化水平大幅提升。标志性成果：建成柬埔寨鲁班工坊和尼日利亚"西泠学堂"，校外合作办学 1 项，完成海外企业女装制版技术等培训标准 2 项，培养留学生 30 人，开展海外培训。

开发与国际接轨的专业教学标准，提升专业群建设国际化水平。依托达利国际集团的国际产业背景和资源优势，联合英国曼彻斯特时尚学院、意大利欧洲设计学院等国际知名服装院校，引进国际优质教学资源和教师资源，加强专业建设、课程开发、师资建设、教学管理等方面的交流与合作。通过中外办学项目，开发与国际先进标准对接的专业标准和课程体系，推出有国际影响力的高质量专业标准、课程体系、教学资源。通过参与世界服装技能大赛项目，进行参赛人员选拔、选手集训，以大赛深化世界服装技能人才培养标准的研究，把国际竞赛标准融入专业的人才培养方案，培养与国际接轨的服装专业通用技能人才。依托专业群国家级专业教学资源库，建设一批国际交流课程，提升专业群建设国际化水平。

5.加强国际双向互动交流，全力拓展师生国际视野

联合杭州市丝绸与女装产业发展领导小组办公室，筹建"国际丝绸女装文化交流中心"，承办 2 次丝绸女装国际学术论坛，邀请国际知名设计师、制版师到校举办讲座，加强国际双向互动交流。加大师生国际交流力度，每年选派 2～3 名教师赴英国、法国、美国等服装教育发达国家学习先进的技术和教育方法，骨干教师中开展 3 个月以上海外研修的达 25% 以上，每年派遣 40 名学生出国交流学习。鼓励师生参加国际时装周、世界时装设计大赛等国际交流活动，进行双向交流学习，拓宽师生国际视野。

（十）健全可持续发展机制成效

1.强化组织保障，完善多方协同管理机制

成立由行业协会、高校专家和合作企业组成的专业群专家委员会，聘请中国纺织服装教育学会会长担任委员会主任，充分发挥其全国职教资源

的整合能力，负责为专业群项目建设提供决策咨询，对项目建设进行指导。在理事会领导下的院长负责制框架内，完善现有二级学院层面的校企工作委员会，适时实施专业群人才培养定位动态调整、女装行业发展和产业技术进步的专业群结构同步优化工作，确保专业群聚焦女装产业。由分院学术委员会主任担任专业群负责人，推进校内外师资、基地、设备协同管理，协调群内专业师资与实训资源的交叉使用，建立专业群管理机制，加强课程管理、教学管理和质量管理。

2.强化自我造血功能，构建社会资源反哺专业群建设机制

专业群充分利用人力、物力资源，面向行业、中小服装企业和社会积极开展科技服务、培训服务和继续教育，引入企业资金，吸纳社会资金，逐步建立专业群建设经费的自我投入机制，增强专业群自我造血功能。依托政行校共建的中国童装学院，通过承担政府购买服务项目，汲取政府财政投入；依托全国服装高技能人才培训中心，加大社会培训服务能力，提升社会培训服务收入；以女装创意设计协同发展中心为平台，加大技术技能创新服务力度，建立技术研发成果转化激励机制，承接市场项目，提高横向收入。

3.强化质量管理，健全专业群动态监控机制

健全教学常规管理制度并执行到位，充分利用网络和现代教育技术推行信息化管理。把学生满意率、企业满意率、社会满意率作为评价的核心指标，改革教师教学质量评价办法。建立以学生作品为载体，以职业知识、职业技能与职业素养为评价核心，过程考核和结果考核相结合的课程考核评价体系。建立顶岗实习跟踪监控机制，校企共同实施顶岗实习质量管理。建立毕业生质量跟踪调查机制，关注毕业生群体与个体职业发展状况。

成立由学校督导员、达利公司高管和行业专家组成的质量监督委员会，从专业、课程体系、教学团队绩效、学生发展4个层面发布教学数据信息、质量分析报告，联动教、学、管状态分析及监控预警，根据反馈信息及时诊改，确保以常态化、网络化覆盖专业群质量保证体系的各个环节。

第四节 产教融合视域下高职教学实践中存在的问题及解决策略

一、产教融合视域下高职教学实践中存在的问题

产教融合作为一项联合产业与教育协调发展的重要举措，对完善职业教育发展和经济发展与产业升级做出了突出贡献。产教融合作为一项复杂的工程，在实行的过程中还存在许多亟待解决的现实问题。首先，产教融合的内外部支持环境不成熟。这主要表现在社会对职业教育的认识不足，职业教育的吸引力不够，职业教育身份处于被边缘化的困境；政府和企业对自身身份不明确导致执行不到位。其次，产教融合实施要素欠缺。现有的产教融合管理体制还不够完善、相关管理架构不完善、整合协调机构的缺乏、顶层管理效率不高等导致学校与相关主体的合作动力不足，使相关行业企业处于被动参与的状态，并在参与过程中遭遇到重重困难，产教融合显得异常艰难。最后，产教融合人才培养体系不完善。"双师型"教师队伍的缺乏、课程专业设置与地方产业需求相脱节、人才培养方式不合理等因素导致职业教育培养出来的人才无法与地方经济发展需求契合，职业教育的社会服务能力还有待提高。

从执行现状分析来看，在多方执行者的合力下，产教融合政策执行在多方面取得了一定的成效，对职业教育与产业发展都起到了一定的推动作用。但从整体来说，职业教育政策执行水平还有待提高，产教融合政策执行过程中还存在诸多问题。因此，笔者基于高职院校教育产教融合政策执行的研究，通过问卷调查与访谈的研究方法，分别对涵盖制造业、现代公共服务业、金融服务业与医疗卫生行业等30家合作企业与14所中高职院校开展调研，从实践性的角度探讨分析当前影响产教融合政策执行的问题。在政策执行上的问题是政策执行的表面化和政策执行的偏离。产教融合政策执行偏离是指政策执行主体正面响应国家政策的号召，但在实际的执行过程中片面采取不合理的措施，违背政策原来的精神与内容，自行其是，导致政策执行的严重"变味"与"走样"，主要体现在政策执行无意的偏离上。

政策执行无意偏离是指产教融合政策执行主体受政策环境或政策内容不清晰以及政策执行主体执行素质能力等因素影响，无法正常执行政策，使政策执行过程与结果偏离政策目标。

政策执行主体作为职业教育产教融合政策的贯彻者和执行者，是连接政策与政策目标群体的桥梁。可以说，产教融合政策执行主体对政策的认同态度、管理水平以及执行综合素质直接影响高职教育政策的有效执行，是政策目标能否实现的关键因素。各中高职院校从事教育教学工作的人员是产教融合政策的执行主体，但部分职校教师在课堂教学中对学生自主学习能力培养存在误解，误把培养学生的自主学习能力等同于把课堂完全交给学生，由学生充当教师的身份完成课堂的教学，影响了课堂教学效果。与普通教育的办学定位有所不同，职业教育的办学定位侧重培养以就业为导向、与社会产业服务需要相匹配的高素质技术技能型人才，在办学定位的主导下，职业院校就应该完善"双师型"教师标准，打造"双师型"教师队伍，引导与激发教师立足课堂潜心教书育人。然而，部分政策执行者由于对所在职业院校的办学定位理解不够清晰，盲目制定并出台鼓励教师参与科研工作的政策方案；在政策方案利益驱动的环境氛围影响下，教师把众多的时间与精力都投入政策方案的执行行为中，而怠慢了实际专业教学工作。因此，作为产教融合政策执行者之一的职业院校还没有充分意识到自身的质量主体地位，导致出现政策执行无意偏离的现象，降低了政策执行效度，最终难以保证院校人才培养的内部质量，违背了政策预设的培养高素质创新型和技术技能型人才的目标。

产教融合视域下高职教学实践中的问题还有其他方面。

首先，对产教融合重要性认识不到位。对于以追求经济效益为首要目标的经济活动体，行业企业的关注点在于如何以最小的投入获取最大的经济产出。对高职教育人才培养的投资显然是一个长期且具有较大风险的过程，这无形增加了企业的资源和时间成本，而企业对培养人才将对企业产生的长远影响又无法准确估量。因此，行业企业对参与高职教育产教融合能为企业带来长远的良性影响的认可度不高。当前大学毕业生人数逐年增加，出于短期利益、自身条件及发展需要，大部分企业不愿额外支付更多的成本去培养企业所需人才，而选择直接向社会招聘合适的人才。此外，受传统观念影响，诸多行业企业认为人才培养是高职院校的责任和义务，生产产品与提供社会服务是企业的责任和义务，两者各司其职，不愿过多参与到高职院校的人才培养中。

其次，对高职院校学生技能认可度不高。对于用人企业而言，其在招工过程中十分重视高职院校学生所掌握的知识和技能水平与企业工作岗位的匹配程度，以最大限度减轻再培训所需的人力、物力和财力等。当前，高职教育产教融合合作深度不够，缺少企业有效参与学生培养和考核的过程，缺乏企业参与设计和开发的具有较强操作性和针对性的项目，企业对学生技能不信任，学生难以满足企业用工需求。

最后，缺乏制约企业行为的保障机制。缺乏政府等相关部门的有效介入，产教主体间的权利和义务缺乏必要的监督和约束，仅靠高职院校来维持和协调合作双方的合作积极性是不够的，难以从根本上解决企业参与高职教育产教融合积极性不高的问题。这就导致了本该是产教融合主体之一的企业充当了被动参与者角色，高职院校成为仅有的名副其实的主体。

产教融合视域下高职教学实践中还存在办学主体间职责不清的问题。以浙江省的高职院校为例，浙江省位于沿海地区，具有较强的包容和实践精神，在高职教育产教融合实践方面具有一定的领先优势。但其起步较晚，且存在理论和制度建设跟不上实践发展需要等问题，在准确定位高职院校和行业企业方面的制度仍欠缺，已有相关文件的具体性、明确性和全面性不够，各利益主体间应占有怎样的地位以及权利和义务如何界定与划分等均没有做明确说明。缺少明确的文件及相应的制度作为行为的标准和约束，产教融合的内部凝聚力不足，行业企业、高职院校陷入被动和无所适从的状态。

首先，在职责分工上，未厘清双方职责。例如，产教融合共同提出的人才培养模式中通常会明确每学期学生由高职院校还是企业主要培养等问题，如第一学期以高职院校培养为主，校企共同提供岗前培训和行业企业认知培训；第二、三学期，校企联合培养，以师傅带徒弟、学校教师辅导的学习形式为主；第四学期，以企业岗位实习实训培养为主，学生开始顶岗实习。从学生学习阶段连续性看，校企合作内容相对完整，涵盖了学生在校期间各学期的安排。但从校企双方具体职责方面看，未明确各方具体内容和职责，缺乏具体操作细则，可操作性不强。

其次，在合作过程中，双方职责交叉。由于未明确校企双方的职责，双方在合作过程中，面对各类突发事件和问题时，缺乏科学合理、行之有效的制度条例作为参考，甚至缺乏基于经验之上的对策措施。此时，校企往往采取"兵来将挡，水来土掩"的做法。这种方式导致了问题解决具有较大的盲目性和随意性，缺乏科学性和系统性，影响学生、高职院校、行业企业等的发展，影响产教融合的可持续发展。

最后，缺乏制度措施保障双方职责的有效开展。浙江省高职教育发展的一大特点是"实践先行，理论滞后"，这一特点也渗透到浙江省高职教育产教融合发展的过程中。当前，浙江省各高职院校已探索和实践了"专业镇产业学院""教师工作室"和"现代学徒制"等产教融合发展模式，实践在前，但理论支撑及对实践经验的总结滞后。当前，各高职院校基于本校实践经验，出台了部分适应本校发展需要的相关管理条例、运行机制等，但由于缺乏对其实践经验的深入挖掘，未形成适于其他高职院校或其他地区高职院校产教融合发展需要的管理制度和条例。同时，由于当前产教融合发展的不稳定性、各职院校发展具有相对独立性和多样性，相关管理部门未制定出明确产教融合校企双方职责的相关制度措施。

在浙江省高职教育产教融合运行过程中，处于实践中的高职院校缺乏约束校企双方职责的标准，未开展产教融合的高职院校亦缺乏相应标准，制约了产教融合在高职院校的广泛开展和长远发展。高职院校教学质量仍不高。在市场经济条件下，经济效益成为行业企业活动的主要内部驱动力。行业企业追求以最小的经济成本获取最大的经济收益，其对高职教育所培养人才的需求问题就是高职院校毕业生能否适应产业和市场发展需求及适应程度如何的问题。

当前，浙江省诸多高职院校实行了产教融合机制，但高职院校人才培养与劳动力市场需求间仍存在差异。其重要原因在于缺乏有效的产教融合沟通机制。一方面，高职院校对劳动力市场发展现状认识存在误差。学校基于自身不全面或存在偏差的认识，设置了相应的专业和课程，培养了相应的人才，造成了高职院校专业和课程设置与劳动力市场需求不匹配。另一方面，浙江省市场经济发展迅速，又面临着产业的转型升级，劳动力市场对技术技能型人才的要求有所变化。虽然高职院校曾对市场人才需求情况做出了正确的预测，设置了相应的专业和课程，培养了相应人才，但劳动力市场人才需求变化快、技术更新迅速，高职院校人才培养则具有长期性、稳定性和系统性的特征，因此仍难以满足市场对用工的需求。

二、产教融合视域下高职教学实践中的策略

（一）构建复合型管理队伍

高职院校管理队伍需要复合型管理人才，以便根据产教融合进程适时调整管理方法，如懂教育的管理人员。作为高职院校的管理人员，要有相关的知识背景和教育背景。在传统的高职教育中，管理人员只是作为普通管理者，并没有要求其具有教育学、心理学的理论素养。但是，教育结构的升级要求高职院校的管理人员应具备相关的教育理论知识，这样才能更好地了解自己岗位的职能职责，从而进行有效管理，提高工作效率。高职院校的管理人员还要掌握企业管理的方法。当今的职业教育已不仅局限在校园内部，其教育模式和教育内容均与产业接轨，这就表明高职院校的管理干部不能再以传统的方法来管理教学事务及学生事务，而是要借鉴企业的管理模式。

（二）提升管理队伍的创新能力

高职教育管理体系的改革很大程度上依赖管理者的创新意识和创新能力。在产教融合的背景下，高职教育能否成功转型，在很大程度上都依赖管理队伍的创新能力。首先，管理人员要树立以市场为导向的创新意识。要实现高职教育的职业化、提高高职学生的就业率，就要充分考虑市场因素。因此，高职院校的管理人员要培养市场、企业所需的人才，适时调整课程内容，这就离不开管理人员的创新意识。其次，管理人员要树立品牌意识。在产教融合的进程中，越来越多的企业愿意与高职院校合作，共同培养适合企业发展的技能型人才。因此，高职院校管理人员要树立品牌的意识，以利于提高高职院校的知名度，成功地与企业合作。

（三）提升管理队伍的沟通能力

随着教育职能的不断扩大，教育与社会的联系日益密切，加之产教融合的推进，高职院校与社会、企业的联系进一步加深，这就要求高职院校管理人员需要具备组织、理解、协调、决策、学习及沟通能力等，其中沟通能力尤为重要。高职院校管理人员是学校与企业之间沟通的桥梁，负责协调学校与企业之间的关系，促进企业与学校之间的融合。因此，提升管

理队伍的沟通能力势在必行。具有良好沟通能力的高职管理人员能够将学校的优质学科向企业推荐，得到企业的相关支持，也能将高职院校培养出的人才向企业输送，达到学校与企业的共赢。

（四）提升管理队伍现代信息技术的应用能力

现代信息技术的发展推动了产教融合的进步，在当今信息技术飞速发展的时代，数字化信息技术大面积普及，教育系统与企业系统大多使用现代化的技术手段进行管理与沟通。因此，高职院校管理队伍应适应数字化信息技术的发展，运用现代化手段进行沟通，要通过互联网及多媒体技术更好地获悉企业稀缺的人才，适时调整教学计划，促进毕业生的就业，推动社会的发展。这就要求管理队伍不断提升现代化信息技术的应用能力。

（五）调适结构，主动满足发展需求

随着我国高等教育大众化进程的加快，高职院校的产教深度融合已成为体现我国高等教育改革发展时代特征的重要举措，也是破解我国经济社会发展难题的重要突破口。高职院校的新形态表现为，一方面保持着自身的"物种"特性，即对职业教育范式和理念的适度继承，另一方面进行"基因"重组，适应环境变化，走应用型、创新型道路。这种传承与创新能力决定了高等职业教育的可持续发展能力。深化产教融合是高职院校发展的现实逻辑遵循，作为生态系统中的主要因子，高职院校只有主动探索满足校企产教融合生态圈的运行机制，规划内部系统结构，提高教育教学效能，才能适应经济社会发展的需求。其内部系统结构的规划应致力于在教育教学实践层面切实瞄准企业需求，实现专业调整、课程整合、师资优化、基地建设以及成果转化等方面的突破，为产教深度融合提供可行依据与可用资本。

高职院校深化产教融合的发展模式是一项整体性、系统性的工程，需要多元教育主体和多重生态系统的共同支持和参与。教育生态学理论观照下的产教融合基于全面、联系、公开的原则，力求解决教育生态现存困境，规划教育系统发展路径，发挥教育生态整体效益。因此，厘清产教融合的目的与机理，将教育生态学的原理与方法以博约相济的方式应用于高职院校产教融合，有利于使技术技能人才培养质量取得实质性提高。

第七章 产教融合视域下高职教学管理创新

第一节 产教融合与高职院校管理创新的重点和难点

挑战往往与机遇同在。高职院校在发展过程中必须对自身的优势和劣势进行分析，对外部环境中的机遇和挑战进行准确判断，从而帮助自身正确认识在发展过程中所处的环境和地位，做出最适合自己进一步发展的战略选择。高职院校与经济社会发展紧密相连，在经济社会转型中起着"技术源、人才源、信息源"的重要作用。因此，高职院校必须探索发展规律，创新发展方式，突破传统的办学模式，走创新型发展之路，才能更好地解决产教融合与高职院校管理创新的重点、难点问题。

一、产教融合视域下高职院校创新的重点

（一）产教融合视域下高职院校教学质量的提升

产教融合视域下高职院校教学质量的提升是高职院校创新教学的重点问题。提升、改善实践教学条件是产教融合中提升教学质量的重要保证，职业教育的特点是以就业为导向，职业教育必须适应和服从社会和行业发展的需要。高端技能型人才的培养不是靠理论就可以堆出来的，必须在模拟的工作场景结合真实的工作场景中反复实践才能实现。可见，没有实践教学条件的改善，产教融合与提高教学质量自然就会成为"无米之炊"。我们积极应对高职教育发展需求，加强校内实训基地硬件建设，建成以职场环境为标准、门类齐全、设施完备、功能完善的现代化实训中心。配备先进、高仿真的信息化教学设备，为训练学生专业技能、培养学生临床思维和综合素质创造了系统、科学的保障条件。尽管如此，由于各类医学专业实践对象是"人"，具有特殊性，校内实训基地即使功能再强大也不能替代临床真实情境，所以只有早临床、多临床、反复临床才能真正夯实学生的

职业能力基础。然而，由于没有政府层面的政策激励和制度保障，寻求校院合作的瓶颈至今未能从根本上打破，在推进院校合作过程中，校方仍处于"剃头挑子一头热"的尴尬境地，校外实训基地的建设有待进一步完善。

（二）高层次、高水平的师资队伍的建设

高层次、高水平的师资队伍建设是产教融合中提升教学质量的关键因素。高职教育要推进产教深度融合，着实提高教学质量，就必须积极探索高层次"双师型"教师培养模式。制定公平合理的激励制度是加快"双师型"教师成长的关键。据调查，目前绝大多数职业院校都制定了一些激励措施，但是制定针对"双师型"教师的专门化的激励制度的职业院校不多。即使有效果也不明显，存在许多问题：制度激励柔性不足，按需激励亟待确立；制度激励不当，精神激励不够；过分考虑结果激励、忽视过程激励；等等。激励措施的不科学、不合理制约着教师向"双师型"教师成长发展的积极性，不利于"双师型"教师的建设。因此，改变传统的激励机制，建立一套针对"双师型"教师的专门的激励制度迫在眉睫。在完善"双师型"教师激励制度中，应把握以下几点。首先，必须明确激励导向。"双师型"教师是不同于普通教师的特殊群体，在激励机制的建设中必须明确"双师型"教师的"成就认同"和"身份认定"，为教师向"双师型"教师发展指明方向。其次，激励制度一经确立，就应保证该制度能稳定、严格和长期地执行下去。在"双师型"教师这一目标的指导下，保证制度的执行力度，并根据发展需要适时地完善和修正激励制度，真正实现激励制度的正确导向作用。在激励制度的具体实施方面，可采用以下有效的手段。第一，物质激励与精神激励的结合。物质激励作为最基础、最直接、最有效的方式，在满足教师基本需求方面是最有效的。但当教师需求不断提升时，这种物质激励的效用也会逐步降低，这时应给予一定的精神激励，如对"双师型"教师的评优树先、晋升、培训等方面的照顾倾斜。第二，短期激励与长期激励的结合。短期类型的激励能够直接起作用，却不能为教师持续、长久的职业生涯发展注入活力。因此，对教师进行短期激励的同时，需要配合使用长期类型的激励措施。第三，以人为本。激励政策应有层次性与针对性，满足不同教师的不同需求，采用效用最大化的激励方式为主、其他激励方式为辅的综合激励方案，做到以人为本的差异化管理。

考核评价是对教师工作现实或潜在价值的判断。对于"双师型"教师

的培养培训是建设"双师型"教师的源泉，而高效、公正的教师评价则是"双师型"教师建设的永恒动力。"双师型"教师的建设，基点在于培养，能否可持续发展则取决于对教师的评价。职业教育强调的是理论与实践的结合，突出能力培养这一核心。普通教育则着重于理论的系统性、学术性。对"双师型"教师的评价沿袭普通教育评价则有失偏颇。对"双师型"教师的评价必须从职业教育的实际情况出发，突出教师的实践能力，体现技术性和应用性。然而，当前对"双师型"教师的评价暴露出严重的问题：对"双师型"教师的评价过于笼统、简单，并常常沿袭传统的考核方式方法。这种评价大多为奖惩性评价，是一种以奖惩为目的的评价制度。这种评价存在诸多弊端，亟待形成发展性评价，即以"双师型"教师的发展为目的的教师评价制度。在"双师型"教师的评价中，最核心的是依据"双师型"教师的特点建立相应的评价指标体系。考评的重点应涉及专业性、技术性的实践操作能力方面，淡化教师的学术科研标准，具体的评价指标体系应突破"德、能、勤、绩"的传统科研水平考核指标，鼓励教师开展与职业技术教育密切联系的科研，以科研促教。但并不是人人搞科研、个个搞课题，并且不以教师发表论文的数量、质量作为其科研水平的依据。除此之外，"双师型"教师的评价指标在保持相对稳定性的同时，要体现动态性。引导"双师型"教师定期或不定期地参加各种技能鉴定考试，推动教师对所取得证书进行"年审"或"升级换代"，使教师各方面素质能够满足社会发展需求。建立绩效管理的评价标准。对"双师型"教师的考核参照其职务和岗位职责，结合其在该岗位的培养结果和所做贡献来综合评价，以教师绩效评价结果作为教师晋升、加薪、培训等方面的有效凭证。"双师型"教师的评价应实现多种方式结合、定性与定量结合、多评价主体结合，注重评价结果的及时反馈，建立完善、合理的"双师型"教师发展性评价体系。总之，"双师型"教师的评价实施应贯彻"全面性、评价主体性、过程性和效益"方针，使评价结果既是"双师型"教师建设的终点，也是"双师型"教师建设的起点。

企业生产一线除了具有最新的技术、工艺、设备外，还具有丰富的实践案例，这些都是理论的来源，也能够有效检验理论，是提升教师专业技能最好的场所和课堂。教师到企业挂职锻炼也得到了国家、政府的重视和认可。各职业院校大部分教师都直接来源于普通学校，缺乏社会经验和专业实践经历。另外，还有一部分教师有一定的专业技能，却与企业需要的技术相脱离，这也是产教融合下高职院校的创新重点所在。当前由于学校、企业教师观念上的差别，相关机制的不完善、管理方面欠缺等原因，企业不愿接受教师实习，教师实习流于形式。为了打破教师下企业的"瓶颈"，提高其实效性，学校必须坚持一定的原则，即教师到企业实习锻炼，原则上要为企业带来一定的收益。比如，教师可以为其提供员工培训或帮助企业解决技术难题，而企业则应主动为教师提供用于教学和技术提升方面的支持。可遵循以下的思路：选择什么样的企业→挂什么职务→实际做什么工作→教师将收获什么→如何检验教师所学。从教师专业技能、实践教学、信息技术应用和教学研究等多方面，通过外派进修、下临床实践、邀请行业专家评价校内实践教学等多途径加强教师教学能力提升的培训，努力培养、造就一批"教练型"教学名师和专业带头人。但高职院校乃至全国很多高职院校教师队伍建设亟待解决的现实问题仍有很多：其一，校内专任教师与行业兼职教师、理论授课教师与实践指导教师等师资结构有待完善，绝大部分专业课教师没有行业工作经历；其二，还没有真正建立起专任教师行业实践锻炼机制、行业兼职教师教学激励机制，使专任教师行业锻炼流于形式，行业兼职教师参与教学与管理的深度不够；其三，专任教师数量不足，同时，行业兼职教师，特别是在本行业和领域内享有较高声誉的专家型教师缺乏；其四，虽注重建设校内优秀的教学团队，但其社会影响力远远不足。这些都会直接影响教学质量的提升，严重制约"产教融合"这一新举措真正意义上的实践发展。

（三）创新教学评价反馈机制

1.开放、灵活的教学评价

反馈是教学质量诊断和预警的重要依据。教学评价是依据教学目标对教学过程及结果进行价值判断的过程。教学评价不仅能及时展示学生的学习成果，反馈学生达成学习目标的情况和存在的问题，还可检验教师教学的效果，为教师的教学决策服务，是教学质量诊断和预警的重要依据。但是，传统教学评价模式已不能适应微课、慕课等新的信息化教学模式。没有行业参与的、孤立的、封闭性的教学质量监控体系也难以适应"工学结合、产教融合"人才培养模式下高等职业教育开放性的要求。因此，校内教学质量评价体系亟待改革与完善，形成与新视角下人才培养模式、信息化教学模式相配套、开放、可持续发展的运行标准与管理制度，促进高职教育人才培养质量的不断提高。总之，今天的高职教育仍处在时代发展的风口浪尖之上，在无限的机遇当中也存在很大的挑战。我们正如逆水行船，不进则退；又如在发展的快车道上，停止不前也是一种倒退。在这样的形势下，唯有总结经验，摸索新路，不断深化教学改革、提高教学质量，才能促进理论与实践融合、教学与科研服务互动、学校与行业双赢，切实提高高职人才培养的效率与效益。

2. 创新理论基础

高职教育实践教学存在校内、校外之分，由此带来了校内、校外实践教学管理之分。在产教融合高职教育实践教学理念指导下，不仅要在实践教学管理理念上创新，也要从理论基础微观层面上进行创新，构建实践教学管理体制机制。在依据协同创新理论构建实践教学管理机制基础上，本书主要依据活动理论、职业能力发展阶段理论对构建校内实践教学管理体制机制的理论指导作用进行分析。活动理论更好地解释了企业生产经营活动与学校实践教学活动的异同点，并可以给出产教融合的微观"融合点"；职业能力模型理论为不同课程类型实践教学管理的差异性奠定了理论基础。产教融合实践教学的目的就是企业和学校合作培养可以直接上岗的职业人。对于校内实践教学而言，应尽量依据合作企业生产、经营活动管理规则制度进行组织教学，即基于工作过程进行行动导向实践教学；学习的结果不是理论知识，而是企业生产、经营产出结果需要的实践性知识。

（四）新时代高职院校创新发展

高职教学管理作为一种特殊的教育管理形式，有其固有的规律和特点。结合高职院校的特点，旨在克服其在发展中的突出问题，我们提出新时期高职院校的创新发展应具有如下特点。

1. 内涵发展

创新发展是我国经济社会发展对职业院校提出的新要求，尤其是随着我国新型工业化、信息化、城镇化、国际化发展进程的加快，现代制造业和战略性新兴产业蓬勃发展，传统产业也在加速技术改造的步伐，社会工作岗位的科技含量不断提高，对相应产业和技术领域的应用型专门人才的整体需求更加紧迫，高端技能型、高级技术型和工程型人才逐步成为社会劳动力竞争的主体。在这种情况下，传统的以封闭管理、外延为主的办学模式不再符合创新发展的要求，急需以办学、教学和人才培养规律为指导，满足产业企业发展需要，培养复合型、高水平、高技术的专门人才，履行时代赋予的历史性任务。

2. 协同发展

不少高职院校发挥自主能动性，积极贯彻国家推动高职创新发展的政策要求，结合学校实际，推动创新发展实践，为进一步丰富高职院校创新发展规律提供了实践经验。典型高职院校创新发展的基本做法、经验体现了高职院校创新发展的基本规律，如高职院校办学与经济社会发展趋势相适应，走创新发展之路；通过多元化办学，走开放办学之路，高度重视学生的教育模式和实践能力培养，尊重学生成长规律；大力加强师资队伍建设，体现"以人为本"的办学原则。

3. 特色发展

当前，对高职院校办学规律的探索还处于初级阶段，创新发展的实践需要广大高职院校继续进行深入全面的探索。高职院校有了系统的职教规律作为指导，就可以从顶层设计的高度指导整个教育教学过程，确立全局性、结构性、跨界性战略思维，提高人才培养的针对性、灵活性和开放性，进而以产业需求为依据，明晰专业人才培养目标，通过不断改革创新的实践探索，密切联系区域新兴产业的发展形势，整合资源，转变专业内涵或专业培养方向，形成优势突出、特色鲜明的专业结构体系，及时培养适应经济社会发展需要的新型高端技能型人才。通过创新高职教育模式，努力实现"办出个性、办出特色、办出品德"，大力促进高职教育的办学品牌化，提高经济贡献度和社会吸引力。

4. 融合发展

就高职院校而言，要把区域内与高职院校开设专业相关的行业的需求，以多样的方式和多种手段体现在具体的教学活动中，可以是传统的高职院校和地方企业深度合作的订单式培养，也可以是共同建立合作平台，学校和企业共享信息等。融合和产学研结合中的"结合"的主要区别表现在以下两个方面：一是广度和深度的不同。融合与结合相比，程度更深、范围更广，或者说融合是程度更深、范围更广的结合。二是过程的互动程度不同。"融合"更加突出高职院校和地方经济的相互促进，而"结合"则是一个相对静态的过程，突显的是职业院校为地方经济提供服务，适应区域经济的发展。此外，要把学会认知、学会做事、学会做人与学会相处四个方面作为教育的支撑，将高职教育与人文素质教育融合在一起，进而贯穿高职院校的整个教育进程中，以帮助学生实现终身可持续学习。

5. 开放发展

新时期高职教育的开放发展体现在以下三个方面。首先，高职教育体系内部发展的开放性。比如，在院校各层级间进行贯通一体化培养，高职类院校可以从中职类院校毕业生中招贤纳士，高职院校毕业生可进入相关应用技术类高等院校等。其次，高职教育与普通教育之间相互开放，可以通过学分互认与开展课程的方式进行升学与转学，确立双向互动沟通的媒介。最后，高职教育与人力资源市场之间互相开放，实现高职院校优秀毕业生在教育领域与相应职业领域的互通转换。

6. 可持续发展

高职教育的可持续发展是可持续发展原理在教育领域的创造性运用。它既保持了教育本身的发展活力，又为社会经济整体培养并提供了具备可持续发展能力的人才，是社会的智力保障。随着社会的日益发展，人们对高职教育的需求也越来越迫切。高职教育要实现可持续发展，就必须以科学发展观为指导，坚持以学生为落脚点，以就业为导向，以传授学生职业技能为目的，实现学生和社会全面发展的全新教育模式，同时要优化其教育管理体制。当前，高职教育的管理体制是制约其可持续发展的重要因素。要改变这种现状，首先就要深化管理体制的改革，只有有了科学的管理体制，才能走好可持续发展道路。

7. 协调发展

它主要指的是高职教育与其他教育类型协调发展。新时期，在高等教育系统下，高职教育与继续教育、普通教育等各类各级教育相互协调、共同发展，形成了高职教育与各类各级教育互通有无、全日制教育与非全日制教育齐头并进、学历与非学历教育沟通衔接、公办院校与私立院校协同发展的职业教育格局。

二、产教融合视域下高职院校创新的难点

从目前的发展情况来看，高职院校也存在较多的内部发展劣势，这也就是产教融合视域下高职院校创新的难点所在。

（一）内涵发展水平一般，浮躁功利的"发展观"较突出

当前，高职院校内涵发展水平亟待提高，职业教育还不能完全适应经济社会发展的需要，结构不尽合理，质量有待提高，办学条件薄弱，体制机制不畅。近些年，国家教育行政学院对来自 29 个省、市、自治区的 120 余名高职院校校长的调查显示，尽管我国大部分高等职业院校的发展重心已经从规模扩张转入质量提升和引领作用阶段，但我国高职教育的发展水平尚不容乐观。调查表明，77.3% 的校长认为目前我国高职教育发展水平一般，18.7% 的校长认为较低，还存在制约高职教育发展的瓶颈问题。经过多年的努力，高职教育内涵发展虽有改善，但仍是高职院校发展中最为紧迫的任务之一。与创新发展形成鲜明反差的是浮躁功利的发展观还比较突出。我国职业教育总体上经历了 30 多年的发展，但高职院校普遍是 21 世纪前后由中专院校升格而来的，仅经过 10 多年的快速扩张，具备了数量上的规模优势。这种快速的膨胀和规模化发展导致了高职院校思维上的功利化倾向和短期行为滋生甚至是大跃进，纷纷向往着在未来不长的时期内建设成为世界一流的高职院校。

高职院校的管理能力不适应内涵发展要求。随着国家对职业教育的逐步重视，投入力度的逐步加大，各种社会资源的不断丰富，特别是进入内涵发展阶段，高职院校迫切需要提高综合管理能力，提高学校领导的战略规划和顶层设计水平，充分利用各类政策资源设计管理制度，避免管理的随意性和主观性。高职院校要不断提高管理的规范化程度、领导水平和管理能力，以适应内涵发展的客观要求。

（二）发展质量与特色亟待提升，文化影响力与吸引力不高

高职院校发展的质量和特色主要体现在其办学层次和人才培养的高等性、职业性等方面。高职教育要实现培养高素质技能型人才的培养目标，首先要凸显出高等性，从一定程度上讲，高等性是高职教育目标定位的基准；其次，职业性是高职教育目标定位的内涵，也是高职教育的本质特征。同时，具有较高的技术技能水平应该成为高职毕业生的一个重要特征。但目前受办学历史、办学理念、办学条件以及师资严重不足等方面的制约，高等职业教育还存在高等性不突出、职业性不鲜明、技术能力不过硬、教育本质被忽视等问题。这些问题的存在严重制约了高职院校的生存和发展。同时，由于高职院校历史积淀不够，育人文化亟待生成，文化育人乏力，

再加上社会传统观念的影响等，高职院校的影响力和吸引力不高，面临生源危机和生存发展等困境。

（三）专业结构不适应市场需求，人才培养方式特色不明显

专业是高职院校人才培养的基本载体，是高职院校连接社会的纽带。当前，突出的问题是高职院校的专业结构不适应市场需求。在经济发展"新常态"下，国民经济的发展以结构调整和创新为主，高职院校也应适时调整自己的专业结构，跟上国家的经济结构调整步伐；对于有过剩产能的行业（如钢铁、水泥等），国家要压缩这些行业的产能，在这些行业工作的人员就要重新就业，原来为这些行业培养人才的学校的学生就业肯定就有问题，所以为这些行业提供人才的高职院校也要极力调整专业结构，以适应经济结构的调整。但出于对自身利益的考虑，或受到原来的惯性思维的影响，再加上专业结构的调整本来就是很麻烦的事，部分高职院校未采取实际的行动，有的虽然也在调整结构，但效果不是太理想。这为学校长期的发展埋下了隐患。对接区域产业发展是高职院校专业建设的基本要求。当前，高职院校专业设置并不能很好地适应地方经济社会发展，专业设置与区域产业发展的匹配度不高，许多高职院校确定和形成的特色专业、优势专业与区域经济社会发展需求的适应性严重失衡，对区域产业发展的支持与服务乏力。高职院校应采取差异化的发展战略，挖掘有利于自身发展的空间，提高专业与区域支柱产业的匹配度。有些高职院校在专业设置方面脱离了学校实际，忽视了学校自身办学资源的比较优势和文化特点，追求短期办学效益，盲目设置所谓的市场热点专业，迎合考生和市场的需求，这不仅造成大量社会资本和人力资本的浪费，还弱化了原有优势专业的建设，导致原有优势专业社会影响力和认可度降低，非常不利于高职院校符合自身特点的长期特色化发展。同时，高职院校的人才培养方式尚未完全形成自有特色，在一定程度上还存在与本科院校人才培养方式雷同，培养通用型、基础型人才，而不是趋向于职业教育培养技能型、实用型人才等问题，淡化了高职院校的办学特色。产教融合、校企合作是高职院校办学的必然要求。在长期的办学过程中，虽然高职院校坚持产教融合、校企合作的办学理念，拥有一批相对稳定的合作企业，开发、建设了一批校企合作项目，为人才培养提供了一定的支持，但是校企合作的质量不高、深度不够，并且与区域产业和企业对接仍有待完善。

（四）师资队伍结构不尽合理，总体实力有待提高

高职院校教师不仅要有扎实的理论知识，还要具备丰富的实践能力；在教学实践中不仅要知道"为什么"，更要知道"怎么做"。当前，高职院校教师的总体数量已基本满足教学工作的需要，但师资队伍结构不尽合理、质量不高，高层次人才缺乏，科学研究和技术服务水平较低，师资的总体实力不强，尤其是"双师型"教师数量偏少、质量还有待提高。

（五）资源劣势弱化了产教融合动力

首先，高职院校的办学经费有限，多数未能得到政府的专项资金支持，导致高职院校失去了进行产教融合的动力。同样，企业由于没有获得政府在校企合作方面的资金支持与政策激励，缺乏产教融合的积极性。其次，与普通高等院校相比，高职院校的学科门类较少，科研实力较弱，因此争取省市以上级别的科研经费相对较少，无法与大型企业深入进行产教融合。再次，"双师型"教师数量严重不足，师资力量薄弱。究其原因，高职院校教师的社会地位和福利待遇与普通高等院校相差较大，很难吸引高水平教育人才，且高职院校普遍存在实习实训设备不足、实训基地匮乏、实践条件较差等问题，不利于培养实践型人才。最后，制度缺陷弱化了产教融合动力。在人事制度方面，高职院校教师编制紧张，导致在引进行业企业技术人才方面存在很大困难。

在人事聘任制度方面，高职院校学生多、教师少，教师教学压力大是长期以来高职院校教师面临的困境。同时，职业教育的特性要求高职院校教师既能教授专业理论知识，又能指导实践操作，对教师要求较高，"双师型"教师队伍缺乏。高职院校亟须引进企业的技术能手与社会能工巧匠，使之在扩充师资队伍数量的同时提升师资队伍质量，从而保证人才培养的质量。然而，高职院校的教师编制紧张，在人才引进、职称评定等方面缺乏自主权，导致院校在引进行业企业技术人才方面存在很大困难。校企之间以技术人才为纽带的交流被制度阻隔，制约了教育界与产业界的深度融合。在考核评价制度方面，高职院校存在评价方式简单化、过分统一化、评价指标功利化等问题，过于看重论文与科研项目的数量，忽视了对教师教学能力提升的要求，特别对工程专业教师的考核评价没有体现实践性、工程性。此外，办学制度僵化也在一定程度上阻碍了产教融合的深度发展。虽然以工学结合、校企合作为主导的办学模式在我国实施已久，但由于体

制机制障碍，行业企业的主体地位并未完全落实，学校、企业以及学生三者之间的合作关系难以突破，"两张皮"问题仍然突出。

（六）基于产教融合的高职教学质量保障体系中的创新难点

政府对高职教育的人才培养目标很明确，但有些高职院校在教育教学过程中不能很好把握。例如，某些院校直接模仿本科学校的人才培养模式和办学方式，不考虑高职院校以就业为导向的办学特色，无视校企合作的办学需求，将人才培养方案设置得偏理论化，不突出实践课程设置，对学生实践能力要求不高。这种人才培养方案导致部分高职院校在教学质量保障模式上本科化，教学质量保障规划设计不符合产教融合背景下高职院校实际办学水平，也不能满足高职院校实践教学环节质量保障的需求。

教学质量监控与评价范围有待扩大，对教学全过程进行监控和评价是高职院校教学质量保障体系最重要的环节，也是对整个教学过程进行有效管理的重要手段。随着校企合作的不断加深，高职院校应该积极吸纳行业企业参与教学质量管理工作，将就业水平、企业满意度纳入衡量人才培养质量的核心指标，充分调动行业企业在教学质量监控与评价管理方面的积极性，将教学质量保障体系的实施范围扩展到校外的教学活动中，真正做到教学全过程参与监控与评价。

第二节　产教融合视域下高职院校机制创新

一、产教融合视域下高职院校管理机制创新

为了保证高职教育校内实践教学管理的顺利实施，在进行实践教学管理理念创新的同时，必须对其管理机制和运行机制进行相应的创新，这样才能将新的理念贯彻实施。

开展实践教学管理需要设置相应的管理部门，这个部门一般也就是高职院校的教务处。目前，各高职院校教育处都设置了理论教学科和实践教学科两个主要部门，前者负责理论教学管理，后者负责校内外实践教学管理。从理实一体化教学要求来看，这就造成了管理上的理论教学与实践教学相分离。另外，没有按照职业能力发展阶段理论设置教学管理，这也不

利于教学管理人员专业化发展。另外，负责教育创新的研究部门都是独立于教务处的高等教育研究室或科研处，这样从运行机构上也不利于科研人员的教学管理创新理念用于实践教学管理。对于二级学院或系而言，理论教学与实践教学管理基本上由教学秘书一人承担，由于工作繁忙，教学秘书也没有充分的自我提升时间和空间，不利于自身的专业发展。为此，需要对目前的管理机制进行创新，以适应新时代对高职教育实践教学产教融合模式的新要求。为了更好地构建符合高职教育教学规律和体现产教融合理念的高职院校实践教学管理机制，我们建议将管理机制机构转变为运行机构。在新的运行机构中，原来负责课程实施的教学科转变为与学生职业能力阶段培养相对应的服务部门，这样可以使教学管理人员更加明确自己所负责的课程教学具体是培养学生哪种职业能力。开展产教融合专业课程开发，从管理机构上与校外实践教学进行了无缝对接。为了使学生职业能力动态性地对接企业和社会发展的需要，新增设创新协调咨询科，该部门的设置解决了科研处或高职教育研究室与教务处相隔离、创新信息不畅通的问题。该部门的职能就是将科研处或高职教育研究室所取得的教育研究成果直接与教务处对接。由教务处组织人员论证，并组织各教学科对课程内容进行调整。调整结果由二级学院或系的教学秘书组织相关教师落实实施。

二、产教融合视域下高职院校运行机制创新

机制被广泛定义为某一系统内部因素之间相互联系和相互作用的方式，是系统内部的一种隐形存在，是系统运作协调的外在表现下内部运行规则的总和。校企合作创新这个系统从形成到发展，都是系统内外的各个驱动因素以及这些因素之间相互作用的结果，也就是校企合作创新的动力机制。产教融合创新动力机制具体是指通过存在于校企合作创新系统外部环境的政策、市场和科学技术因素以及系统内部的创新战略、资源等动力因素，促进高校和企业主体建立合作创新关系，并进一步推动关系发展的运作方式。根据这些动力因素相互联系的具体方式我们构建出了如图 7-1 所示的动力机制模型。

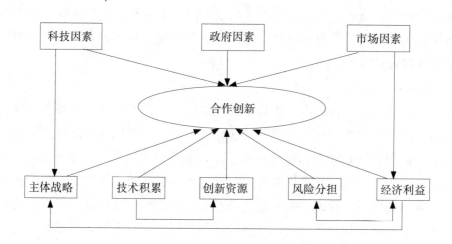

图 7-1　产教融合创新动力机制模型

从构建出的校企合作创新机制模型可以清晰地看出各个动力因素之间是相互联系相互作用的。在校企合作创新系统内部，经济利益是最根本最直接的驱动力。正是由于主体对经济利益的追逐，在很大程度上影响企业或者高校决策层对主体发展战略的制定，因此经济利益驱动因素积极促进主体决策层制定创新战略。主体高层的创新战略影响着主体的发展方向，把创新提升到战略层面势必会提高全员创新积极性，刺激更多的创新行为产生，人的创新能力也会得到一种良性提升，在整个过程中主体的创新资源和技术知识积累都会得以改善。主体要达到获利的目的，就不得不权衡利益与风险之间的辩证关系，高利润伴随着高风险是经济生活中最基本的规律；在校企合作创新系统外部也存在政府政策、市场以及科学技术三类主要的动力因素，这些因素也不是孤立的存在，它们或是直接或是间接地与内部动力因素作用相互联系。

政府政策中体现着国家经济发展规划，任何经济组织的行为都不能与国家的发展相违背，因此政府政策在很大程度上决定着主体的战略规划；市场是主体能够获取经济利益的场所，其中满足市场需求是经济利益的实现途径，市场竞争的存在使主体要时刻保持警惕，在规划主体发展过程中要充分考虑竞争对手的行为；社会科学技术的持续进步是主体获取技术积累的保证，国家科技水平高，主体学习机会也会增多，技术积累起来也会更快。总之，内部动力因素与外部动力因素相互作用、相互联系，共同积极推动着校企合作创新关系的建立与发展。为了保证上述实践教学管理创新体制顺利运行，需要制定科学合理的运行机制，应从如下四个方面细化动力机制运行细节问题。

（一）多方参与

传统的高职教育校内实践教学管理参与人员主要是教务处教学管理人员和二级学院或系的教学秘书，而任课教师也只是根据授课计划实施实践教学。根据ISO9000质量管理体系要求，教学管理应实现学校全员参与、提高教学质量。这就要求任课教师在自觉遵循学校教学管理规章制度基础上，勇于发现教学管理中的不足之处，向学校提出改进建议。引企入校的企业人员更要根据企业生产、经营特点，特别是产品或服务流程对学校实践教学管理过程提出建议。

（二）多措并举

在建立校内实践教学管理体系时，要完善行业企业、学生、社会组织等利益相关方和学校共同参与校内实践教学管理制度文件建设，使实践教学管理在满足实践教学规律前提下，将企业的先进管理理念引入实践教学管理中，从制度上实现产教融合。

（三）多层模式

每个职业能力发展阶段特点不同，对应的教学科要根据该阶段的职业能力特点制定自己部门的服务管理标准。这就需要教务管理人员不仅是教务管理者，也是职业教育理论知情者。只有这样，才能从管理人员素质上做到服务到位。

（四）保障措施

1.观念转变

传统的教学改革仅仅是学校领导和任课教师的事情，其课程改革成果仍按照原来的教学管理模式进行，这就可能造成管理上堵塞了改革的进展或影响了参与改革教师的积极性。为了从管理上促进实践教学改革，教学管理人员应从理念上进行转变，对于职业教育、工学结合、行动导向、校企合作等产教融合内涵要有所理解，将这些涉及高职教育教学质量的本质内容融入实践教学管理中，在具体管理活动中支撑校内实践教学，使其更符合产教融合的要求。

2. 完善的制度体系

实践教学管理活动离不开制度建设，但仅仅强调实践教学管理制度完善是远远不够的。高职院校必须在整体制度建设上，体现实践教学的重要性，为实践教学管理制度顺利实施提供环境平台。国务院印发的《国家职业教育改革实施方案》和国家发展改革委等6部委联合印发的《国家产教融合建设试点实施方案》的颁布实施为高职院校提升人才培养质量提供了契机，高职院校要充分利用这一契机，提升自身的校内实践教学管理水平，避免在新的一轮人才质量竞争中落伍。

三、基于学生生源市场的供求机制创新

考虑生源市场即需要充分考虑高职院校学生的来源，生源市场是高职教育产教融合运行机制中不可或缺的重要组成部分。随着普通高校数量的增多、普通高校学生的扩招以及计划生育实施以来适龄学生人数的减少，高职院校生源市场竞争日益加剧。同时，越来越多的民办和公办高职院校对外公开招生信息，拓宽招生渠道，保证了学生和家长对高职院校专业设置、教学质量等的知情权，学生在择校时有了更多的自主性和可选择性，加剧了各高职院校间激烈的生源争夺战。由于学生和家长将高职院校毕业生就业质量作为择校的重要参考因素之一，就业率高的高职院校在招生竞争中毋庸置疑拥有更多的优势。因此，提高就业率成为诸多高职院校的主要办学目标之一，就业率甚至成为高职院校办学成败的标准和生命线，影响着各高职院校的竞争、生存和发展。为此，高职院校需要通过产教融合，面向生源市场，积极开展形式多样的学历与非学历教育，提高高职院校就业率和就业质量，提高高职院校毕业生就业竞争力，提高高职院校综合竞争力。

供给与需求间的相互协调与平衡会影响高职院校的招生规模和学费水平，高职院校要根据用工需求情况，借助动态人才供求机制动态调整人才培养目标、方向和规模等，提高高职院校人才培养的适应性。因此，浙江省高职院校在产教融合过程中，需要充分重视劳动力市场需求及变化情况，准确了解市场用工需求信息，以此指导高职院校的办学定位、办学规模、专业设置、教学模式及课程体系等，提高高职院校竞争力。基于市场需求预测构建供求机制的要求，高职教育产教融合动态人才供求机制构建的目

标之一是实现准确预测未来市场的需求情况，提高自身的人才培养与市场需求的契合度。浙江省产业经济发展和更新迅速，且高职教育人才培养具有较长的周期性，因此要求高职院校对市场未来人才需求情况有一个较准确的预测，并以此为依据设置和调整人才培养的方向、目标、规格等，而与市场需求适应与否也决定了高职教育人才培养是否有效。因此，高职教育如何对市场人才需求情况进行准确的分析和预测至关重要。

相较于普通高等教育对资源的需求状况，高职教育的发展对人力、财力、物力等方面有更高的要求。但现有高职教育资源投入难以满足高职院校的实际需求。基于劳动力市场构建供求机制的需求，教育资源出现了供不应求现象，高职院校办学质量和水平难以提高。为此，高职院校需在提升自身人才培养质量的基础上，积极主动争取得到政府及相关部门的重视，获得政府在制度及资源投资方面的支持。同时，高职院校需要全面优化学生生源、办学质量、学生就业率等，提高学校声誉和吸引力。高职院校一方面要争取得到银行的低息贷款、社会的专项资金支持及社会民间机构的投资等，另一方面还要吸引更多资金雄厚的行业企业、行业协会等通过资金投入、设备投入、人才投入等多种形式参与高职教育产教融合，以此形成高职院校的良好发展态势，实现生源质量的提高、办学效益的提高、学生就业率的提高、学校信誉的提高、投入资金的增长这一良性循环。影响高职院校办学的因素不仅有市场需求和市场竞争，还有政治、法律、文化、历史传统等多种非竞争因素。高职教育人才培养主要定位于培养适应劳动力市场及企业发展需求的人才，适应性是高职教育人才培养的主要特性之一。但作为特殊产品的人不具备普通产品所具有的灵敏性和精确性，其需求价格与供给价格难以用简单的标准进行评判。行业企业对人这一特殊人力资本的期望更高，随着产业经济的发展，企业不仅要求人力资本具备普通的生产和再生产能力，更注重人力资本具备创造和开发能力。然而，产业经济发展迅速，对人才技术技能需求变化快，高职院校对人才的培养不仅要考虑与当前劳动力市场需求的契合，还要为未来产业发展做必要储备。这些因素均会影响政府、行业企业、行业协会、银行等多方主体对高职院校资源投入的稳定性，不利于高职教育产教融合持续、稳健地发展。

以企业为辅助构建资源调控机制。在高职教育产教融合资源调控机制的构建过程中，应充分发挥"产""教"主体之一的行业企业的力量，协助政府部门发挥其宏观主导作用。首先，行业企业应协助政府，协同高职院校、行业协会，拓宽高职教育产教融合资金来源渠道。行业企业作为经济主体，对资金来源和投资有更丰富的实践经验和更科学的认识，行业企业协助作用的发挥有利于解决高职教育产教融合资金来源问题。其次，行业企业应协助政府，协同高职院校、行业协会，统筹规划高职教育产教融合运行中资源的使用和管理，借鉴企业资金运转模式，丰富产教融合中资源的使用和管理办法，协助政府出台相关管理条例办法，实现资源的高效利用。最后，行业企业应协助政府，协同高职院校、行业协会以及社会机构和团体，建立多渠道高职教育产教融合经费筹措机制。以合作企业为代表，以经费投入等方式参与产教融合，同时激发其他企业开展高职教育产教融合的积极性，实现多主体参与办学、参与教育投资。

以市场为导向构建资源调控机制。人才培养与劳动力市场用工需求间关系的实质是高职院校人才培养与劳动力市场需求间的供求关系。市场经济的核心是利用价值规律及供求关系以获取经济效益。高职教育产教融合运行机制的行为主体包括政府、高职院校、行业企业、学校学生以及其他需要技术服务的用人单位，同时涉及包括学生生源市场、劳动力市场及技术市场在内的三个主要市场。在高职教育产教融合运行中，各主体、各市场间关系错综复杂，且各主体间利益需求不尽相同，各市场间资源供求关系不平衡。因此，要实现高职院校与市场需求间的平衡，就要做到高职院校资源与市场资源的平衡。这就需要构建以市场需求为导向的资源调节机制，有效处理行业企业与高职院校间利益冲突和矛盾。一方面，根据市场发展现状，调整高职教育产教融合运行中现有资源的配置。高职教育产教融合的发展需要根据现有劳动力市场对某类人才的需求程度，增加或减少人才培养的规模和数量，并随之适当增加或减少该类人才培养的资源投入。另一方面，根据市场未来需求情况，调整高职教育产教融合运行中资源的配置。高职教育产教融合需根据未来企业将产生的人才需求情况，新增或取消某些专业的人才培养，并随之增加新增专业所需硬软件设备及资金的投入，逐步减少或转移被取消专业的硬软件设备和资金投入，提高资源的经济效益和利用率，提高高职院校办学质量。

第三节 产教融合视域下高职院校模式创新

"深化产教融合、加强校企合作"不应该只是一句口号，广大高职院校和行业企业应该正确深入认识产教融合，并将其科学有效地进行运用，以实现高职院校、行业企业的共同发展、共同进步，这才是政府大力倡导产教融合、校企合作的初衷。面对人工智能技术的发展，职业院校要提早布局，适应未来产教融合发展的新趋势。随着人工智能技术的发展，人类社会即将进入一个以智能命名的新社会，而制造业则是智能技术发挥其作用的主战场，职业院校要改变固有的围绕企业现实需求设置专业的思维模式，提前布局人工智能领域技能人才培养，主动研究人工智能领域技能人才的技能需求点、培养关键点、师资配备、产教融合、就业服务等方面问题。这就需要我们从产教融合视域下高职院校模式创新开始研究。

一、产教融合视域下高职院校人才培养模式创新

（一）招生模式上的创新

优化选择考试招生方式。一个地区的高职院校建立之初的目的就是培养服务于地区经济发展要求的人才。在这样的目的驱动下，招生问题就显得格外重要，一个地区的经济不只是依靠一种产业带动发展的，它有多种多样的产业，为了符合多产业不同的需求，高职院校在招生方式上就要发生改变，不再是一种简单的、单一的模式，而是多需求、多元化招生模式，这样的招生模式可为考生提供更多的机会，也可为高职院校的发展提供必然因素。区域内的高职院校应该紧密联系在一起，建立良好共生的招生模式。教育主管部门方面，在安排高职院校招生方式时，要根据不同类型的高职院校建立不同的招生制度，对于高职院校来说，更应该注重对专业职业技能的考查，对不同层级的高职院校考试难易程度要有变化，尤其在国家重点培养专业上，招考制度要更加严格，不同层级适度调整难易程度。高职院校主管部门方面，要充分考虑最有利于学生与学校共同发展的招生模式，让不同类型、不同层级的高职院校在满足充分优质生源的情况下，

也能保证学生的输出精良。这就要求高职院校招生主管部门在不同专业的招生模式上做出调整，如采取中职院校专业对口培养的招生模式。

（二）课程模式上的创新

高职院校的人才培养方案不能仅由学校设定，这样的培养方案缺乏科学完整性。由政府、企业和学校三方共同设置的培养方案可以更好地解决学校培养方案过于理论化的问题，设置新的培养方案时考虑政府的指导方向与企业人才的需求，可打造适于区域经济发展的新型技术人才。不同专业的学生采取不同的培养方案。在政府指导下，学校和企业可以根据实际需要设置理论与实践相结合的课程，让学生真正走入社会工作岗位，锻炼学生未来在就业岗位中的实操能力与竞争力，使学生在理论的学习中掌握技能的运用。

普通高职院校的课程设置缺乏实践性，大多只有理论的堆积，缺少真正实践的机会，这样培养出来的学生在走入工作岗位的时候缺少竞争力，对需要大量动手的实操岗位不能尽快地融入和适应。所以，产教融合的学校应该在课程设置方面紧跟三方合作的培养目标，根据企业的发展需求，设置相应的实训课程。高职院校应该联合企业，在教授理论知识后，充分结合市场需求，根据不同专业匹配更好的专业课，以提高学生的实操水平。

（三）管理模式上的创新

高职院校的教学环境是与实践紧密相关的，政府应当出台相关法律政策作为学生实践环节顺利进行的保障，明确学校和企业在学生实践期间的权责。校内实践场所，如实验室和培训研讨室等，都需要设立严格的规章制度，以保证学生在实践中的安全。在学生进入企业实践期间，教师就应该专门召开动员大会和安全会议，在学生进入企业实践时，并在不影响学生实践的同时时刻监管学生，以防发生突发事故。对于实训基地的管理，高职院校的实践教学训练场所是培养高技能人才的重要基地，好的实践训练场所，对高职院校来说是必不可少的，没有教学训练场所就没有好的实践学习机会。

（四）考核评价模式上的创新

1.建立和完善高职教育考核制度

高职院校要建立和完善其教育考核制度，必须将社会需求、办学条件、办学质量、就业质量、社会服务等作为主要评估内容。推进高职教育教学评估与评价模式的改革，转变学生评价机制，坚持以能力导向，突出学生学习和实践过程的评估考核。建立和完善学校、企业、行业组织、研究机构和其他社会组织参与的第三方评估体系，对不同层次、不同类型的教学工作进行评估。

2. 建立"双证书"的考核评价体系

"双证书"一般出现在职业技术的领域，它包括两种必需的证件，一种是高职院校的毕业证书，一种是相关专业的职业从事资格证。"双证书"是从事职业技术岗位人员在求职时必备的两个证书，也是用人单位必查的证件，很多用人单位根据应聘者的学历及证书确定工资待遇。高职院校的毕业生必须实行毕业考查和职业资格考查这两种制度，保证高职院校的学生在毕业时取得两证。职业资格证书是技术岗位的上岗条件之一，若不取得相关证书就会被企业拒之门外，就像教师资格证，若没有教师资格证，毕业生就不能走上教师岗位，这是对学生和学校的负责制度。拥有职业资格证的人员持证应聘，凭证上岗，这不仅是对学生操作实践的证明，也是对企业用人的安全保障。

（五）就业环节的创新

建立用人单位岗前培训模式。在校学生无论平时的成绩多么优秀，在正式进入岗位前都要进行入职准备，也就是说要进行岗前培训。培训的形式也多种多样，可以采用师徒制，就是企业技术岗经验丰富的员工帮助新员工；也可以采取大班授课制，就是集中培训同一批新员工。大班培训的形式相比一对一的师徒制来说具有操作方便、培训时间较短等特点，但是需要注意人数安排，否则不能达到很好的效果。最好是几种方式相结合，在规定时间内进行考核，让新入职的员工能够尽快地适应新环境。对于这些新职员，企业要注重对他们实操的培养，毕竟在学校和进入岗位独立进行实操存在本质上的差别，学生需要的是尽快把学到的理论知识转换为实际的操作能力。所以，岗前培训的内容一定要充分、具体、清晰。企业不仅需要在毕业生进入企业之后上岗之前进行产前培训，也需要在此之前选派优秀的人员进入高职院校的课堂，为学生进行学校和工作衔接的培训。培训方式可以选择科技与人的结合，用高科技的手段进行实操演示，再配合企业选拔的技术人员进行演示，这样的方式便于学生理解，对学生的实操训练有比较好的作用。

二、产教融合视域下校企共建模式创新

高职院校必须引导企业对学生进行深度接触，了解学生的潜能和闪光点。基于此，高职院校可以采用多元化的教学模式和人才培养方案，同时在进行人才培养方案的创设过程中应当具备一定的灵活性和弹性。

运用行政干预，实现校企共建。从一定意义上来讲，要实现产教融合，企业必须承担相应的社会责任和教育义务。在这个过程中，部分企业为了追求自身的经济效益，并不愿意花费太多的时间和精力参与高职院校对人才的培养过程。基于此，行政干预的方式能够有效调动企业的积极性，直接将产教融合纳入企业发展的重要方针，同时将产教融合作为行业准入标准，通过这样的方式鼓励企业参与人才培养。

找到企业与院校合作的有效切入点。要实现产教融合的高效率运转，高职院校及企业应当充分考虑自身的资源条件及发展优势：学校拥有大量的人力资源，而企业则是以低成本盈利为主；高职院校需要良好的真实的企业环境作为人才培养基地，而企业可以为其提供相应的平台和机会；高职院校中的管理专业教师通常具有扎实的理论基础，企业中的优秀骨干员工则具有极强的实践操作能力，两者能够相互培训，实现高度融合。基于此，要开展产教融合，首先应当基于双方的综合利益，实现发展目标的一致性。加强课程项目实施，创建校企融合制度管理专业不仅要对产教融合的模式进行有效改革，还应对课程内容进行有效的创新。

三、新时代高职院校模式创新的发展趋向

新时代，高职院校需要破冰而出，实现自我创新发展，这样才能顺利应对新的机遇与挑战。新时代高职院校的模式创新发展应从以下几方面进行。

（一）由外延化教育类型向内在化教育类型转变

现阶段，我国正由人才大国转向人才强国，高职院校的转型发展也应随之变化，从固有的重视数量与规模等外在元素的外延化教育类型，转变为重视提升自身教育质量的内在化教育类型。通过转变教育观念、教育思想、管理模式来实现自我的内在升华，进而提高教育教学质量、强化教学核心力量、优化教学结构、提升教学效益。

（二）由封闭化教育类型向开放化教育类型转变

高职院校建校前期基本上是模仿本科院校的教学模式，教育活动的范围比较窄，是以自我为中心的封闭型发展模式。新时期，高职院校教育体系逐步健全，需从过去的封闭型发展向开放型发展转变。首先，高职教育固有的"跨界"性注定其在新时期需要推行校企合作，实现高职院校与企业共同获益、共同发展。其次，在新时期的职业教育系统中，职业教育体系内部各层次之间、各职业院校之间需要共赢合作、携手共进；职业教育与普通教育、人力资源市场之间也必须开放沟通、协调发展。最后，高职院校还需要与国外同行进行合作互动，汲取优质的国际高职教育资源，开辟走向国际的路径，提升自身的国际影响力。

当前，各高职院校都注重由内部发展向内外部协同发展转变，通过外部发展提升内部发展质量。在国家示范高职院校建设期间，国际合作多限于师资培训。如今，走出国门开展国际合作、培养具有国际视野的人才，成为高职院校新的发展趋势。

四、新时代高职院校模式创新的发展策略

高职院校要编制既有科学性、前瞻性，又有针对性、可行性的发展规划，就必须把握以下三个原则：传承和创新并重的原则；定性与定量相结合的原则；立足当前、着眼未来的原则。在编制规划时，要立足当前，这是学校发展的基础，学校发展目标的确定都是建立在当前已有基础之上的。当前的已有基础既包括外部形势及对发展高职教育的要求，也包括学校自身发展的现实状况及学校自身对发展高职教育的独特需要。如果高职院校的发展仅仅停留于此，而缺少对未来的思考，那么发展必然是不可持续的。立足当前和着眼未来，这两者是辩证统一的。

第一，要认真学习、贯彻、落实党和国家关于高职教育的方针政策；第二，要及时掌握省、市两级政府有关高职教育的具体政策和实施方案；第三，要认真梳理和分析学校现有的办学基础。学校在编制发展规划时，只有审慎研究这些基础、前提和依据，才能制定出着眼未来的规划，否则学校的发展就会失去原动力。

随着经济社会发展的转型升级，现阶段我国高等职业教育已经从规模扩张过渡到内涵建设提升的新阶段，产教融合实现了教育链、产业链、人

才链和创新链的有机融合，为高等职业教育有效响应经济社会发展模式转型升级提供了现实保障。

第四节　基于工学结合的高职教学管理创新

一、工学结合

工学结合是一种学校与企业分工协作的教学组织形式和管理制度，主要是学校负责传授理论知识，企业主管实践教学和技能培训，理论与实践紧密结合，学校和企业密切合作。工学结合作为一种学习、工作有机结合的新型教育模式，能够保证学生在学习过程中打好知识基础，进一步提升他们的学习积极性，增强他们的综合实践自信心，可让学生带着丰富的知识经验，对未来的岗位工作充满期待，进入岗位实习后有效展示自身才能，合理运用专业技能，从而发挥最大的人才优势，在专业知识的学以致用中真正突破自我。有效构建工学结合人才培养模式，促使技工院校、各大企业共同努力：学校方面根据学生的实际发展需求，为其提供岗位实践的选择机会；各大企业则提供更多的岗位工作，明确未来的发展方向，使大量学生为企业的现代化建设做出贡献。企业提供的实训环境越好，技工院校学生岗位实践的积极性越高，企业、学校相互合作，并且保持合作关系，在此基础上加强教育教学的创新管理意义重大。在各种因素的干扰影响下，技工院校教育管理工作比较忽视学生的岗位实训需求，未能给予高职院校学生岗位工作的机会，使他们学到专业知识后无法学以致用，导致学生实践积极性明显下降，错失了最佳的成才机会。企业内部改革、竞争发展需要大量的优秀人才，但高职院校无法保证人才质量，极大地制约了企业现代化建设；许多学生无法胜任岗位工作，也因此承受着巨大的心理压力。工学结合人才培养模式推广应用后，就很好地解决了这一问题，同时改善了技工院校教育管理的现状，真正为现代企业的内部建设、创新发展、市场竞争等提供了充足的人才力量。大多数学生熟练掌握专业技能，具有良好的适应能力，在不同岗位上"发光发热"，顺利成为企业未来发展的中坚力量。我国工学结合教学模式兴起于 20 世纪 80 年代，是在借鉴和发展德国"双元制"模式的基础上逐渐形成的。

工学结合具有以下几大优势：其一，学校充分利用自身的人才和科研优势，同企业合作进行技术创新和产品研发，推动应用研究，为高新技术产业化做贡献；其二，学生除了理论学习外，还在企业中获得了实际的生产技术和工作体验，从而在未来工作中具有较强的适应性和竞争力；其三，学校与企业构建良好的合作关系，双方优势互补，相互促进，有效利用学校和企业资源，实现人才培养目标；其四，学生全程参与技术研发和应用过程，全面提升自身综合素质。工学结合在职业教育教学中的不足表现在以下两个方面：第一，企业在实际生产活动中急需操作熟练和技艺高超的高素质技术技能人才，而学生操作技能普遍较弱，难以受到企业欢迎。因此，企业参与工学结合教学方式的积极性不高。第二，学校与企业合作关系不稳定，缺乏深层次交流，"工学结合"各项制度不健全，学生参与实践的各项权利缺乏保障。

工学结合教学组织形式将教学场所一分为二，讲授理论的学校教室基本按照传统的教室设置，讲台、黑板、多媒体设备、学生座位、张贴板及存放贵重物品的柜子等都是教室常见的基本配置；实践教学和技能培训在企业内进行，基本是按照真实生产场景布置，教学场所大多设有与专业技术实践教学有关的操作设备、工作台、仪器和材料等。

在工学结合教学活动中，讲授理论的学校教师的教学活动和正常教学活动基本一致。传授实践技能的企业专家教学活动主要目标是培养学生的实践操作能力，限于工作场所的特殊性，实践教学任务不能以课堂教学的形式完成，但可以转变为教师结合工作任务给学生设计一些作业，或者引导学生总结工作过程中的一些基本知识，促使学生真正实现"学做合一"，主要包括以下几个途径：第一，企业专家在学生工作之余开展专题讲座，内容包括工作实践技能与工作安全两个方面；第二，企业专家组织学生定期讨论，与学生分享交流工作体会与个人感受，增加学生学习信息量；第三，企业专家与学生共同参与生产活动，调动学生学习积极性，提升学生的综合能力。总之，企业要想办法利用一切机会为学生开展各种形式的教育活动，科学合理地安排工作和学习时间，全面提升学生的综合职业能力。

　　学生经过一段时间的学习和训练后，已经基本具备可以参加工学结合教学活动的能力。在日常教学中，学校教师和企业专家共同承担学生的培养责任，学生不仅要在学校学习基础理论，还要深入企业参与生产实践。理论与实践相互结合极大地提升了学生的综合能力，从而开拓学生的创新思维。实行工学结合后，学生可以在技能学习中全面了解自己未来的工作环境，明确自己未来的工作任务，探寻自身在未来工作中缺乏的知识和技能。如此，学生有机会充分地了解自我和审视自我，从而对自己未来的职业规划有一个更加清晰的认识。此外，工学结合教学组织形式让学生在真实的工作环境中进行学习，学生时常要面对各种现实工作问题，原有的实训车间模拟工作环境状态不复存在。理论学习和实践操作交替进行，持续变化状态频繁，这就要求学生在学习中提高自我管理意识和能力，自觉养成良好的学习习惯。

　　工学结合教学组织形式中的师生互动包括学校教师和学生的互动以及企业专家和学生的互动。在学校中，学生大部分时间都集中在专业班学习，师生之间沟通交流频繁。学生遇到学习和生活中的困难时喜欢向教师诉说，教师也往往根据自己的人生阅历与学生共同商量解决办法。良好的交互关系可以让教师了解学生的心理变化，从而在教学中做到因材施教。在企业中，授课专家拥有高超的技能和娴熟的工艺，但普遍缺乏对教育学和心理学系统知识的学习，因此在平时的教学和生活中，企业专家普遍缺乏日常教学交流技巧和方法。实行工学结合教学组织形式之前，学生往往只能利用学校模拟的实训场所和设备，享受学校教师提供的教学资源。实行工学结合教学组织形式之后，打破了原有的静态实训环境，全校学生进入企业参加真实生产活动，让企业的教学资源得到了充分利用。例如，某高职学院汽修专业的学生原来只能利用学校的几辆教学车进行检查和维修，虽然汽车是真实的，但故障大多是预先设定，学生按照书本上的要求，按部就班进行操作，就能基本解除故障。学生希望尝试一些新的挑战，可是学校设备有限，同时也难以承担高额的汽车损毁费用，现在工学结合教学形式解决了这个难题，学生在维修车间可以见识各种各样的汽车故障和维修操作。

　　目前，高职院校开展工学结合教学活动中存在的问题如下：教学管理理念不够开放；教学管理机制不够灵活；师资队伍建设不够完善；质量监控和教学评价体系不够健全；实训基地建设企业参与度不高。下面就这几个方面进行详细阐述。

就教学管理理念不够开放而言，目前传统的教学管理是高职院校内部管理的主要形式，在学校各项管理工作中占有重要地位。工学结合要求学校秉持开放办学、合作共赢的理念，树立多元的教学意识；教师队伍要多源聘任，教学内容要多种形式，教学场地要多地授课，教学评价要多样途径。然而，目前很多高职院校的办学理念还不够开放，没有做到完全面向市场设置专业、面向岗位设计课程、面向岗位设计技能，从而使工学结合教学管理体制无法有效构建。这种现象在我国高职院校中较为普遍，造成这种现象的原因在于陈旧的教育教学观念和办学理念的影响。

就教学管理机制不够灵活而言，多数高职院校在制订教学计划和人才培养方案时，主要根据培养规格和专业特点，结合本校师资力量和教学条件来设置课程体系、安排教学进度，这种方式具有相对稳定性，但不能及时根据产业结构调整来转变人才培养方案，不能依据企业用人需求状况灵活调整教学组织时间，不能按照工作过程的实际需要合理调整教学内容和教学方法。

就师资队伍建设不够完善而言，一方面，高职院校多数专任教师教学和科研任务较为繁重，很难有机会长时间深入生产一线挂职锻炼；另一方面，部分企业不愿意接受教师参加顶岗生产实践，造成高职院校"双师型"教师所占比例不高。校企互聘互用型人事制度没有真正建立起来，校外兼职教师聘任渠道不畅，聘任时间不长，聘任薪酬不高，导致校外兼职教师数量严重不足。

就质量监控和教学评价体系不够健全而言，目前部分高职院校还没有建立起工学结合的教学评价体系，在课程结束需对学生进行考核时，教师多以卷面分数作为教学评价的依据，一般无平时成绩，直接给出总评成绩。关于考核的内容，也限于所授教材和教师课堂所授内容，对于实践能力的考核则常不列于考核项目。这种考核评价体系不能将理论教学和实践操作有效结合，不利于教学管理功能的发挥，也不利于工学结合的有效开展。教学评价也忽视了社会、行业专家的参与，对教学监控与评价过程中反馈的信息缺乏多角度的质量评价；企业为主、学校为辅的综合信息反馈系统有待进一步完善，尤其是集学生、家长、行业专家、用人单位、政府部门和新闻媒体于一体的社会综合信息反馈系统亟待健全。

就实训基地建设企业参与度不高而言，在政府的资金投入和政策支持下，多数高职院校已建成模拟仿真的、能够满足专业实践教学需要的实习实训基地，但并没有相关制度能保证企业参与校内外实训基地建设的积极性，在实际的教学过程中，各种实训场地、仪器设备、人员师资和服务平台等不能实现校企共享，造成了资源的浪费，也削弱了高校的社会服务功能。

二、工学结合模式下高职教学管理创新

（一）工学结合模式下高职教学管理的理念创新

政府、企业、学校以及学生不仅是工学结合的有效参与者，也是理念创新的实践者。政府的支持是工学结合实施过程中的重要保障，能够为政策措施的制定提供人力与物力支持，充分调动企业在学校人才培养过程中的主动性和积极性，确保工学结合措施能够有效实施。学校是工学结合的有利组织者，需要充分认识工学结合本身的意义所在，主动满足企业的要求，从课程设置、教学计划以及教学内容等多个方面进行调整与改革，有效提升人才培养的质量。企业是工学结合的重要承担者，需要秉承可持续发展的思路，在保证自身利益的基础上承担足够的社会责任，及早地介入高职院校人才培养工作中，在服务社会的基础上构建人才资料库。作为工学结合实际对象的学生，需要明确就业观，与社会和职业进行有效的对接，加强职业道德和职业理念，强化自身职业技能，从而实现从学生到工人的角色转变。职业学校的领导要转变思想、更新观念，要带领全体教职工认真学习有关职业教育的政策和文件，深刻领会职业教育的培养目标和工学结合人才培养模式的内涵，将不同来源的教师凝聚起来，共同树立职业教育的新理念，形成独具特色的办学机制和人才培养模式；根据企业和社会发展对人才的需要，对学校的专业设置、培养计划、课程建设、教学内容、教学手段和实践环节进行调整和改革，通过校企合作、工学结合的方式来提高教育质量，提升办学质量。

（二）工学结合模式下高职教学管理的制度创新

作为工学结合可以顺利实施的保障，制度在高职教学管理过程中发挥

着极为重要的作用。首先，要保证学生熟悉企业的相关制度。学校不仅要开展遵守工作纪律、商业秘密以及合作共事的普通职业道德教育工作，还要分专业地组织学生学习企业的日常管理、操作规程以及考核评价等相关制度，帮助学生在学校学习的阶段就可以全面了解企业制度。其次，强化学校和企业制度衔接工作。学校要借鉴企业实际的经验，在日常的实习、实验以及规章制度制定过程中，要求学生严格按照企业相关要求操作，促使学生在工作的时候养成负责、认真与严谨的态度。通过模拟这种真实环境，能够有效地降低高职学生到企业以后所出现的不适应感。最后，完善相关的制度体系。学校需要对传统的管理模式进行创新，充分考虑企业在实际经营过程中的规律性，有效保护企业的经济利益，邀请企业参与学校教学计划、管理制度以及实施方案的制定，使企业与学校可以实现共赢。与此同时，企业需要兼顾人才培养要求和学校教学要求，做到取长补短。

（三）工学结合模式下高职教学管理的组织创新

首先，高职院校要成立相应的管理机构，让更多的企业人员参与其中，负责工学结合教学模式的实施和评估，签订相应的合作协议，规定实施的具体方案、双方责任以及培养目标等内容，落实校企的责任与权利，不仅要明确分工，还要加强彼此的合作。其次，提高学生管理工作中企业的参与度。企业指定专门的人员来负责管理工学结合的学生，学校聘请有技术、有经验的企业职工作为学生导师，主要传授学生相关的技能。再次，学校要保持与企业的联系，构建定期情况通报和会晤的制度，及时掌握学生实践动态，强化对学生的综合指导，还要采用跟进式的管理形式，由学校选派专业的人员进驻到企业当中，强化学生日常的管理工作，指导学生正确地处理在工作、学习以及生活当中遇到的问题。最后，强化双师型队伍建设。高职院校需要从企业当中选拔优秀的专业技术型人才，兼任管理人员与教师，选派当前人员到企业当中进行挂职锻炼，构建一支数量充足、结构合理、素质相对较高，以及具备学校和企业双重管理经验的队伍。

（四）工学结合模式下高职教学管理的方法创新

学校要掌握工学结合的具体规律，积极探索能够满足学生实际需要的管理方法。首先，做好职业规划设计，使学生在入学的时候就可以确定未来的岗位走向以及岗位对技能的需要，从而有效地解除思想疑虑，主动学习实践技能与理论知识。其次，强化日常教育培训工作，从实践技能和思想道德两个方面展开，帮助学生尽快掌握在企业当中的生存发展技巧。尤其是在工学结合模式实施之前，需要有针对性地进行一次系统化的培训工作，使学生能够从技能和思想等方面做好准备工作。再次，强化企业的文化教育。在校园内部设立仿真的企业环境，能够宣传企业的价值理念，使学生可以及早感悟企业文化氛围，为以后更好地适应企业工作环境打下扎实的基础。最后，重视过程考核。学校和企业要共同制定考核的具体办法，将企业的考核工作作为主要内容，学校的考核作为辅助性的内容，综合考评学生工学结合期间的实际表现。学校可以将考核成绩作为学生实习成绩，企业则可以将其作为今后招工的实际参考，将考核的结果与就业相联系。

以上分别从高职教学管理的理念创新、制度创新、组织创新、管理方法创新四个方面讲述了高职教学管理创新的主要方式，通过这些方式可为高职院校培养人才，为企业增添新的活力，为社会增加新动力，为社会主义现代化建设做贡献。总之，探索出一条适合我国高职院校教学管理的创新道路是一个漫长的过程，需要在掌握相关技能后结合我国国情做出尝试，在不断尝试的过程中可能会遇到挫折、障碍，但始终是朝着正确的方向在前进。成功有效的产教融合视域下高职教学管理模式的形成必将经过不断的尝试、总结与完善，但任何尝试都需要学校、企业、社会全方位地积极参与，最终都是为了推动我国高职院校教学管理的发展，促进国家经济建设，共筑祖国美好未来。

参考文献

[1] 黄艳.产教融合的研究与实践[M].北京：北京理工大学出版社，2019.

[2] 和震，李玉珠，魏明，等.职业教育产教融合制度创新[M].北京：科学出版社，2018.

[3] 贺星岳.现代高职的产教融合范式[M].杭州：浙江大学出版社，2015.

[4] 王琦，陈正江.高职教育教学文化研究[M].杭州：浙江工商大学出版社，2017.

[5] 张涛.高职院校创业教育透视：基于高职院校人才培养的创业教育体系构建与机制的研究[M].北京：清华大学出版社，2015.

[6] 安家成.高职产学研结合人才培养模式创新：高职林科类专业产学研紧密结合人才培养模式的研究[M].北京：科学出版社，2011.

[7] 聂毅.高职专业实践教学及其管理概论[M].长沙：湖南科学技术出版社，2003.

[8] 王振洪.高职院校管理文化及其创新策略研究[M].杭州：浙江大学出版社，2017.

[9] 闫公敬，吴子敬，王世刚.高职教育实践教学体系的建设探索[J].中国校外教育（理论），2008(11): 124.

[10] 胡赤弟.产教融合：制度·路径·模式——2017宁波高等教育研究论坛论文集[M].杭州：浙江工商大学出版社，2018.

[11] 成倩.贵州省高职院校产教融合人才培养模式研究[D].贵阳：贵州师范大学，2017.

[12] 刘晶晶.基于协同理论的高职教育产教融合机制及优化策略研究[D].武汉：华中师范大学，2019.

[13] 廖慧琴.广东省高职教育产教融合运行机制研究[D].广州：广东技术师范大学，2016.

[14] 魏振东.产教融合背景下高职院校人才培养模式创新研究[D].昆明：云南大学，2019.

[15] 张伟肖.职业教育产教融合动力机制研究[D].石家庄：河北师范大学，2020.

[16] 姚润玲.基于利益相关者理论的应用型本科院校产教融合绩效评价研究 [D].哈尔滨：哈尔滨工业大学，2018.

[17] 陈星.应用型高校产教融合动力研究 [D].重庆：西南大学，2017.

[18] 官仁珍.澳大利亚 TAFE 与我国高职院校实践教学比较研究 [D].抚州：东华理工大学，2018.

[19] 单换儿.产教融合政策执行的研究 [D].广州：广东技术师范大学，2019.

[20] 潘云双.基于产教融合的高等职业教育专业课程改革研究 [D].石家庄：河北师范大学，2020.

[21] 宋军平.地方政府促进高职院校产教融合发展研究——以甘肃省为例 [D].西北师范大学，2015.

[22] 李文亮.产教融合环境下的高职教学模式研究 [J].现代职业教育，2019(20)：128–129.

[23] 曹元军，卢意，宋正和.基于产教融合模式的高职工科人才培养 [J].河北职业教育，2018, 2(6): 77–79.

[24] 侯文澜.产教融合下高职院校实训基地管理效率提升策略研究 [J].改革与开放，2019(1): 122–125.

[25] 周兴本，提伟钢，邵士凤.产教融合背景下高职实践教学质量管理研究 [J].辽宁高职学报，2019, 21(5): 44–47.

[26] 张璇.基于产教融合的高职电子商务教学质量保障体系研究 [J].环渤海经济瞭望，2019(6): 195–196.

[27] 龙飞凤.产教融合视阈下的高职校内实践管理创新 [J].智库时代，2020(10): 129–131.

[28] 孙玉芹.产教融合背景下高职会计专业实践教学体系的构建研究 [J].现代商贸工业，2020(15): 157–158.

[29] 焦平萍.产教融合背景下的高职教学管理研究 [J].智库时代，2019(13): 98–99.

[30] 余玫芳.基于产教融合的高职教学质量管理体系构建 [J].才智，2019(30): 52.

[31] 赵梅芳，路阳.高职电子商务专业产教融合人才培养模式的思考 [J].产业与科技论坛，2019, 18(21): 224–225.

[32] 雷沪，李万锦，金洪勇.产教融合视域下提高高职教学质量探析——基于"PDCA"循环管理法的应用 [J].职业技术教育，2015, 36(23): 35–38.

[33] 许旭丹.产教融合背景下的高职教学体系建设浅议 [J].当代教育实践与教学研究,2019(23): 123–124.

[34] 宋杨,郭可欣.高职高专院校产教融合的教育模式发展现状及对策研究 [J].现代职业教育,2015(19): 46–47.

[35] 吴达飞,江一帆.日本"产官学"创新创业模式的启示性研究 [J].襄阳职业技术学院学报,2020, 19(1): 47–50.

[36] 吴金星,魏新利,郑锦华,等.校企合作实践教学为培养应用型人才打开一扇窗 [J].大学教育,2014(3): 99–101.

[37] 王玉宝,杨永佳.产教融合背景下的高职教育发展浅探 [J].江苏高教,2018(12): 116–118.

[38] 顾志祥.产教融合背景下高职院校"双师型"教师队伍建设路径研究 [J].职教论坛,2019(2): 99–102.

[39] 黄德桥,杜文静.基于产教融合的高职院校校内生产性实训基地建设研究 [J].中国职业技术教育,2019(2): 88–92.

[40] 王波,张崎静.产教融合视角下高职教育发展困境与出路 [J].教育与职业,2019(4): 48–50.

[41] 李梦卿,刘博.高职院校深化产教融合的价值诉求、现实困境与路径选择 [J].现代教育管理,2019(3): 80–85.

[42] 许芳奎,李平.产教融合视域下高职院校教学质量保障体系构建的研究 [J].天津职业院校联合学报,2019, 21(6): 13–16, 27.

[43] 王莉.高职院校产教融合评价体系优化探析 [J].教育与职业,2019(22): 98–101.

[44] 王丹中,赵佩华.产教融合视阈下高职院校协同育人机制探索 [J].中国高等教育,2014(21): 47–49.

[45] 张振飞,张艳芳.高职院校产教融合教学模式的构建与实施 [J].职教论坛,2015(20): 54–57.

[46] 贺伟,李艳文.市场经济背景下高职产教融合育人模式的统整研究 [J].现代教育管理,2014(8): 75–80.

[47] 刘蓓,汪长明.高等职业教育产教融合体系建设的探索 [J].中国农业教育,2017(2): 35–40.

[48] 祝成林,柳小芳.产教融合背景下高职教育培养技术技能人才的困境与路径[J].职业技术教育,2015, 36(34): 41–45.

[49] 王丹. 产教融合政策视域下 J 职业技术学院创新平台体系建设案例研究 [D]. 成都：电子科技大学, 2018.

[50] 付含菲, 杨红荃. "新工科"与高职院校产教融合的机理耦合、现实困境与优化路径 [J]. 教育与职业, 2020(6): 5–12.

[51] 隋明, 张阳, 荣加超, 等. 基于产教融合的高职院校校内生产性实训基地建设研究 [J]. 化工时刊, 2019, 33(12): 52–53.

[52] 陈柏林. 产教融合视域下高职学生创新创业素质提升研究 [J]. 江西电力职业技术学院学报, 2018, 31(8): 122–123, 125.

[53] 王向红. 立地式研发：高职院校产教深度融合的新途径 [J]. 中国高教研究, 2018(12): 98–101.

[54] 杨应慧, 杨怡涵. 产教融合背景下高职院校产业学院发展研究 [J]. 职教论坛, 2018(12): 114–118.

[55] 胡昌送, 张俊平. 高职教育产教融合：本质、模式与路径——基于知识生产方式视角 [J]. 中国高教研究, 2019(4): 92–97.

[56] 张建平. 新时代高职产教融合的理论溯源、实践壁垒与破解路径 [J]. 职业技术教育, 2019, 40(7): 14–20.

[57] 许芳奎, 李平. 产教融合视域下高职院校教学质量保障体系构建的研究 [J]. 天津职业院校联合学报, 2019, 21(6): 13–16, 27.

[58] 李梦卿, 刘晶晶. 高职院校深化产教融合的教育生态学意旨、机理与保障 [J]. 高等教育研究, 2019, 40(3): 71–75.

[59] 黄晓娥. 民办高职院校产教深度融合路径研究 [J]. 常州信息职业技术学院学报, 2019, 18(4): 17–20.

[60] 吴群. 高职管理专业产教融合模式的问题与对策探索 [J]. 纳税, 2019, 13(31): 243–244.

[61] 朱国奉. 产教融合视域下高职学生创新创业素质提升研究 [J]. 中国职业技术教育, 2016(36): 91–93.

[62] 李海霞. 现代学徒制背景下高职英语教学实践引发的思考 [J]. 高教学刊, 2017(15): 168–170.

[63] 寇桂香, 罗丽芳. "院校合作、产教融合"视角下教学质量提升的实践探讨 [J]. 教育教学论坛, 2017(23): 245–246.

[64] 魏淑娟 . 高职管理专业产教融合模式的问题与对策探索 [J]. 产业与科技论坛，2016, 15(19): 248–249.

[65] 刘宁宁 . "校企合作、产教融合"模式下高职工商企业管理专业实践教学探讨 [J]. 科学与财富，2020(10): 6.

[66] 苏志刚，尹辉 . 探索多元合作产教融合发展之路 [J]. 中国高等教育，2016(23): 36–38.

[67] 石海燕，柳军，李东娅 . 产教融合视角下职业教育课程改革探索 [J]. 高等职业教育探索，2019, 18(2): 43–47.

[68] 叶帅奇，蔡玉俊 . 产教融合现状反思与改革路径 [J]. 职业技术教育，2019, 40(21): 27–31.

[69] 王泳涛 . 高职院校深化产教融合的内涵认知与机制创新 [J]. 职业技术教育，2019, 40(28): 30–34.

[70] 李芸 . 德国产教融合模式对我国职业教育的启发 [J]. 科技创新导报 .2019, 16(26): 217–218.

[71] 尹析明，李晓岩，阳川 . 基于"学分银行"的服装专业开放式一体化课程体系建设探析——以成都纺织高等专科学校服装专业为例 [J]. 成都纺织高等专科学校学报，2017, 34(3): 244–248.

[72] 胡庆洪 . 职业院校服装专业校企一体化教学改革与探索 [J]. 吉林工程技术师范学院学报，2015,31(6): 86–88.

[73] 谢天，巨德辉 . 服装专业教学实践一体化教学模式思路 [J]. 大连大学学报，2016, 37(2): 133–138.

[74] 葛彦，傅海洪，王芳芳 . 基于企业需求的服装专业一体化人才培养模式探索 [J]. 纺织科技进展，2014(3): 90–93.

[75] 唐磊，徐缓，黄雪 . 基于职业能力培养的《服装材料与应用》"教学做"一体化改革研究 [J]. 轻纺工业与技术，2019, 48(4): 73–75.